西方生命美学经典名著导读丛书

潘知常
主编

生存·悲剧·超越

雅斯贝斯《悲剧的超越》导读

孙秀昌
著

江苏凤凰文艺出版社

图书在版编目（CIP）数据

生存·悲剧·超越：雅斯贝斯《悲剧的超越》导读 / 孙秀昌著. —南京：江苏凤凰文艺出版社，2023.2
（西方生命美学经典名著导读丛书）
ISBN 978-7-5594-7195-6

Ⅰ.①生… Ⅱ.①孙… Ⅲ.①雅斯贝尔斯（Jaspers, Karl 1883-1969)—哲学思想—研究 Ⅳ.①B516.53

中国版本图书馆 CIP 数据核字（2022）第 177431 号

生存·悲剧·超越：雅斯贝斯《悲剧的超越》导读
孙秀昌 著

出 版 人	张在健
责任编辑	孙金荣
责任印制	刘 巍
出版发行	江苏凤凰文艺出版社
	南京市中央路 165 号，邮编：210009
网　　址	http://www.jswenyi.com
印　　刷	苏州市越洋印刷有限公司
开　　本	787 毫米×1092 毫米　1/32
印　　张	8
字　　数	165 千字
版　　次	2023 年 2 月第 1 版
印　　次	2023 年 2 月第 1 次印刷
书　　号	ISBN 978-7-5594-7195-6
定　　价	45.00 元

江苏凤凰文艺版图书凡印刷、装订错误，可向出版社调换，联系电话 025-83280257

"生命为体,中西为用"
——"西方生命美学经典名著导读丛书"序言

潘知常

众所周知,中国当代的生命美学是改革开放四十年中较早破土而出的美学新探索。从 1985 年开始,迄今已经是第三十六年,已经问世三分之一世纪。

但是,中国当代的生命美学却并不是天外来客、横空出世。我多次说过,在这方面,中国 20 世纪初年从王国维起步的包括鲁迅、宗白华、方东美、朱光潜在内的生命美学探索堪称最早的开拓,源远流长的中国古代美学则当属源头。同时,西方 19 世纪上半期到 20 世纪上半期出现的生命美学思潮,更无疑心有灵犀。遗憾的是,这一切却很少有学人去认真考察。例如,李泽厚先生就是几十年一贯制地开口闭口都把生命美学的"生命"贬为"动物的生命"。而且,作为中国当代最为著名的美学大家,后期的他尽管一直生活在美国,不屑于了解中国自古迄今的生命美学也就罢了,但是对于西方的生命美学也始终不屑去了解,实在令人惊叹。当然,这也并非孤例,例如,德国学者费迪南·费尔曼就发现:"就是在今天,生命哲学对许多人来说仍然是十分可疑的现象:最常听到的批判是生命哲学破坏理性,是非理性主义和早期法西斯主义。"①为此,他更不无痛心地警示:"如果到现在还有人这么想问题,应该说是故意抬高了精神的敌人。"②

一般而言,在西方,对于生命美学的提倡,最早的源头,也许可以追溯到奥古斯丁的《忏悔录》。而在 18 世纪下半叶,德国浪漫主义美学家奥古斯特·施莱格尔和弗里德里希·施莱格尔兄弟在《关于文学与艺术》和《关于诗的谈话》中则都已经用过生命哲学这个概念。而且,小施莱格尔在他的《关于生命哲学的三次讲演》中也提到了生命哲学。当然,按照西方美学史上的通用说法,在西方,到了 19 世纪上半期,生命美学才开始破土而出。不过,有人仅仅把西方的生命美学称为一个学派,其中包括狄尔泰、齐美尔、柏格森、奥伊肯、怀特海等人,或者,再加上叔本华和尼采。我的意见则完全不然。在我看来,与其把西方生命美学看作一个严格意义上的学派,不如把它看作一个宽泛意义上的思潮。这是因为,在形形色色的西方各家各派里,某些明确提及生命美学的美学,其实也并不一定完全具备生命美学的根本特征,而有些并没有明确提及生命美学的美学,却恰恰完全具备了生命美学的根本特征。

这是因为,西方美学,到尼采为止,一共出现过三种美学追问方式:神性的、理性的和生命(感性)的。也就是说,西方

---

① [德]费迪南·费尔曼:《生命哲学》,李健鸣译,华夏出版社 2002 年版,第 2 页。
② [德]费迪南·费尔曼:《生命哲学》,李健鸣译,华夏出版社 2002 年版,第 2 页。

曾经借助了三个角度追问审美与艺术的奥秘:以"神性"为视界、以"理性"为视界以及以"生命"为视界。正是从尼采开始,以"神性"为视界的美学终结了,以"理性"为视界的美学也终结了,而以"生命"为视界的美学则正式开始了。具体来说,在美学研究中,过去"至善目的"与神学目的都是理所当然的终点,道德神学与神学道德,以及理性主义的目的论与宗教神学的目的论则是其中的思想轨迹。美学家的工作,就是先以此为基础去解释生存的合理性,然后,再把审美与艺术作为这种解释的附庸,并且规范在神性世界、理性世界内,并赋予其不无屈辱的合法地位。理所当然的,是神学本质或者伦理本质牢牢地规范着审美与艺术的本质。显然,这都是一些神性思维或者"理性思维的英雄们",当然,也正如叔本华这个诚实的欧洲大男孩概叹的:"最优秀的思想家在这块礁石上垮掉了。"[1]然而,尼采却完全不同。正如巴雷特发现:"既然诸神已经死去,人就走向了成熟的第一步。""人必须活着而不需要任何宗教的或形而上学的安慰。假若人类的命运肯定要成为无神的,那么,他尼采一定会被选为预言家,成为有勇气的不可缺少的榜样。"[2]尼采指出:审美和艺术的理由再也不能在审美和艺术之外去寻找,这也就是说,神性与理性,过去都曾经一度作为审美与艺术得以存在的理由,可是现在不同了,尼采毅然决然地回到了审美与艺术本身,从审美与艺术本身去解释

---

[1] [德]叔本华:《自然界中的意志》,任立等译,商务印书馆1997年版,第146页。

[2] [美]巴雷特:《非理性的人》,杨照明等译,商务印书馆1999年版,第183页。

审美与艺术的合理性,并且把审美与艺术本身作为生命本身,或者,把生命本身看作审美与艺术本身,结论是:真正的审美与艺术就是生命本身。人之为人,以审美与艺术作为生存方式。"生命即审美","审美即生命"。也因此,审美和艺术不需要外在的理由——我说得犀利一点,并且也不需要实践的理由。审美就是审美的理由,艺术就是艺术的理由,犹如生命就是生命的理由。

于是,西方美学家们终于发现:天地人生,审美为大。审美与艺术,就是生命的必然与必需。在审美与艺术中,人类享受了生命,也生成了生命。这样一来,审美活动与生命自身的自组织、自协同的深层关系就被第一次发现了。因此,理所当然的是,传统的从神性、理性去解释审美与艺术的角度,也就被置换为从生命的角度。在这里,对于审美与艺术之谜的解答同时就是对于人的生命之谜的解答的觉察,回到生命也就是回到审美与艺术。生命因此而重建,美学也因此而重建。生命,是美学研究的"阿基米德点",是美学研究的"哥德巴赫猜想",也是美学研究的"金手指"。从生命出发,就有美学;不从生命出发,就没有美学。它意味着生命之为生命,其实也就是自鼓励、自反馈、自组织、自协同而已,不存在神性的遥控,也不存在理性的制约。美学之为美学,则无非是从生命的自鼓励、自反馈、自组织、自协同入手,为审美与艺术提供答案,也为生命本身提供答案。也许,这就是齐美尔为什么要以"生命"作为核心观念,去概括19世纪末以来的思想演进的深意:"在古希腊古典主义者看来,核心观念就是存在的观念,中世纪基督教取而代之,直接把上帝的概念作为全部现实的源泉和目的,文艺复兴以来,这种地位逐渐为自然的概念所占据,17世纪围绕着自然建立起了自己的观念,这在当时实际上是唯一有效的观念。直到这个时代的末期,自我、灵魂的个性才作为一个新的核心观念而出现。不管19世纪的理性主义运动多么丰富多彩,也还是没有发展出一种综合的核心概念。只是到了这个世纪的末叶,一个新的概念才出现:生命的概念被提高到了中心地位,其中关于实在的观念已经同形而上学、心理学、伦理学和美学价值联系起来了。"①

波普尔说过:"我们之中的大多数人不了解在知识前沿发生了什么。"②同样,在我看来,"我们之中的大多数人"也不了解在当代美学研究"知识前沿发生了什么"。可是,倘若从生命美学思潮着眼,却不难发现,在"尼采以后",西方美学始终都在沿袭着"生命"这一主旋律。例如,柏格森、狄尔泰、怀特海等是把美学从生命拓展得更加"顶天";弗洛伊德、荣格等是把美学从生命拓展得更加"立地";海德格尔、萨特、舍勒等是把美学从生命拓展得更加"内向";马尔库塞、阿多诺等是把美学从生命拓展得更加"外向";后现代主义的美学则是把美学从生命拓展得更加"身体"。而且,其中还一以贯之了共同的东西,这就是:从生命存在本身出发而不是从理性或者神性出发去阐释生命存在的意义,并且以审美与艺术作为生命存在

---

① [德]西美尔(齐美尔):《现代文化的冲突》,引自刘小枫编:《现代性中的审美精神》,学林出版社1997年版,第418—419页。
② [英]波普尔:《客观知识》,舒炜光等译,上海译文出版社1987年版,第102页。

的最高境界；或者，把生命还原为审美与艺术，并且进而在此基础上追问生命存在的意义。而在他们之后，诸如贝尔的艺术论、新批评的文本理论、完形心理学美学、卡西尔和苏珊·朗格的符号美学……也都无法离开这一主旋律。而且，正是因为对于这一主旋律的发现才导致了对对于审美活动的全新内涵的发现，尤其是对于审美活动的独立性内涵的发现。不可想象，倘若没有这一主旋律的发现，艺术的、形式的发现会从何而来。例如，从美术的角度考察的"有意味的形式"，从文学的角度考察的新批评，从形式的表现属性的角度考察的格式塔，从广义的角度即抽象美感与抽象对象考察的符号学美学……等等。

再回看中国。自古以来，儒家有"爱生"，道家有"养生"，墨家有"利生"，佛家有"护生"，这是为人们所熟知的。牟宗三在《中国哲学的特质》一书中也指出："中国哲学以'生命'为中心。儒道两家是中国所固有的。后来加上佛教，亦还是如此。儒释道三教是讲中国哲学所必须首先注意与了解的。二千多年来的发展，中国文化生命的最高层心灵，都是集中在这里表现。对于这方面没有兴趣，便不必讲中国哲学。对于以'生命'为中心的学问没有相应的心灵，当然亦不会了解中国哲学。"也因此，一种有机论的而不是机械论的生命观、非决定论的而不是决定论的生命观，就成为中国人的必然选择。在其中，存在着的是以生命为美，是向美而生，也是因美而在。在中国是没有创世神话的，无非是宇宙天地与人的"块然自生"。一方面，是天地自然生天生地生物的一种自生成、自组织能力，所谓"万类霜天竞自由"，另一方面，也是人类对于天地自然生天生地生物的一种自生成、自组织能力的自觉,也就是能够以"仁"为"天地万物之心"。而且,这自觉是在生生世世、永生永远以及有前生、今生、来生看到的万事万物的生生不已与逝逝不已所萌发的"继之者善也,成之者性也""参天地、赞化育"的生命责任,并且不辞以践行这一责任为"仁爱",为终生之旨归,为最高的善,为"天地大美"。这就是所谓:"一阴一阳之谓道"。重要的不是"人化自然"的"我生",而是生态平衡的"共生",是"阴阳相生""天地与我并生,万物与我为一",是敬畏自然、呵护自然,是守于自由而让他物自由。《论语》有言:"子罕言利,与命与仁"。在此,我们也可以变通一下:罕言利,与"生"与"仁"。在中国,宇宙天地与人融合统会为了一个巨大的生命有机体。而天人之所以可以合一,则是因为"生"与"仁"在背后遥相呼应。而且,"生"必然包含着"仁"。生即仁,仁即生。

由此不难想到,海德格尔晚年在回首自己的毕生工作时,曾经简明扼要地总结说:"主要就只是诠释西方哲学。"确实,这就是海德格尔。尽管他是从对西方哲学提出根本疑问来开始自己的独创性的工作的,然而,他的可贵却并不在于推翻了西方哲学,而是恰恰在于以之作为一种极为丰富的精神资源,从而重新阐释西方哲学、复活西方哲学,并且赋予西方哲学以新的生命。显然,中国美学,也同样期待着"诠释"。作为一个内蕴丰富的文本(不只是文献),事实上,中国美学也是一种极为丰富的精神资源,不但千百年来从未枯竭,而且越开掘就越丰富。因此,越是能够回到中国美学的历史源头,就越是能够进入人类的当代世界;越是能够深入中国美学之中,也就越是能够切近20世纪的美学心灵。这样,不难看到,重新阐释中国美学,复活中国美学,并且赋予中国美学以新的生命,或者说,"主要就只是诠释中国美学",无疑也应成为从20世纪初年出发的几代美学学者的根本追求,其重大意义与学术价值,显然无论怎样估价也不会过高。

然而,中国美学的现代诠释,也有其特定的阐释背景。经过百年来的艰难探索,美学学者应该说已经取得了一个共识,这就是:中国美学的历史实际上是一部与后人不断"对话"的历史,一部永无终结的被再"阐释"、再"释义"和再"赋义"的历史。而20世纪的一代又一代的美学学人的"不幸"与"大幸"却又都恰恰在于:西方生命美学思潮的作为诠释背景的出现。一方面,我们已经无法在无视西方生命美学思潮这一诠释背景的前提下与中国美学传统对话,这是我们的"不幸";然而另一方面,我们却又有可能在西方生命美学思潮的诠释背景下与中国美学进行新的对话,有可能通过西方生命美学思潮对中国美学进行再"阐释"、再"释义"和再"赋义"(当然也可以通过中国美学对西方生命美学思潮进行再"阐释"、再"释义"和再"赋义"),从而把中国美学在过去的阐释背景中所无法显现出来的那些新性质充分显现出来,最终围绕着把中国美学与西方美学都共同带入富有成果的相互启发之中这一神圣目标,使中国美学从蒙蔽走向澄明,走向意义彰显和自我启迪,并且使其自身不断向未来敞开,达到古今中外的"视界融合",从而把握今天的时代问题,解释人类的当代世界,这,又是我们的"大幸"!

由此出发,回顾20世纪,其中以西方生命美学思潮作为参照背景对中国美学予以现代诠释,应该说,就是一个最为值得关注而且颇值大力开拓的思路。何况,从王国维到鲁迅、宗白华、方东美,再到当代的众多学人,无疑也都走在这样一条思想的道路之上。他们都是从生命存在本身出发而不是从理性或者神性出发去阐释生命存在的意义,并且以审美与艺术作为生命存在的最高境界;或者,都是把生命还原为审美与艺术,并且进而在此基础上追问生命存在的意义。也因此,他们也都是不约而同地一方面立足于中国古代的生命美学,一方面从西方的生命美学思潮起步。至于朱光潜,在晚年时则曾经公开痛悔,因为他的起步本来就是从叔本华、尼采开始的,但是,后来却因为胆怯,于是才转向了克罗齐。由此,我甚至愿意设想,以朱先生的天赋与造诣,如果始终坚持一开始的选择,不是悄然退却,而是持续从叔本华、尼采奋力开拓,他的美学成就无疑应该会更大。

换言之,"后世相知或有缘"(陈寅恪),"生命为体,中西为用",在中国当代美学的历史抉择中,也就理所当然地成了一条首先亟待考虑的康庄大道。西方生命美学思潮,是西方美学传统的终点,又是西方现代美学的真正起点,既代表着对西方美学传统的彻底反叛,又代表着对中国美学传统的历史回应,这显然就为中西美学间的历史性的邂逅提供了一个契机。抓住这样一个契机——中国美学在新世纪获得新生的一个契机,无疑有助于我们真正理解西方美学传统,也无疑有助于我们真正理解中国美学传统,更无疑有助于我们真正地实现中西美学之间的对话,从而在对话中重建中国美学传统。同时,之所以提出这一课题,还无疑是有鉴于一种对于学术研究自身的深刻反省。学术研究之为学术研究,重要的不仅仅在于要有所为,而且更在于要有所不为。每个时代、每个人都面对着历史的机遇,但是同时也面对着历史的局限。因此,也就都只能执"一管以窥天"。这样,重要的就不是"包打天下",而是敏捷地寻找到自己所最为擅长的"一管",当然也是最为重要的"一管"。西方生命美学思潮的作为阐释背景的出现,应该说,就是这样的"一管"(尽管,这或许是前一百年无法去执而后一百年也许就不必再去执的"一管"),也是我们在跨入新世纪之后所亟待关注的"一管"。这就犹如中国人接受佛教思想的影响,犹如吃了一顿美餐,而且这顿美餐被中国人竟然吃了一千年之久。其中,最为重要的成果则是佛教思想中的大乘中观学说在中国开出的华严、天台、禅宗等美丽的思想之花。因此,在比拟的意义上,我们甚至可以说,西方生命美学思潮就正是当代的大乘中观学说,也正是悟入中国思想与西方思想之津梁。

这样一来,对于西方生命美学思潮的深入了解,也就成了当务之急。而且,"生命为体,中西为用",进而言之,中国生命美学传统与西方生命美学思潮之间的对话,在我看来,起码就包括三个层面。首先是对于西方生命美学思潮与中国生命美学传统之间的内在的交会、融合、沟通加以历史的考察,亟待说明的是:在明显不同的社会历史、文化传统、思想历程中,西方生命美学思潮何以呈现出与中国生命美学传统的某种极为深刻的内在的交会、融合、沟通?其次是对于西方生命美学思潮与中国生命美学传统之间的内在的交会、融合、沟通加以比较的研究,从而把中国生命美学传统与西方生命美学思潮各自在过去的阐释背景中所无法显现出来的那些新性质充分显现出来,做到:借异质的反照以识其本相,并彰显其独特之处。最后是对于西方生命美学思潮与中国生命美学传统之间的内在的交会、融合、沟通加以理论的考察,并由此入手,去寻求中西美学会通的新的可能性和新的道路,从而深化对于中国美学和西方美学的理解,达到古今中外的"视界融合",以把握今天的时代问题,解释我们的世界,为解决当代美学所面临的共同问题作出独特贡献。

"西方生命美学经典名著导读丛书"的出版之初衷也正是如此!

中国生命美学传统与西方生命美学思潮之间的对话无疑是一个大工程,非一日之功,也不可能毕其功于一役。为此,作为基础性的工程,我们所选择的第一步,是出版"西方生命美学经典名著导读丛书"。这是因为,只有经典名著,才是美学研究中的"热核反应堆",也只有经典名著的学习,才是美学研究中的硬功夫。这就正如费尔巴哈所说:人就是他吃的东西。因此,每个人明天所成为的,其实也就是他今天所吃下的。也犹如布罗姆所说:莎士比亚与经典一起塑造了我们。借助经典名著,中国的美学与西方美学也在一起塑造着我们。它们凝聚而成了我们的美学家谱与心灵密码。在此意义上,任何一个美学学人都只有进入经典名著,才有机会真正生活在历史里,历史也才真正存在于我们的生活里,未来也才向我们走来。

我们的具体的做法,则是选取西方的二十位与西方的生命美学思潮直接相关的著名美学家的经典名著,再聘请国内的二十位对于相关的名家名著素有研究的美学专家,为每一部经典名著都精心撰写一部学术性的导读。我们期待,借助于这些美学专家的"导读",能够还原其中的所思所想、原汁原味,能够呈现其中的深度、厚度、广度和温度,并且希望能够跟读者一起去关注这些西方的生命美学经典名著怎样提出问题(美学的根本视界,所谓美学的根本规定)、怎样思考问题(美学的思维模式,所谓美学的心理规定)、怎样规定问题(美学的特定范式,所谓美学的逻辑规定)、怎样解决问题(美学的学科形态,所谓美学的构成规定),也希望能够跟读者一起去关注这些西方的生命美学经典名著是如何去表述自己的问题、如何去论证自己的思考,乃至其中的论证理由是否得当、论证结构是否合理,当然,也还希望跟读者一起去关注这些西方的生命美学经典名著中所蕴含的思想与创见,以及这些思想与创见的价值在当今安在。从而,推动着我们当代的生命美学研究能够真正将自己的思考汇入到人类智慧之流,并且能够做出自己的真正的独创。毕竟,就这些生命美学经典名著本身而言,它们都是所谓的问题之书,也是亘古以来的生命省察的继续。也许,在它们问世和思想的年代,属于它们的时代可能还没有到来。它们杀死了上帝,但却并非恶魔;它们阻击了理性,但也并非另类。它们都是偶像破坏者,但是破坏的目的却并不是希图让自己成为新的偶像。它们无非当时的最最真实的思想,也无非新时代的早产儿。它们给西方传统美学带来的,是前所未有的战栗。在它们看来,敌视生命的西方传统美学已经把生命的源头弄脏了,恢复美学曾经失去了的生命,正是它们的天命。也因此,我们或许可以恰如其分地称它们为:

现代美学的真正的诞生地和秘密。在上帝与理性之后,再也没有了救世主,人类将如何自救?既然不再以上帝为本,也不再以理性为本,以人为本的美学也就势必登场。这意味着从"理性的批判"到"文化的批判",也从"纯粹理性批判"到"纯粹非理性批判",显然,这些生命美学经典名著提供的就是这样的一种全新的美学,它们推动着我们去重新构架我们的生命准则,也推动着我们去重新定义我们的审美与艺术。

　　需要说明的是,长期以来,我们的西方美学研究往往是教材式的、通论式的、概论式的,当然,这对于亟待了解西方美学发展进程的中国当代美学学人来说,也是必要的,但是,其中也难免存在着"几滴牛奶加一杯清水"或者三分材料加七分臆测的困境,更每每事先就潜存着"预设的结论",更不要说那种"狗熊掰棒子,掰一个丢一个"的研究路数或者那种为研究而研究、为课题而研究的研究路数了,那其实已经是学界之耻。至于其中的根本病症,则在于忘记了或者根本就不知道西方美学研究首先要去做的必须是"依语以明义",然后,才能够"依义不依语",也因此,长期以来,我们的西方美学研究往往进入不了美学基本理论研究的视野,也无法为美学基本理论研究提供应有的支持。因为我们的西方美学研究与我们的美学基本理论研究基本上就是完全不相关的两张皮,也是两股道上跑的车。这一点,在长期的美学基本理论研究工作中,我有着深刻的体会。值得期待的是,从西方生命美学思潮的经典名著本身的阅读、研读、精读开始,而不是从关于西方生命美学思潮的经典名著的种种通论、概论开始,从"依语以明义"开始,而不是从"依义不依语"开始,也许是一个令人欣慰的尝试。维特根斯坦曾经提示我们:"我发现,在探讨哲理时不断变换姿势很重要,这样可以避免一只脚因站立太久而僵硬。"在此,我们也可以把它作为在美学研究中"不断变换姿势很重要"的一次努力,也作为意在"避免一只脚因站立太久而僵硬"的一次努力。

"生命为体,中西为用"!在未来的中国当代美学探索中,请允许我们谨以"西方生命美学经典名著导读丛书"的出版去致敬中国当代美学的未来!

是为序!

2021.6.14,端午节,南京卧龙湖,明庐

目 录

绪 论 雅斯贝斯与其悲剧论 …………………… 1
　一、悲剧论与时代意识 ………………………… 1
　二、悲剧论与生存形而上学 …………………… 25
　三、悲剧论与真理论 …………………………… 44

第一章 悲剧知识 ………………………………… 61
　一、"悲剧知识"的历史性及其范型 …………… 64
　二、"悲剧知识"、"前悲剧知识"与"后悲剧知识" ……… 69
　三、"悲剧知识"的诠释方向 …………………… 83

第二章 悲剧的客观方面 ………………………… 87
　一、悲剧气氛 …………………………………… 88
　二、斗争与冲突 ………………………………… 94
　三、胜利与失败 ………………………………… 107

第三章 悲剧的主体性 …………………………… 127
　一、"解救"的概念 ……………………………… 128
　二、悲剧与"解救" ……………………………… 134
　三、"在悲剧中的解救"与"从悲剧中解救" ……… 142

1

第四章　悲剧诠释 …………………………………… 181
　一、神话的诠释 …………………………………… 184
　二、哲学的诠释 …………………………………… 190
　三、诠释的界限 …………………………………… 201
余　论　仅有悲剧是不够的 ……………………………… 218
　一、"悲剧知识"的本质 …………………………… 218
　二、真理之路与哲学探索 ………………………… 228

绪论　雅斯贝斯与其悲剧论

德国哲学家雅斯贝斯①给后世留下了一部论悲剧的文字——《悲剧的超越》②。在详细解读这部著作之前,我们有必要厘清三个问题:其一,悲剧论与时代意识,意在揭示雅氏论悲剧的衷曲所在;其二,悲剧论与生存形而上学,意在阐析雅氏的悲剧论与其全部学说的内在关联;其三,悲剧论与真理论,意在说明这部节选自雅氏《论真理:哲学的逻辑(第一卷)》(1947年初版,简称《论真理》)③一书的文字在其真理论中的位置,进而介绍其悲剧论的运思理路以及译本等情况。

一、悲剧论与时代意识

雅斯贝斯是一位秉具清醒的"时代意识"的哲学家。早在

---

① Karl Jaspers(1883—1969):西方现代存在主义哲学的奠基人之一,汉译卡尔·雅斯贝斯、卡尔·雅斯贝尔斯、卡尔·亚斯培、雅斯柏斯、雅斯培等。本书正文统一使用雅斯贝斯,简称雅氏;在页下注所列参考文献中,笔者尊重原译者译名。
② 本书亦译为《悲剧之超越》《悲剧与超越》《悲剧知识》《论悲剧》等,笔者将在"绪论"第三部分对这些译本略作介绍。
③ Karl Jaspers, *Von der Wahrheit*: *Philosophische Logik* (*Erster Band*), München:R. Piper & Co.Verlag,1947.

1

1931年出版的《时代的精神状况》①一书中,他就对"时代意识的起源"问题②作过深入的探讨。在雅氏看来,"人对于自己生活于其中的时代的批判,与人的自我意识一同发生"③。所谓"自我意识",乃意指人的"生存意识"。作为自由选择、自我超越、运命自承的生存个体,"人不仅生存着,而且知道自己生存着。……他不仅仅是尚存着的能知者,而且自己自由地决定什么将存在。人是精神,人之作为人的状况乃是一种精神状况"④。基于这种考虑,雅氏始终对其亲在其中的时代精神处境有着真切的体验、敏锐的洞察和深刻的批判,他的著作在某种意义上可视为其对时代精神处境给出的诊断报告与疗救之方。就雅氏的悲剧论而言,他的"时代意识"主要体现在三个方面:一是"悲剧意识"与纳粹暴政之批判,二是"大众神话"之批判,三是"审美冷淡"之批判。

(一)"悲剧意识"与纳粹暴政之批判

雅斯贝斯的"时代意识"在《悲剧的超越》中具体体现为"悲剧意识"(awareness of the tragic, tragic consciousness),

---

① Karl Jaspers, *Die geistige Situation der Zeit*, Berlin: Walter de Gruyter Verlag, 1931.
② 参见卡尔·雅斯贝斯:《时代的精神状况》,王德峰译,上海译文出版社,1997年版,第3—13页。
③ 卡尔·雅斯贝斯:《时代的精神状况》,王德峰译,上海译文出版社,1997年版,第3—4页。
④ 卡尔·雅斯贝斯:《时代的精神状况》,王德峰译,上海译文出版社,1997年版,第3页。

这从该书第一章的标题"悲剧意识"中便可见得出来。雅氏认为,"悲剧意识"是悲剧的灵魂并为悲剧奠定了基调。由富有生存论意义的"悲剧意识"来作考察,悲剧当然要表现困厄与灾难、失败与痛苦,但仅仅表现人的失败状况与痛苦意识的作品只能称作"泛悲剧"("唯悲剧""绝对悲剧");相较之下,真正的悲剧乃是"对人显示于崩溃与颓败之中的伟大的量度"[①],也就是说,悲剧的旨趣在于将个体置于某种灵魂无可告慰的难堪处境下进而逼显出人的伟大来,就此而言,悲剧所展呈的困厄与灾难、失败与痛苦恰恰成为生存个体祈向"超越存在"("整全的真理")进而见证人的伟大的一个必要的环节与契机。

基于上述看法,雅氏批判了"泛悲剧主义"的悲剧观[②],认为那种仅仅表现人的失败状况与痛苦意识的"唯悲剧"(或"伪悲剧")美化了个体所罹遭的痛苦,从中流露出一种妄自尊大、冷酷无情的情感基调,最终使悲剧沦为"极少数显赫人物的专利"。雅氏就此指出:"悲剧成了极少数显赫人物的专利——其他所有的人都必须满足于在灾难之中麻木不仁地归于溃败。于是,悲剧不再是全体人类的特征,而成为人类贵族政治

---

① Karl Jaspers, *Tragedy Is Not Enough*, translated by Reiche, Moore and Deutsch, Boston: Beacon Press, 1969, p.45. 本书引文的全部中译文为笔者所译。
② 雅斯贝斯在《悲剧的超越》第五章"悲剧的基本诠释"中专门探讨了"把悲剧知识曲解成悲剧世界观"的问题,其中对"泛悲剧主义"进行了详审的剖判。参见 Karl Jaspers, *Tragedy Is Not Enough*, translated by Reiche, Moore and Deutsch, Boston: Beacon Press, 1969, pp.97—101.

的特权。作为特权的标志,这种世界观变得妄自尊大、冷酷无情,它通过迎合我们的虚假的自尊来骗慰我们。"[1]这里所谓的"极少数显赫人物",乃意指以炫示恐怖与残忍的非人乐趣为能事的个人英雄主义者。这类的人物看似具有某种超出常人的强力意志,事实上只是比常人更加傲慢自大、冷酷无情、狂热冲动而已。他们热衷于实体化信仰与偶像崇拜,然其根底处却透显出虚无主义与民粹主义的基调。更为糟糕的是,廉价的个人英雄主义极具煽动性与欺骗性,它善于通过迎合大众的"虚假的自尊"来骗慰人们,一旦大众在其魅惑之下将某个"显赫人物"(如希特勒式的独裁者)推到历史的前台,人间的惨剧也就同时上演了。历史一再证明,个人英雄主义与独裁特权的结合,乃是人类所遭遇的最坏的政治处境。鉴于此,雅斯贝斯把他那深邃的理论批判直指纳粹暴政期间发生了癌变的"人类寡头政治"与"实存"所面临的整体沉沦。[2]

可以说,对纳粹暴政在第二次世界大战期间所犯下的罄竹难书的罪行的批判,正是雅氏在《论真理》一书中专门探讨悲剧问题的现实契机。在纳粹暴政期间,雅氏痛切感受到了

---

[1] Karl Jaspers, *Tragedy Is Not Enough*, translated by Reiche, Moore and Deutsch, Boston: Beacon Press, 1969, p.99.

[2] 雅斯贝斯的悲剧论完全可以视为一种以哲学家的方式对纳粹暴政所进行的理论批判,其中涌动着这位良知哲人刻骨铭心的生存体验。雅氏在其自传以及他与阿伦特、海德格尔等人的通信中,尤其在他的日记中,这一点显得颇为突出。亦春先生摘译了雅斯贝斯1939—1942年的日记,并附于中译本《悲剧的超越》一书中,这对我们体察雅氏生存悲剧论的真韵颇有裨益。

独裁主义者的狂傲与残酷,希特勒之流以人间"上帝"的名义颁布着"真理",唆使纳粹党徒对犹太人进行丧心病狂的集体屠杀,雅氏也因其夫人格特鲁德系犹太裔而备受迫害,为了维护做人的尊严,他们二人甚至做好了一起自杀的准备。在这种难堪的处境下,悲剧与解救对雅氏来说已成为一个亟待解决的现实课题。雅氏在其自传中坦陈了这段痛苦的经历:"这部著作逐渐完整起来正是在我们经受最大痛苦的年代,正处于国社党统治和战争时期。我们不得不把我们生活于其中的这个国家看作一个罪恶的国家来加以否定,而且甚至盼望它不惜任何代价地被毁灭。在这种时刻,我们在解决这个似乎十分抽象的超脱世界的课题中感到了平静。在这些苦难的年代中,我们没有和所有德国人分担苦难,像我们在第一次世界大战中那样,但我们把被德国所迫害、折磨、屠杀的人作为我们真正的同患难者而分担苦难;在那样的年代里,哲学逻辑方面的著作是提出自己主张的一种形式。……我们被包围在强迫忍受和恐怖袭击的环境的封闭的静默中。我们几乎没有想到读者。我们为自己而写——除非能侥幸活到与我们的老朋友们重聚的时候。"①雅氏的自传委实是他直面人生的苦难"提出自己主张的一种形式",他把沉郁的愤懑化作理性的探讨,进而以一位哲学家和心理学家的良知追问着真理问题、悲剧问题以及生存个体如何摆脱时代精神困境的途径。雅氏说自己在写这部书(《论真理》)时"几乎没有想到读者"显然是发自

---

① 卡尔·雅斯贝斯:《雅斯贝斯哲学自传》,王立权译,上海译文出版社,1989年版,第87—88页。

肺腑的,这一方面出自他的学术自觉("为自己而写"),一方面迫于当时的情境(当时的大众已被崇尚强力与强权的个人英雄主义氛围所笼罩,"读者"纷纷跑掉了或哑默了);不过,若悉心探察的话,雅氏其实依然有其期待中的"读者"。多伊奇(Karl W.Deutsch)在《悲剧的超越》"英译本序"中就曾指出了这一点:"雅斯贝尔斯本人对于洞察力和同情心的关注,远胜于愤懑。作为一个心理学家和哲学家,虽然他并不怕作出判断、评价,但他更寻求理解。1933年以来,在德国和德国青年身上所发生的悲剧,有很多需要理解和同情之处:信守的盟誓、破灭的希望、英雄主义、痛苦和成千上万民众的忍耐——所有这一切都注定要归于崩溃、幻灭和失败。正是为了这幻灭的一代、失败的一代,雅斯贝尔斯才进行有关悲剧问题的著述。出自既是他们的又是他自己的悲剧经验而写作,作为一个伟大国家征服'大业'的破产的见证人而写作,雅斯贝尔斯已经阐述了悲剧——关于悲剧的实质与意义——为世上所有的人们。"[①]人之为人当有的同情心,足可使有着共同的悲剧体验的个体之间在灵府深处产生精神的共鸣——即便在濒临绝境之际,雅氏仍为自己留住了这一丝不至于绝望的希望。进而言之,他期待着悲剧所带来的"临界"体验能够唤醒读者们自由选择、彼此沟通、自我担待的"生存意识"。

[①] 卡尔·雅斯贝尔斯:《悲剧的超越》,亦春译,工人出版社,1988年版,"英译本序"第5—6页。

(二)"大众神话"之批判

雅斯贝斯的"时代意识"还突出表现在他对"大众神话"的批判上。我们发现,自希特勒操控的纳粹党于1933年通过"国会纵火案"施行独裁统治以来,雅氏就在追问着这样一个令人深思的问题:究竟是谁把这个狂热冲动、骄横狭隘、不负责任的民粹主义者与独裁主义者推到历史前台的?第二次世界大战结束后的次年(1946年),雅氏在《罪责问题》[①]一书中彻底反省了纳粹统治期间国家行动的罪责问题。"在他的著作《罪责问题》(*Die Schuldfrage*)里,他告诉他的同胞,他们无法推卸对纳粹政府的所作所为所担负的责任,因为大部分人都没有反抗,不少人甚至还在许多方面支持它。他说,也许在其他国家,政府和人民也应对这场大灾难担负责任,然而,指责他人的过失并不能免除掉德国人民自己的罪愆——这罪愆需要完全的忠诚和长久、艰辛而彻底的内在更新方能革除。"[②]对纳粹暴政所导演的人间悲剧,希特勒及其党徒须负直接责任与主要责任,这是不言而喻的,不过人们的反省若到此为止,仍无法避免此类悲剧的再次发生。基于这种考虑,雅氏把批判的矛头指向了滋生纳粹暴政的土壤——"大众神话"。

在雅氏看来,"大众"(mass man,亦译为"群众")是一群

---

① Karl Jaspers, *Die Schuldfrage: Von der politischen Haftung Deutschlands*, Heidelberg: Lambert Schneider Verlag, 1946.
② 卡尔·雅斯贝尔斯:《悲剧的超越》,亦春译,工人出版社,1988年版,"英译本序"第4页。

被技术理性所模塑的功能性的人、功利化的人、无个性的人。正是这样一群自私自利、圆滑短视、消极被动的人,维系着现代社会机器的运转,进而成为大众秩序制造的又一个神话;也正是这样一群平庸懦弱、狭隘冲动、缺少理性判断与责任意识的人,在希特勒之流的煽动与唆使下,成为纳粹暴政的旁观者乃至参与者。雅氏在其自传中对此作过深刻的揭示:"1933年后,未曾料想到的事情不可避免地发生了。人的能力用之于残忍的行为,智力上的天赋施之于欺骗,貌似善良的公民背信弃义,看来老实的人险恶狠毒,群众丧失头脑,自私自利、目光短浅、消极被动,这一切在现实中已成为事实,而且达到这样的程度以致人的认识不得不经历一个大的变化。简单地说,过去甚至想都没有想到的事现在不仅是可能的而且是现实的。历史像是经受了一次严重的冲击。但是如果再从世界历史的整体来考虑,就可以清楚地认识到:这些不可能的事在它们的根源上完全不是新的,它们只是得到了(特殊的)表现而已;虽然我们的理智已自觉到一定的程度,但时代的偏见使我们的目光模糊了。"[①]雅氏在此反省的对象主要是德国"大众"("群众")的责任,这些大众因其"丧失头脑、自私自利、目光短浅、消极被动",在事实上纵容了纳粹的暴行,甚至沦为纳粹暴政的帮凶。雅氏之所以说"这些不可能的事在它们的根源上完全不是新的",乃是基于其清醒的时代意识与生存哲学立场对"大众神话"做出的理性批判。

[①] 卡尔·雅斯贝斯:《雅斯贝斯哲学自传》,王立权译,上海译文出版社,1989年版,第73页。

在《时代的精神状况》一书中,雅氏对"生活秩序的界限"①进行了深入的探讨,其中涉及"技术和机器成为群众生活的决定因素""群众统治""技术性的群众秩序与人的生活之间的张力""对群众的崇拜"等问题。雅氏认为,在由技术和机器决定的大众社会里,大众秩序正以一种无名的力量构成不无霸权色彩的日常意识形态,而技术理性也正借着大众的名义在暗中操纵着这种"始终有着非精神和无人性的倾向"②的大众秩序。雅氏就此指出,大众"是无信仰的迷信。它可以踏平一切。它不愿意容忍独立与卓越,而是倾向于迫使人们成为像蚂蚁一样的自动机"③。于是,当大众秩序这一巨大机器得到巩固时,它便以虚构出来的所谓普遍利益、抽象整体及大众需要等名义消弭掉个体对本真自我的追求与对存在本身的探寻。丧失了生存之根的人"就是这样地被抛入了漂流不定的状态之中,失去了对于连接过去与未来的历史延续性的一切感觉,人不能保持其为人。这种生活秩序的普遍化将导致这样的后果,即,把现实世界中的现实的人的生活变成单纯的履行功能"④。这些迷失本真自我的大众"看来是以享乐为目标

---

① 参见卡尔·雅斯贝斯:《时代的精神状况》,王德峰译,上海译文出版社,1997年版,第28—76页。
② 卡尔·雅斯贝斯:《时代的精神状况》,王德峰译,上海译文出版社,1997年版,第34页。
③ 卡尔·雅斯贝斯:《时代的精神状况》,王德峰译,上海译文出版社,1997年版,第34页。
④ 卡尔·雅斯贝斯:《时代的精神状况》,王德峰译,上海译文出版社,1997年版,第36页。

的,而只在皮鞭的威吓下或在渴求面包或渴求更好的食品的驱动下才去工作"①。大众社会许诺给人们越来越多的"面包",但同时也在晃动着它那似乎带着关爱之情的"皮鞭"。在大众秩序笼罩下,一个人要想实现个体的自我意志,就必须同时满足多数人的需要;要想获取个人的权利,就必须同时为大众机器服务并不得不联合其他个体来维护它。由此看来,功能化的大众在利欲的熏炙下最易沦为满足自我欲望的工具,而这也正是单向度的大众统治所需要的。或者说,大众机器通过滋生、纵容与利用大众的欲望维持了大众机器的自动运转。这样一来,"群众秩序形成了一种普遍的生活机器,这机器对于真正人的生活的世界是一种毁灭性的威胁"②。鉴于此,雅氏特意警告世人:"'群众'这个词愚弄了我们,就是说,我们会被它误引到以数量的范畴来思考人类的方向上去:好像人类就是一个单一的无名整体。但是,群众在任何可能的定义上都不可能是那使人如其所是的本质的承荷者。……诉诸群众概念,是一种诡辩的手段,为的是维护空洞虚夸的事业,躲避自我,逃脱责任,以及放弃趋向真正的人的存在的努力。"③"大众"其实是把囿于世界之中的"本能的我"(自我保存意志)偶像化成了上帝。技术迷信、个人崇拜、民粹主义等,追

---

① 卡尔·雅斯贝斯:《时代的精神状况》,王德峰译,上海译文出版社,1997年版,第32—33页。
② 卡尔·雅斯贝斯:《时代的精神状况》,王德峰译,上海译文出版社,1997年版,第35页。
③ 卡尔·雅斯贝斯:《时代的精神状况》,王德峰译,上海译文出版社,1997年版,第66页。

根究底,均与这种"大众神话"有关。可以说,正是这种"大众神话"最终为希特勒之流(恶魔般的政治明星)的自我"造神"运动及其犯下的"平庸的恶"(阿伦特语)①提供了温床。

这里需要说明的是,雅氏对"大众神话"及其"平庸的恶"的批判,并不是出自社会学意义上的所谓"贵族化"立场②,毋宁说,这是作为哲学家的雅斯贝斯代表德国公共知识分子对日趋大众化、平庸化的思想界所作的理性审查与自我反省。雅氏发现,伴随富有理性传统的"德国精神"的不断衰落,德国思想界的格局变得越来越狭隘、越来越独断。1933年纳粹终于在狂热的国家主义、民族主义思潮的怂恿下窃据德国政治舞台的中心,一浪高过一浪的反犹主义思潮最终演变成了一场世界性的灾难,这场惨绝人寰的灾难也彻底终结了德国精神的时代。雅氏在其自传中记述了自己对这场现实人生悲剧的反思以及对"什么是德国人""谁是德国人""什么是德国精神"等问题的理解:"对于包括我在内的少数人来说,在德国发生的事件意味着德国的终结。这从1933年起是可能的,而从1939年起则是确定无疑的。"③在纳粹暴政期间,当多数人(包括不少所谓的"知识分子")在强权的诱迫下出卖德国人的灵

---

① 参见汉娜·阿伦特:《艾希曼在耶路撒冷——一份关于平庸的恶的报告》,安尼译,译林出版社,2017年版。
② 社会学意义上的"贵族"仅是一种社会地位的标志,它依然囿于"权利"这一人生的外向度。说到底,这类的"贵族"仍是雅斯贝斯所批判的"大众"("实存"),他们只是在"大众秩序"中居于更高的地位而已。
③ 卡尔·雅斯贝斯:《雅斯贝斯哲学自传》,王立权译,上海译文出版社,1989年版,第77页。

魂时,"什么是德国人""谁是德国人"就成了问题。"1933年,我的妻子由于是一个德国犹太人而被德国所叛卖,当她拒绝了她爱得或许比我更深的德国时,为了使她重新肯定德国,我明确而骄傲地回答说:就把我看作是德国。"[1]"德国人"从来不是一个抽象的概念,它只在精神高卓的个体(如莱辛、康德、歌德、雅斯贝斯等)身上得以呈现。一个人即是"德国人",这是雅氏哲学所内贯的生存逻辑。以个体的生命格范标示着人类精神高度的"这一个人",他并不会囿于世界之中的任何一种"合法"的规定,而只把生存的目光投向内心祈向中的"世界公民"。雅氏坦言:"当我详细讲述这些思想时,我同时又从内心感到驱使我向往世界公民的动力在增强。首先作为一个人,然后在这个背景下才从属于一个国家,我觉得这是最根本的。"[2]可以说,正是这一出自理性精神的"世界公民"理念,使得雅氏敢于以哲学式的反抗主动承担起对自由的责任。他多次放弃去国"避难"的机会,在纳粹暴政期间仍选择留在这个已丧失道德根基的国家与每一个德国人一起承受人性的灾难,并难能可贵地"从来没说过一句可能被理解为支持政府的话"[3];也正是期许于"世界公民"的理念,他在二战结束之后深刻反省了德国人的罪责问题。雅氏在一次公开表达对希特勒

---

[1] 卡尔·雅斯贝斯:《雅斯贝斯哲学自传》,王立权译,上海译文出版社,1989年版,第77页。

[2] 卡尔·雅斯贝斯:《雅斯贝斯哲学自传》,王立权译,上海译文出版社,1989年版,第80页。

[3] 汉斯·萨尼尔:《雅斯贝尔斯》,张继武、倪梁康译,生活·读书·新知三联书店,1988年版,第62页。

国家的看法时谈到："当我们的犹太朋友被押遣走的时候,我们并没有上街示威,也没有大声呐喊。我们没有这样做,哪怕自己也遭杀害。相反,我们苟且地活着,其理由尽管是正当的,但却是那样的软弱无力,这个理由便是:我们的死亡无济于事。我们仍然活着,这就是罪过。"①可以说,这既是雅氏在代表着德国人承担德国的罪责,也是他在代表着人类承担人类的罪责。

在《悲剧的超越》中,雅氏设专节探讨了"罪"的问题②,其隐衷仍在于追究缺乏责任意识的"大众"的责任,以便唤醒他们自主决断、自我超越、自我担待的生存意识。此外,在阐析"悲剧的基本诠释"③时,雅氏对"唯悲剧"乃至"伪悲剧"之类的悲剧观进行了批判,从时代意识的角度看,这种批判便是雅氏对"大众神话"及其"平庸的恶"所作的最严厉的指摘。多伊奇在该书的"英译本序"中指出:"他揭露了希特勒和戈林时代变成德国偶像的'通常所谓意志坚决的人'(the average so-called man of determination)的昏聩,这种人可能会在世界范围的原子武器竞赛中再度成为许多国家的偶像——人因为不

---

① Karl Jaspers, *Hoffnung und Sorge: Schriften zur deutschen Politik* (1945—1965), München: R. Piper & Co. Verlag, 1965, S.32.转引自汉斯·萨尼尔:《雅斯贝尔斯》,张继武、倪梁康译,生活·读书·新知三联书店,1988年版,第67页。

② 参见 Karl Jaspers, *Tragedy Is Not Enough*, translated by Reiche, Moore and Deutsch, Boston: Beacon Press, 1969, pp.52—55.

③ 参见 Karl Jaspers, *Tragedy Is Not Enough*, translated by Reiche, Moore and Deutsch, Boston: Beacon Press, 1969, pp.90—101.

再能承担持久的责任而仓促地行动。'那些除了决心之外一无所有的人',雅斯贝尔斯提醒我们,'他们坚定有力地保证,不假思索地服从,毫不质疑地蛮干——而事实上,他们陷入粗浅狭隘的幻觉里了。'他们的幻觉是'一种狂野而迫不及待地采取行动的智力低下的激情,表现出人类消极被动地成为自己本能冲动的奴隶。'"[1]希特勒之类的大众"偶像",其显著的特点是"蛮干"而"不再能承担持久的责任",为"本能冲动"所役而陷于"智力低下的激情"。说到底,这样的人毋宁是雅氏所批判的"实存"(Dasein/existence)意义上的"显赫人物",绝非他所希冀的"生存"(Existenz)层面上的杰出代表。对雅氏来说,"生存"固然在临界处境下也会采取决绝的"行动",但生存的行动自始至终是与自由、选择、超越、责任相即不离的。为了避免"生存"畸变为"实存"("大众"其实就是"实存"的别称),雅氏最迟在1935年出版的《理性与生存》[2]一书中就开始有意识地为"生存"插上"理性"的翅膀,以便让"生存"始终行进在探问真理、祈向"大全"的途中,进而让"生存"承担起自由选择、自我超越、自我生成的责任。[3] 尤为可贵的是,雅氏在

---

[1] 卡尔·雅斯贝尔斯:《悲剧的超越》,亦春译,工人出版社,1988年版,"英译本序"第6页。

[2] Karl Jaspers, *Vernunft und Existenz*, München: R. Piper & Co. Verlag, 1935.

[3] 雅斯贝尔斯是一位具有厚重的现实感与责任感的哲学家。1958年,雅氏荣获德国图书业和平奖,阿伦特在致辞中指出:"哲学和政治关系到每一个人。……事实上,政治家的位置相对来说要幸运一些,因为他们只需要对自己的民族负责;而雅斯贝尔斯的写作,至少是在他1933年后的著作

1938年出版的《生存哲学》①一书的第二部分"真理论"中,首次明确提及莱辛的哲学悲剧及其散发的"理性的气氛":"理性

> 中,却总像是在整个人类面前承担自己的责任那样。"(汉娜·阿伦特:《卡尔·雅斯贝尔斯:一篇赞词》,收入汉娜·阿伦特:《黑暗时代的人们》,王凌云译,江苏教育出版社,2006年版,第66—67页)雅氏不是政治家,而是一位康德式的哲学家,他以"世界公民"的身份与纯哲学的方式所作的反省是通过理性之光的澄明力量来进行的。"对于他,责任并非一种负担,也与道德命令毫无关系。相反,它从一种内在的快乐中流溢而出,这种快乐存在于让事物显现、将晦暗照彻和使黑暗启明之中。从最终的分析来看,他对公共领域的肯定只是他热爱光和明彻的结果。他如此长久地热爱着光,以至于可以用'光'来作为他全部个性的标记。在伟大作家的著作中,我们几乎总是能找到一个仅属于他的一以贯之的隐喻,他的全部著作仿佛在那里聚集为一。在雅斯贝尔斯的著作中,这一隐喻乃是'明彻'一词。人的生存被理性所'照彻',而种种'环绕模式'——一方面是心灵'环绕'着一切我们显现的事物,另一方面世界也'环绕'着我们,'我们总是在世界之中'——也被理性所照亮。最后,理性本身与真理的亲和性,由它的'广阔与明亮程度'来证实。所有能承受光,且不会在其照耀下化为水汽的事物,都分有人性;因而要在人类面前去为每一思想负责,意味着生活在这样一种光照里:在其中,自我和它所思考的事物都受到这种光照的检验。"(同上书,第67页)阿伦特以"光"作为雅氏全部个性的标志,以"照彻"(clarifying)一词作为其全部著作的隐喻,可以说把捉到了雅氏其人其说的韵致。这里的"光"指的是理性之光,"照彻"指的是理性对生存的澄明,"环绕"指的是生存在理性的澄明下所祈向的"大全"。作为承受理性之光的照耀并分有人性的生存个体,人就在这个充满无限可能性的大全空间里自由思维着、自我决断着、自我超越着,并对自己会成为怎样的一个人担负起最终的责任。

① Karl Jaspers, *Existenzphilosophie*, Berlin & New York: Walter de Gruyter Verlag, 1938.

的气氛弥漫于高尚的诗作特别是悲剧中。伟大哲学家都有这种气氛。哪里还有哲学,哪里就还能觉察到它。有些个别人的身上,比如莱辛,这种气氛就很明朗,他们虽然还没有什么本质内容,却像理性本身一样对我们起着影响作用,而且我们之所以阅读他们的语言,完全是为了呼吸这种空气。"①对雅氏来说,真理乃是通向存在的道路,理性则是通向真理的道路,这样一来,彰显"理性的气氛"便成为真正的哲学永恒的使命与伟大哲学家之所以伟大的神髓所在。从雅氏所谓"哪里还有哲学,哪里就还能觉察到它"之类的断言中不难看出,"理性的气氛"在他那里是用作分判哲学"真正"与否的衡准的。依此衡准来作分判,那种丧失了理性气氛的哲学便被他逐出真正的哲学之列,而那种弥漫着理性气氛的"高尚的诗作特别是悲剧"则被请进了哲学的王国。正是在这层意趣上,雅氏在莱辛一类的艺术家身上感受到了真正的哲学精神,认为"我们之所以阅读他们的语言,完全是为了呼吸这种空气"。值得注意的是,雅氏在《论真理》中谈论"哲学悲剧"②时,是以莱辛的《智者纳旦》为范例展开论述的,可以说雅氏的这种看法在他被纳粹政府禁止发表作品之前有幸出版的最后一部著

---

① 卡尔·雅斯贝斯:《生存哲学》,王玖兴译,上海译文出版社,2005年版,第50页。
② 参见 Karl Jaspers, *Von der Wahrheit*: *Philosophische Logik* (*Erster Band*), München: R. Piper & Co. Verlag, 1947, S.949—951.

作(《生存哲学》)①中就已初见端倪了。

(三)"审美冷淡"之批判

雅斯贝斯在《悲剧的超越》第四章"悲剧的主体性"②的开篇就明确指出:"对无动于衷的旁观者来说,悲剧知识是无关紧要的东西,它只是在认知中才会引起关注。毋宁说,它是一种赢得的知识,正是在这种知识里,我通过我认为在其间获取理解力的方式,通过我在其间观察与感受的方式,进而让我的自我逐渐成长起来。在这种知识中并通过这种知识,整个人发生了转变。这种转变可以使人走上解救之路:在解救中,人通过克服悲剧而上升到至高无上的实在;与此相反,这种转变也可能使观众陷入审美冷淡之途:人心不在焉,浮游不定,遁于虚无之中。"③这是一段纲领性的文字,其中所说的"审美冷淡"(Ästhetische Unverbindlichkeit/esthetic noncommitment,

---

① 1937年,雅斯贝斯因其妻子格特鲁德系犹太裔而被纳粹当局解除大学教职。他在被免职后的一段时间里,抓住自己尚能公开说话的机会撰写了几篇演讲词,这些演讲词于1938年以"生存哲学"为书名出版,此后,他便被剥夺发表作品的权利。雅氏自述道:"这是在纳粹垮台西方可以重新享度自由德意志生活以前我所发表的最后一本著作。这本著作的声调适合于这本著作出生的那个时刻,它来涉到根除不掉的东西。"见卡尔·雅斯贝斯:《生存哲学》,王玖兴译,上海译文出版社,2005年版,"再版后记"第90—91页。

② 参见 Karl Jaspers, *Tragedy Is Not Enough*, translated by Reiche, Moore and Deutsch, Boston: Beacon Press, 1969, pp.72—89.

③ Karl Jaspers, *Tragedy Is Not Enough*, translated by Reiche, Moore and Deutsch, Boston: Beacon Press, 1969, p.72.

aesthetic detachment),乃意指"不承担责任的审美主义"(the irresponsible aestheticism),这是"无动于衷的旁观者"所持的一种"心不在焉,浮游不定,遁于虚无"的审美态度,换言之,它是作为"实存"的人所持的一种"生存不在场"的旁观者立场。与此不同,雅氏则是一位"生存在场"的哲学家,他期待着生存个体介入"悲剧知识"之中,以同情之心理解悲剧主人公的不幸遭际,在与悲剧主人公进行生存交往的过程中实现自我的成长并赢得自我的转变,进而承担起自由选择、自我超越、自我生成的责任。基于这种立场,雅氏在"悲剧的主体性"一章中设专节探讨了"悲剧萎缩为审美冷淡"的问题。①

雅氏首先对西方历史上出现的几种典型的悲剧作了回顾与比较:"希腊悲剧在作为宗教仪式的酒神节上演。中世纪的神秘剧也与宗教密切相关,这种传统后来决定了卡尔德隆仍以神秘剧的形式创制他的悲剧。与此相反,在莎士比亚时代的英国,悲剧则通过一个充满生命力的世界标志着自我认识的实现。在其巅峰,这种悲剧无疑带来了内心的解放,这种解放在这个世界之中提供了一种类似于宗教仪式的体验,所有参与其中的人都从中受到了鼓舞。"②在希腊悲剧、基督教悲剧(中世纪的神秘剧)、莎士比亚的悲剧中,雅氏最推重的当属最后一种,因为莎士比亚的悲剧具有震撼人心的力量,悲剧主

---

① 参见 Karl Jaspers, *Tragedy Is Not Enough*, translated by Reiche, Moore and Deutsch, Boston: Beacon Press, 1969, pp.87—89.
② Karl Jaspers, *Tragedy Is Not Enough*, translated by Reiche, Moore and Deutsch, Boston: Beacon Press, 1969, p.87.

人公在现实的人生舞台上探问着属己的真理,在浓郁的悲剧气氛与激烈的悲剧冲突中推动着"自我认识的实现",最终带来了自我救赎与"内心的解放"。这是典型的"生存在场"的悲剧,其中涵淹着生存的严肃性与道义上的责任感。然而,一旦缺失了这种严肃性与责任感,无论是作品还是观众,都会因其丧失生存根基而沦为单纯的审美游戏。雅氏继而指出:"戏剧与观众总是过不了多长时间就退化成单纯的游戏功能。剧作越来越缺少道义上的责任。起初,它的严肃性是通过传递悲剧知识而带来的一种'解救'的途径,也是发生在观众内心中的某种情愫。但是,在逐渐沉降到常人所追求的消极娱乐的水准时,这种严肃性就在痛并快乐着的被动兴奋中消失了。"①这里所说的"常人"(general human),指的就是生存不在场的"实存"(或"大众"),他们因其缺失了生存的严肃性与责任感而将悲剧畸变成一种满足自我"痛并快乐着的被动兴奋"的娱乐品,此时悲剧的生命力也就随之委顿了。

雅氏诚然没有在审美层面上一概而论地否认戏剧的游戏、娱乐功能,不过他基于生存形而上学的立场始终对缺少严肃的生存意识与道义责任的单纯游戏、消极娱乐保持着足够的警醒。"重要的是,我不仅观看悲剧并从中获得'审美'熏陶,而且要将自己的内在自我投注其中并由于悲剧对我的直接影响而表现出悲剧的洞察力。假如我认为自己是安全的,假如我把悲剧视为某种漠不关己的东西,或者某种可能拖累

---

① Karl Jaspers, *Tragedy Is Not Enough*, translated by Reiche, Moore and Deutsch, Boston: Beacon Press, 1969, pp.87—88.

我但已被永远摆脱了的东西,那么就失掉了悲剧的全部内涵。于是,我就会从安全港中来观看世界,仿佛已无须在波涛汹涌的大海里为探询我的命运而以全部身心冒险了。我会从堂而皇之的悲剧性解释来看待世界:世界就是如此创设的,以至于世上所有伟大的事物都注定归于毁灭,为的是满足无动于衷的旁观者的兴致。"① 这里所说的"将自己的内在自我投注其中",即意指"生存在场"的态度;与此相悖,所谓"我认为自己是安全的",指的就是"生存不在场"的态度。如果说前者可以使悲剧对观众产生直接的影响并在洞悉悲剧真韵的同时发生内在的转变,那么后者则会使观众把悲剧视为某种"漠不关己的东西"或者某种生命之外的牵累进而失掉悲剧的全部内涵。在后一种情形下,观众就会遗忘或者有意逃避属己的命运与责任,甚至会产生一种悲剧世界观(把英雄人物的受难与毁灭视为注定了的事),从而以无动于衷、冷漠无情的旁观者姿态欣赏英雄人物的受难与毁灭。"若接受这一观点,就等于使生存活动陷于瘫痪。于是,灾难并未起到唤醒我们的作用,而是促使我们接受这个已知的世界。因为世界本来就是这个样子,我无从改变它,我应为自己未被卷入其中而庆幸。但是我喜欢从远处观看灾难:悲剧发生在其他地方,只要我自己处于安宁之中,这就是非常好的事。作为一个旁观者,我分享着这种感受,并从我自以为高尚的情感中得到自我满足。我有所偏袒,做出评价,允许自己受到震动——实际上,我却保持着

---

① Karl Jaspers, *Tragedy Is Not Enough*, translated by Reiche, Moore and Deutsch, Boston: Beacon Press, 1969, p.88.

安全的距离。"①对喜欢保持着安全的距离欣赏灾难的旁观者来说,悲剧性的灾难已不能唤起他们的生存意识。他们在世界中不再进行自由选择、自我超越的行动,也不再对抗命运并主动承担对属己的命运的责任,而是顺役于注定了的命运,进而以一副犬儒的模样全然接受了"这个已知的世界"。更应值得警醒的是,他们不再对英雄人物的受难抱以同情,而是庆幸自己"未被卷入其中"。可以说,这种幸灾乐祸的态度已把人降格成麻木不仁的冷血动物。

反省审美冷淡,唤醒生存意识,这是雅氏一以贯之的哲学立场。早在1932年出版的《哲学》②第一卷中,他就借着阐发哲学与艺术之间的张力而诠说了艺术起源、艺术吸纳、艺术创作、艺术作品、审美冷淡、哲学与艺术之争等话题。③ 在雅氏看来,艺术起源于"生存",一旦失却了"生存"之根,艺术就会满足于纯粹的形式与游戏,进而陷入不做决断的"审美冷淡"之中。基于这种艺术观,雅氏在探讨艺术创作问题时阐析了生存艺术家与审美艺术家之间的张力,对以鲁本斯(Paul Rubens)、瓦格纳(Richard Wagner)为代表的生存不在场的审美

---

① Karl Jaspers, *Tragedy Is Not Enough*, translated by Reiche, Moore and Deutsch, Boston: Beacon Press, 1969, p.88.
② Karl Jaspers, *Philosophie*(1-3), Berlin & Heidelberg: Springer Verlag, 1932.
③ 参见 Karl Jaspers, *Philosophy* (Vol. 1), translated by E. B. Ashton, Chicago and London: The University of Chicago Press, 1969, pp.326—335.

艺术家作了批评。① 尤为重要的是,他在诠说"审美冷淡"②时重点对那种不承担生存选择与决断责任的"纯艺术"进行了深刻的反省。雅氏指出:"由于艺术的内容将其应具的特性归之于宗教或艺术家的哲学自治,故而就像那种不包含生存承担的纯粹的逻辑有效性一样,纯艺术——一种被人称为在形式中达至一般意识的艺术——同样变得无所承担起来。这种纯艺术之所以能够占有万物,仅仅因为它们把自身交给了表象。这样一来,从原则上说就没有什么东西不能变成它的对象了,而且除了形式与技巧之外,其他的一切都变得无关紧要了。因为这种艺术既不是宗教的,也不是哲学的,而只是一种纯粹的介质,它并不能让我们承担对任何事物的责任,因而也不能

---

① 雅斯贝斯就此指出:"有一类艺术天才,我们在那里几乎感觉不到生存。那些拿破仑式的艺术家,其形象就像鲁本斯或理查德·瓦格纳,他们虽然在艺术场域中带来了革命性的变化,并以其闻所未闻的个性和不可一世的高傲姿态创造了完美的作品,但看来并没有触及我们内心深处的存在。他们好像始终在被旺盛的精力、情欲或无物的纯形式所驱赶着。"[Karl Jaspers, *Philosophy* (Vol.1), translated by E.B.Ashton, Chicago and London: The University of Chicago Press,1969,p.329.]生存不在场的艺术家只是在形式上创制"完美的作品",但却不能触及"内心深处的存在"。相较之下,生存艺术家的作品虽然在形式上是未完结的,但却能够不断地趣向那个虚灵不滞的"整体"。雅氏出其生存形而上学的视界,自然对生存艺术家(如荷尔德林、凡·高、莎士比亚等)抱以更多的敬意,而对那些只具艺术创造天赋但却"感觉不到生存"的艺术家则予以更多的反省。

② 参见 Karl Jaspers, *Philosophy* (Vol.1), translated by E.B.Ashton, Chicago and London: The University of Chicago Press,1969, pp.332—333.

服务或反对宗教与哲学。除了无休无止的、可能性的自由游戏之外,它并没有自身的起源。"[1]诉诸"可能性的自由游戏"的"纯艺术"只关切"形式与技巧",而"没有自身的起源",因此它既不进行生存抉择,也不承担对人之为人所当有的生存自由的责任。这是雅氏对"纯艺术"的最根本的哲学态度。在他看来,"纯艺术"即等于"纯形式"。换言之,纯形式既是艺术得以自治的依托,也是艺术面对"临界处境"的拷问而被逼显出来的界限。因着不经历"临界处境","那种绝对的严肃性变成了书呆子式的冥顽不化;而且,如果喜剧成为终极的艺术形式,它就会变成空洞的闹剧,这就如同讽刺一旦采取自我放逐的姿态便会导致非本真的虚无主义一样"[2]。同样因着不经历"临界处境",那缺乏"生存"之源且不作"临界超越"的纯艺术便不再直接再现"绝对者",从而堵塞了通往"超越存在"的道路。还是因着不经历"临界处境",个体在"纯艺术"中获得了一种虚假的解脱,并最终遗忘了自身。"我们从艺术品中获得的解救变成了无承担的表象,因为在作品中仅有作品自身的律则,而没有真实生活的律则。我所创造的那些诗的形式似乎把我从生存抉择中解脱出来,我所构想的诸多可能性似乎免去了我直面现实的必要。我不必有所抉择,便可猜测可能所是的东西;我不必是我所是,便可满足于我所想象的前景。

---

[1] Karl Jaspers, *Philosophy* (Vol.1), translated by E.B.Ashton, Chicago and London: The University of Chicago Press, 1969, p.332.

[2] Karl Jaspers, *Philosophy* (Vol.1), translated by E.B.Ashton, Chicago and London: The University of Chicago Press, 1969, p.332.

我可能会在没有界限的纯思所带来的喜悦中扩张自身,可能会为无论怎样的人类可能性而感到激动。我坠入销魂的迷狂,陷于彻骨的绝望;在不承担任何后果的纯粹当下的无时间性中,我随心所欲地遗忘了我自身。"[1]雅氏的生存哲学把人对选择的责任作为第一要务,由此出发,他在艺术领域自然期许那种承担选择责任的生存艺术,同时对那种"遗忘了我自身"的"审美冷淡"则保持着足够的警醒。

当然,雅氏并未全然否弃美的艺术(纯艺术)。他认为美的艺术以其形式化、直观化的审美想象松开了"世界实存"对人的束缚,从而为生存选择敞开了无限的可能性。可能性是生存自由的必要条件,没有可能性,便没有自由。在雅氏看来,审美游戏的全部意义便在于此。但是,可能性毕竟还只是一种悬而未决的状态,只有由"可能生存"回归"本真生存",生存意识才能把这种悬而未决的状态转换成为生存断然跃向"超越存在"的"临界处境"。美的艺术自身并不做决断,这是雅氏批判审美游戏的原委所在,也是生存艺术论的独特之处。诚然,如果仅从艺术自律的角度看,雅氏似乎是有局限的。不过,一旦联系到雅氏所身处的文化危机时代,联系到生存面对虚无所应做的自由决断以及所应承担的责任,尤其当我们把艺术视为根源于生存的艺术活动时,我们就能同情地理解他的艺术观了。

可以说,在以"存在哲学"名世的哲学家中,雅斯贝斯乃是

---

[1] Karl Jaspers, *Philosophy* (Vol.1), translated by E. B. Ashton, Chicago and London: The University of Chicago Press, 1969, p.332.

时代意识与责任意识最为明确的一位。布鲁希尔在1946年7月16日致阿伦特的信中,认为雅氏是西方"最后一位人文主义的守护者"[①]。阿伦特在1969年3月4日为纪念雅氏去世所作的悼词中,认为"在几乎四分之一的世纪里,他是德意志的良心"[②]。伽达默尔在谈及雅氏时,认为"他把深思熟虑的哲学教师的地位和道德家的地位集于一身"[③]。就连对雅氏颇有微词的桑巴特,在回顾自己当年就读于海德堡大学的岁月时,也承认"他至死都代表着德国人的良心"[④]。正是这位"代表着德国人的良心"的哲学家与道德家,带着切己的悲剧体验创构了一套独具匠心的生存形而上学,并以这套学说为底据提出了一种祈向超越之维的生存悲剧论。

二、悲剧论与生存形而上学

关于雅斯贝斯的悲剧论,前人已作过一些评说。譬如,德国学者施太格缪勒认为雅氏所提供的许多分析"并不依赖于

---

① 科勒尔编:《汉娜·阿伦特/海茵利希·布鲁希尔书信集》,孙爱玲、赵薇薇译,贵州人民出版社,2004年版,第114页。

② Hannah Arendt and Karl Jaspers, *Hannah Arendt—Karl Jaspers Correspondence*, Edited by Lotte Kohler and Hans Saner, translated by Robert and Rita Kimber, New York: Harcourt Brace Jovanovich, 1992, p.685.

③ 汉斯-格奥尔格·伽达默尔:《哲学生涯——我的回顾》,陈春文译,商务印书馆,2003年版,第198页。

④ 尼古劳斯·桑巴特:《海德堡岁月》,刘兴华译,江苏人民出版社,2007年版,第173页。

他的哲学的最后意图,因此对那些不愿接受实存哲学根本立场的思想家也能给予宝贵的启发。作为一个特别突出的例子,还可以举出对悲剧的论述……这种论述可以归入有关这一问题的最卓越的论述之列"①。将雅氏的悲剧论"归入有关这一问题的最卓越的论述之列"是毋庸置疑的,不过,所谓该种论述"并不依赖于他的哲学的最后意图"之类的断言显然有悖于雅氏的整体运思。相较之下,日本学者井村阳一的一个颇为中肯的评说对此作了矫正:"这(指悲剧论——引者注)既是雅斯贝斯唯一有系统的文学论,又是从生存论立场出发进行的一种审美范畴的设定。"②事实上,雅氏的悲剧论从未遁出其生存形而上学的视界。毋宁说,它是雅氏"在艺术中思考,而不是思考艺术"③的最为彻底的范例。他把悲剧视为生存艺术(广义上的"艺术")的典型,并在"艺术是哲学的器官"④的意趣上将悲剧誉为一种伟大的艺术。

雅氏的生存形而上学(包括其生存美学)有三个不可再少的关键词:一是"生存",二是"超越存在",三是"密码"。其中,"生存"既是其全部学说的辐辏点,也是其生存美学所立足的

---

① 施太格缪勒:《当代哲学主流》上卷,王炳文等译,商务印书馆,1986年版,第261—262页。
② 今道友信等,《存在主义美学》,崔相录、王生平译,辽宁人民出版社,1987年版,第170页。
③ Karl Jaspers, *Philosophy* (Vol.3), translated by E.B.Ashton, Chicago and London: The University of Chicago Press, 1971, p.168.
④ Karl Jaspers, *Philosophy* (Vol.3), translated by E.B.Ashton, Chicago and London: The University of Chicago Press, 1971, p.168.

原初根源。离开"生存",艺术就会被抽空为无决断的"审美冷淡",艺术的超越之维也会蜕变为空洞的超越。"超越存在"既是其全部学说的形上之维,也是其生存美学所瞩望的终极目标。离开"超越存在",艺术就会委顿为媚俗的狂欢,艺术的生存之源也会被风干为封闭的"实存"。"密码"既是联结"生存"与"超越存在"的中介,也是生存美学的韵致所在。雅斯贝斯就此把艺术视为哲学的器官,并贞定了艺术活动的真义:"艺术是解读密码的语言。"[1]由"密码"论及艺术(包括其悲剧论),我们既可明见艺术哲学在其全部学说中的地位,也可洞识他那祈向超越之维的生存美学所内贯的意蕴。基于此,我们从三个方面来梳理雅氏的悲剧论与其生存形而上学的内在关联:一是"生存交往"与"悲剧冲突",二是"超越存在"与"悲剧解救",三是"密码"与"原初直观"。

(一)"生存交往"与"悲剧冲突"

"生存"[2]作为雅斯贝斯创构的生存形而上学大厦的基石,

---

[1] Karl Jaspers, *Philosophy* (Vol.3), translated by E.B. Ashton, Chicago and London: The University of Chicago Press, 1971, p.168.

[2] "生存"在雅斯贝斯那里的德文原词是"Existenz",汉译为"实存""生存""存在""此在""现实存在"等。笔者倾向于将"Existenz"译为"生存",国内较早采取这种译法的学者是王玖兴先生[王玖兴在其翻译的《生存哲学》(*Existenzphilosophie*)一书中,便将雅氏"生存哲学"的关键词"Existenz"译为"生存"]。这种译法凸显了生存个体自由选择、自主判断、自我超越、自我生成、自我担待的意味,因而更能将雅氏祈向超越之维的生存哲学的韵致恰切地传达出来。

意指自作主宰、自我超越、自我担待的个体的人,其托底的秘密乃是人的自由。在《哲学》第二卷中,雅氏重点探讨了"生存澄明"的问题。① 澄明生存的路径主要有两条:一是诉诸生存间的交往,二是为生存插上理性的翅膀。就第一条途径而言,"交往"即意味着生存之间"爱的斗争"。"爱的斗争"并不企图在"实存"的意味上战胜对方,而是期望着在唤醒对方生存意识的同时,双方共同依赖本真的自我祈向"整全的真理"("超越存在")。可以说,"爱的斗争"既是生存交往的韵致,也是悲剧冲突的命脉所在。

在雅氏看来,生存澄明的指归在于让自作主宰的个体意识到囿于"一般意识"的"实存"的界限,以便在这一界限处对自我贞定的"生存"做出决断。基于这种看法,雅氏并未给"生存"下定义,而是以"实存"(Dasein/existence)作为对照,通过二者之间的比勘揭示出"生存"的本然义趣。对"实存"与"生存"之间的差异,雅氏主要提示了如下五点:

---

① 为雅斯贝斯奠定了世界哲学史地位的皇皇巨著《哲学》分为"世界定向""生存澄明""形而上学"三卷,不过它们的地位并不是平分秋色的。雅氏在该书 1955 年再版后记中指出:"作为世界定向、自我澄明、形而上学,世界、心灵、上帝成为该书三部分的主题。不过,我自始就把自我澄明,即对生存的澄明视为哲学唯一的主旨。它是全部哲学不可或缺的基素,当然它也不是全部。"[Karl Jaspers, *Philosoph* Vol.1(Epilogue 1955), translated by E.B.Ashton, Chicago and London: The University of Chicago Press,1969,p.11.]由此可以断言,雅氏的全部哲学探寻即是围绕"生存"这一"轴心"延展开来的。

其一,"实存经验地存在于此,而生存却仅仅作为自由而存在"①。"经验地存在于此"的"实存"喻示着某种囿于日常世界的沉沦状态,而能在的"生存"则内蕴着某种依自身的本源而无条件地生成着的动势,它突破日常世界的"实存"而把自由还给人自己。"实存"是被一次抛就的,而"生存"则自己选择自己的生存境遇。"因此,不是我的实存是生存,毋宁说,我在实存中成为可能的生存。作为实存的人,我存在于此或不存在于此,而我的生存作为一种可能性却只通过我自己所做的每一次选择与决断进一步迈向其存在或脱离存在而进入虚无。"②因着这"迈向其存在"的"升华"或"进入虚无"的"沉沦"乃是由"生存"的自由选择带来的,"生存"也由此而承担起全部的责任。相较之下,"实存"不选择,不自由,也不去承担责任。

其二,"实存"是有条件的,"生存"是无条件的。"我的实存与其他的实存相比只在世界存在的范围上有宽窄之别。"③而"生存"根本就不囿于任何一种视界,"因为生存即是自由"④。无论"实存"的视界有多阔大,同自身即是自由选择的

---

① Karl Jaspers, *Philosophy* (Vol.2), translated by E.B.Ashton, Chicago and London: The University of Chicago Press, 1970, p.4.
② Karl Jaspers, *Philosophy* (Vol.2), translated by E.B.Ashton, Chicago and London: The University of Chicago Press, 1970, p.4.
③ Karl Jaspers, *Philosophy* (Vol.2), translated by E.B.Ashton, Chicago and London: The University of Chicago Press, 1970, p.4.
④ Karl Jaspers, *Philosophy* (Vol.2), translated by E.B.Ashton, Chicago and London: The University of Chicago Press, 1970, p.4.

"生存"相比,它仍是狭隘的。有条件的"实存"是有限的,但它却自以为是无限的;无条件的"生存"在时间之中看似是有限的,但它因反省到自身的有限而在无待抉择的瞬间契接无限。在物理时间的自然绵延之中,"作为实存,我生着与死着"①。相比之下,"我的生存并不知道死亡,毋宁说,它只关联于自身存在而作着升华或沉沦的自由翱翔"②。因此,"经验在此的实存"是浮摇于时间之流的暂时之在,而仅仅作为自由而存在的生存则"在时间之中超越了时间"③。

其三,有限的"实存"是自闭的,而生成着的"生存"则是无限开放的。"我的实存既然不是全部实存,那么它就是有限的,而且对我来说,它只是自为地闭锁在自身之中。生存不是全体存在,而且也不为自己单独存在,因为它只有在与其他生存和超越存在——这个全然的他者使它意识到不能单单依靠自身而存在——发生联系时才存在。"④"实存"因其被选择而是相对完形的,"生存"则因其自由选择而具有无限生成的可能性。"实存作为无尽的事物的某种相对完形或可称之为无限的,而没有完形的生存的无限性则意指某种开放的可能性。

---

① Karl Jaspers, *Philosophy* (Vol.2), translated by E. B. Ashton, Chicago and London: The University of Chicago Press,1970,p.4.

② Karl Jaspers, *Philosophy* (Vol.2), translated by E. B. Ashton, Chicago and London: The University of Chicago Press,1970,p.4.

③ Karl Jaspers, *Philosophy* (Vol.2), translated by E. B. Ashton, Chicago and London: The University of Chicago Press,1970,p.4.

④ Karl Jaspers, *Philosophy* (Vol.2), translated by E. B. Ashton, Chicago and London: The University of Chicago Press,1970,p.4.

对实存来讲,基于可能生存的行动是值得置疑的,因为在时间中围绕其持存的实存忧虑必然反对无条件的东西,这个无条件的东西的途径对它来说是不可靠的,这个途径能给实存带来损失并导致它毁灭。"[1]而"生存"则不惧怕可能性,它把所有的可能性都视为实现自身自由的某种契机。

其四,"实存"的忧虑乃意指一种肇始于自我保存意志的患得患失,而"生存"的"战栗"与"畏"则只是引发无待的"良知"与"信仰"的否定的导言。"我的实存忧虑倾向于将生存的行为置于持存的条件之下,但是,对可能生存来说,无度的实存享受已经是一种堕落。因为对生存来讲,实存现实的条件正被生存意识转化为无条件以便用以理解自身。……实存只在世界存在之中被实现,而对可能生存来说,世界则意味着生存现其象于其中的天地。"[2]因此,有条件的"实存"只在世界之中锱铢必较,它永远囿于有条件的"处境"之中,当然那无条件的"良知"也无从苏醒。相较之下,"临界处境"则只属于"生存","生存"在"临界处境"下的"良知"自省使它自始便赋有超越的维度并透出"境界"的暖意。

其五,"实存"之间的"交际"乃是"实存"的自我保全与扩展的一种功能,"生存"之间的"交往"则意指为了实现双方的自由而涌动于生命深处的"爱的斗争"。"作为实存,说话的是

---

[1] Karl Jaspers, *Philosophy* (Vol.2), translated by E. B. Ashton, Chicago and London: The University of Chicago Press, 1970, p.4.

[2] Karl Jaspers, *Philosophy* (Vol.2), translated by E.B.Ashton, Chicago and London: The University of Chicago Press, 1970, p.4.

一个有目的的、对自己具有无限兴趣的生命,他把一切都置于对自己的实存有所促进的条件之下,他只在这个意义上表示同情和反感,他只出于这种兴趣才与人交往。"[1]相较之下,"生存交往"则与此迥异其趣。"作为生存,说话的是一个自己在那里存在着的人。他面对着生存,这个不可替代者,面对着别的不可替代者。这种表述是出现于充满爱心的斗争中,斗争不是为了权力,而是为了启示,在这种斗争中一切武器都被放弃,但是大全的一切样态都表现出来了。"[2]一言以蔽之,"实存"间的"交际"意在以他人为实现自身的资具,而"生存"间的"交往"则旨在以自由成全自由。

由上述提示可以看出,雅氏致力的生存形而上学的韵致在于,它将拘囿于现实世界与一般意识的"实存"置于某种"临界处境"下,逼显出其自身的界限来,值此之际唤醒其本明的生存意识,不断地在世界中突破世界、在历史中超越历史,进而通过"爱的斗争"与其他的生存个体进行"生存交往",以便让"大全的一切样态都表现出来"。在这个过程中,生存个体经历了种种不可避免的冲突与"实存"意义上的失败,最终实现了自我超越与自我生成,并以自身的悲剧体验见证了生存的真理。进而言之,"生存交往"所诉诸的"爱的斗争",展示的是不同的生存个体在超越世界与历史的过程中所见证的彼此

---

[1] 卡尔·雅斯贝斯:《生存哲学》,王玖兴译,上海译文出版社,2005年版,第28页。

[2] 卡尔·雅斯贝斯:《生存哲学》,王玖兴译,上海译文出版社,2005年版,第28页。

冲突的真理样态之间的斗争,其指归在于让"整全的真理"("超越存在")在悲剧冲突中间接地呈示出来。

(二)"超越存在"与"悲剧解救"

如果说"生存"是雅斯贝斯全部学说的基石,那么"超越存在"①就是其学说的形上维度。正是这一浑全而完满的形而上之维,不仅为自由选择、自我超越的"生存"提供了恒远向之趋赴的目标,也为"悲剧解救"提供了终极依据。

与"生存"一样,"超越存在"是不可对象化的,因此雅氏同样没有对它下某个明确的定义。为了喻说"超越存在"的精神性状,雅氏主要从两个方面作了提示:一是"超越存在"与"大全"的内在关联,二是"超越存在"与"生存"的内在关联。就前者而言,"超越存在"乃意指一切其他"大全"样式②的"绝对的他者",即"绝对的大全"或"一切大全的大全"(das Umgreifende alles Umgreifenden/the Encompassing of all Encompassings)。在《论真理》一书中,雅氏喻说了"超越存在"的基本性征:"作为

---

① "超越存在"在雅斯贝斯那里的德文原词是"Transcendenz",英译为"transcendence",汉译为"超越存在""超验存在""超越者""超越性""超越"等,笔者在本书中统一使用"超越存在"。

② "大全"在雅斯贝斯那里的德文原词是"das Umgreifende",英译为"the Encompassing"或"the Comprehensive",汉译为"无所不包者""至大无外者""环境""统摄""包容""环绕"等,笔者在本书中统一使用"大全"。雅氏将"大全"的样式分为两类:一类是"我们之所是"的"大全",包括"生存"、"实存"、"一般意识"与"精神";另一类是"存在之所是"的"大全",包括"世界"与"超越存在"。

一切大全的大全、绝对的大全,超越存在乃意指不容改变的'是其所是',以至于它视之不见,思之即无。"[1]由此看来,自作贞定的"是其所是"乃是"超越存在"的精神性状。在雅氏那里,"超越存在"有时也被称说为"一"(the One)。这"一"不是"实存"意味上的经验的"一",不是"一般意识"意味上的抽象的"一",也不是"精神"意味上的封闭的"一"。说到底,它是为"多"赋予意义、提供终极根据的"一"(the One,太一),而不是那些散落于"多"之中而不能自作贞定的"一"(the one)。由"一"(the One)所喻说的"超越存在"因其完满而无所需求,因其流溢而能满足一切需求。[2]

雅氏认为,"实存"因拘囿于"世界"与"一般意识"而无从确认(也不愿意承认)"超越存在";只有自由选择、自我超越的"生存",才能突破"世界"与"一般意识"的界限,在濒于某种灵魂无可告慰的"临界处境"之际断然地回归本明的自我并贞认"超越存在"。"生存这一自我存在的晦暗的基础是潜隐状态,我从其中开始遇到我自己,并且只因着这种潜隐状态,超越存

---

[1] Karl Jaspers, *Karl Jaspers Basic Philosophical Writings*, edited, translated, with introduction by Edith Ehrlich, Leonard H.Ehrlich, George B. Pepper, Ohio: Ohio University Press, 1986, p.175.

[2] 雅斯贝斯就此指出:"唯一的超越存在无所需求,而它却满足一切需求。"见 Karl Jaspers, *Karl Jaspers Basic Philosophical Writings*, edited, translated, with introduction by Edith Ehrlich, Leonard H.Ehrlich, George B.Pepper, Ohio: Ohio University Press, 1986, p.175.

在才变得真实。"[1]"超越存在"对"生存"来说是绝对真实的,因此雅氏又结合着"超越存在"与"生存"的关联提示了它的韵致。更为重要的是,"超越存在"并不是彼在于"生存"之外的某种绝对化的实体,毋宁说,"生存"所祈向的"超越存在"不过是"生存"所内蕴的"良知"向着那无限完满的"神性"的充量投射。"生存"与"超越存在"、"良知"与"神性"之间在同一精神性向上又有着一段永远不可消弭的距离,正是这种必要的张力,使"生存"在永远趣向"超越存在"的过程中不断地做着自我生成的运动。

在雅氏看来,"生存必然是超越的,这就是生存的结构"[2]。而且,对在世界与历史中不断超越世界与历史的"生存"来说,"与纯事件中普遍形式和法则简单重复自己的情况截然不同,历史是在自身中超越时间、取消时间、占有永恒的事件"[3]。也就是说,生存的历史既不是"实存"层面上的单纯事件的偶然出现,也不是"一般意识"层面上的"普遍形式和法则"的简单重复,而是见证与贞认"超越存在"的"永恒的事件"。这类的事件就发生在"生存"在经历"实存"意义上的崩溃与失败之际,进而言之,正是在这般富有悲剧基调的"临界"时刻,生存意

---

[1] Karl Jaspers, *Philosophy* (Vol.2), translated by E.B. Ashton, Chicago and London: The University of Chicago Press, 1970, p.64.

[2] Karl Jaspers, *Der philosophische Glaube angesichts der christlichen Offenbarung*, München:R.Piper & Co. Verlag, 1962, S30. 转引自汉斯·萨尼尔:《雅斯贝尔斯》,张继武、倪梁康译,生活·读书·新知三联书店1988年版,第150页。

[3] 卡尔·雅斯贝斯:《历史的起源与目标》,魏楚雄、俞新天译,华夏出版社1989年版,第268页。

识达于自觉的悲剧主人公倾听到了眺望中的"超越存在"的消息。雅氏在《悲剧的超越》中特意指出:"崩溃与失败揭示了事物的真实本性。在失败中,生命的真实并没有丧失;正相反,人在这种情形下才会完全真确地感受到生命真实本身。没有超越存在,就没有悲剧。即便在与诸神和命运作无望的搏斗中对抗至死,这也是一种超越的行为:这种行为是朝向人的特有本质的运动,人在遭逢毁灭时,他就会认识到这个属己的本质。"[1]雅氏之所以强调"超越存在"之于悲剧的必要性,其中的原委在于,只有"超越存在"所标示的形上之维,才使得悲剧中的"解救"成为可能,否则的话,悲剧就会畸变为一味展现痛苦与失败的"伪悲剧"(或"唯悲剧")。雅氏在论及"悲剧与解救"的问题时就明确指出了这一点:"那类只描述恐怖本身以及残忍、凶杀、阴谋——简言之,一切可怕的事件——的诗,并不会因之而成为悲剧。"[2]在雅氏看来,悲剧所表现的痛苦与忧伤、灾厄与失败,乃是"生存"见证与领会"超越存在"所标示的形上之维的一个契机。雅氏就此指出:"悲剧观点将人类的需要与痛苦建基于形而上学之上来加以领会。倘没有这一形而上学之基,我们便只剩下悲苦、忧伤、厄运、灾难与失败。然而,只有超越上述所有不幸的知识,悲剧才会向我们显现。"[3]这里

---

[1] Karl Jaspers, *Tragedy Is Not Enough*, translated by Reiche, Moore and Deutsch, Boston: Beacon Press, 1969, p.41.

[2] Karl Jaspers, *Tragedy Is Not Enough*, translated by Reiche, Moore and Deutsch, Boston: Beacon Press, 1969, p.74.

[3] Karl Jaspers, *Tragedy Is Not Enough*, translated by Reiche, Moore and Deutsch, Boston: Beacon Press, 1969, p.74.

的"形而上学"即指谓"生存形而上学"。在生存形而上学的视野里,悲剧乃意指一种赋有希望的失败,"生存"在困厄的极限处渴望着自我解救,并把这"实存"意味上的"失败"转换为默识超越之维的"密码"。

(三)"密码"与"原初直观"

"密码"①是雅斯贝斯生存形而上学的关键词之一,意指"生存"突破主客二分模式而在自我贞定的抉择中契接"超越存在"的那种中介。在《哲学》第三卷中,雅氏关联着"形而上学"的难题专门阐说了密码论:作为虚灵而真实的形上之维,"超越存在"并不直接显现。倘直接显现,生存形而上学便会畸变为一种"实体形而上学";作为"生存"的终极依据,"超越存在"对人能成为什么和人希望成为什么又是至关重要的。倘否弃"超越存在",生存形而上学就会蜕化成一种"反形而上学"。为回应实体形而上学与反形而上学这双重歧误,那既联结着"生存"又携带着"超越存在"之消息的"密码"遂成为雅氏生存形而上学的运思枢机。在雅氏看来,"密码就是超越的现实在世界里的形象"②,它只为诉诸自由选择的"生存"所解读。

---

① "密码"在雅斯贝斯那里的德文原词是"Chiffer",英译为"cypher"或"cipher",汉译为"暗码""暗号""密码"等。正如"Existenz""Transcendenz""Umgreifende","Chiffer"也不是一个知性视野下的可对象化的范畴,而是喻示"生存"与"超越存在"互动的"对流层"。在汉语语境中,可勉强谓之为"密码"。
② 卡尔·雅斯贝斯:《生存哲学》,王玖兴译,上海译文出版社,2005年版,第78页。

依"超越存在"在"密码"中向"生存"显现的方式与程度不同,他把"密码"分为三种,即"超越存在的直接语言""在传达中变得普遍的语言""思辨的语言"。对雅氏来说,诉诸原初直观的生存艺术(包括悲剧)属于第二种"密码"。这种作为"解读密码的语言"①的生存艺术诚然追求美的形式,不过并不像一般"美的艺术"那样止于美的形式,而更赋有承担"生存"与"超越存在"的功能。就此而言,雅氏美学观与艺术观的韵致在于:借助于艺术活动来澄明"生存"、解读"密码"与契接"超越存在"。正是在这个意义上,雅氏把悲剧视为伟大的艺术,其所以"伟大",乃在于它是"生存"在直面"临界处境"之际解读"超越存在"("整全的真理")之消息的"密码"。②

在论述第二种密码"在传达中变得普遍的语言"③时,雅氏认为"超越存在的直接语言"作为第一种密码颇类于天籁之音,这渊默而灵动的"希声"之"大音"只为那些伟大的"生存"

---

① 雅斯贝斯将艺术活动的真义贞定为:"艺术是解读密码的语言。"见 Karl Jaspers, *Philosophy* (Vol.3), translated by E. B. Ashton, Chicago: the University of Chicago Press, 1971, p.168.
② 李雪涛在解读梁靓译本《论悲剧》时指出:"雅斯贝尔斯认为,当一个人体验到'临界境况'的时候,他便站在了'超越者'的面前,从而超越一切具体概念、逻辑、可理解性。但一旦一个人超越了经验之后,世间的一切都可能成为超越者的'暗号'(Chiffre)。人以其理性在这些'暗号'之中寻找意义,从而开启哲学的信仰。自然,'悲剧知识'也是破解这些暗号的形式之一。"见卡尔·雅斯贝尔斯:《论悲剧》,梁靓译,华东师范大学出版社,2021年版,"解说"第92页。
③ Karl Jaspers, *Philosophy* (Vol.3), translated by E. B. Ashton, Chicago and London: The University of Chicago Press, 1971, p.115.

在不可重复的历史瞬间所听闻,且其中的真奥只可意会而不可言传。"不过,这种语言的传达却不得不走着一条普遍化的道路,甚至原初的听者也只在普遍化的形式中理解这种语言。"①也就是说,"超越存在的直接语言"为了能够在诸"生存"之间得以直观且普遍地传达,自然就需要第二种密码语言了。"这在生存与生存之间得以直观传达的第二种语言,将传达的内容作为一种叙事、形象、形式、姿势从原初之听中分离出来并使之成为可传达的,而这可传达的内容在过去却似乎是不可交流的。原初所是的超越语言开始成为公共的了,而且,伴随这第二种语言的传递,它能够通过回溯其起源再次为生存所充盈。"②雅氏由此明确提出:"正是在超越语言——仅在当下瞬间的直接性中可听闻——的回响里,试图传达所听闻的东西的语言作为形象与思想被创造出来。与(超越)存在的语言并肩出现的是人的语言。"③如果说"超越存在的直接语言"委实不能以"常名"直接道说,那么"在传达中变得普遍的语言"便是对不可直接道说的"超越存在"的勉强道说。为了道说不可直接道说的"超越存在",人创造了诉诸直观形象的艺术语言。艺术语言之所以能够成为第二种密码语言,便在于它不仅能使"超越存在的直接语言"变得普遍可传达,而且因

---

① Karl Jaspers, *Philosophy* (Vol.3), translated by E.B.Ashton, Chicago and London: The University of Chicago Press, 1971, p.113.
② Karl Jaspers, *Philosophy* (Vol.3), translated by E.B.Ashton, Chicago and London: The University of Chicago Press, 1971, p.113.
③ Karl Jaspers, *Philosophy* (Vol.3), translated by E.B.Ashton, Chicago and London: The University of Chicago Press, 1971, p.115.

着它的直观的形象性,依然能够在契接"生存"之源与"超越存在"之据的伟大艺术中葆有浑全、虚灵的超越维度。从广义上说,人类的艺术语言涵括文学(如神话、史诗、悲剧)、音乐、舞蹈、建筑、雕塑、绘画等多种具体形式。雅氏《哲学》第三卷在诠说第二种密码语言时所举的例子是"神话"这一艺术形式①,尽管如此,若从雅氏美学思想的本然宗趣及其毕生的精神探寻踪迹看,他最钟情的艺术形式其实仍是祈向超越之维的生存悲剧。

在《悲剧的超越》中,雅氏首先聚焦于"原初直观"(Die ursprünglichen Anschauungen/original visions, elemental visions)探讨了真理问题,认为能够"唤起人以形象、仪礼、传说的形式传递真理的原初直观"②并未随着系统哲学的诞生而失去效力。"历史上,哲学成为系统的思想发生于公元前 600 年至公元前 300 年的几个世纪里,在此期间,原初直观的语言也正达至其明晰、成熟与有力的顶点。"③雅氏谈及的这个历史阶

---

① 雅斯贝斯指出:"虽已变得客观化但仍赋有形而上学内容的语言以三种直观的形式显现,它们分别是'特殊形态的神话''彼岸的启示(神话)''神话现实'。"[Karl Jaspers, *Philosophy* (Vol.3), translated by E. B. Ashton, Chicago and London: The University of Chicago Press, 1971, p.115.]雅氏之所以在这里以"神话"作为诠说第二种密码语言的例子,其中的原委或许在于神话叙事较之悲剧等其他艺术形式更多地保留着人类童年的某些精神胎记。

② Karl Jaspers, *Tragedy Is Not Enough*, translated by Reiche, Moore and Deutsch, Boston: Beacon Press, 1969, p.23.

③ Karl Jaspers, *Tragedy Is Not Enough*, translated by Reiche, Moore and Deutsch, Boston: Beacon Press, 1969, pp.23—24.

段(公元前600年至公元前300年的几个世纪里),既是古希腊系统哲学思想诞生的时期,也是古希腊神话、悲剧达至其巅峰的时期。系统哲学是"思辨的语言",属于雅氏所谓的第三种密码语言;神话、悲剧是"在传达中变得普遍的语言",属于雅氏所谓的第二种密码语言。诉诸原初直观的神话、悲剧同样追问人类的处境与解救等根本问题,它们的独特之处在于其依然保留着直观的原初意象,于是这些原初意象便成为"哲学探究的工具"。雅氏就此指出:"哲学与这些直观的意象是密不可分的:它激发并强化了原初意象;与此同时,不管哲学是否要去奋力克服它们或者同化、利用它们,这些意象都反过来深深地困惑并影响了哲学。此乃因为,哲学在这些意象中看到了自己的对应物:它们势必会对哲学予以抵制,或者对其加以吸收与确认。结果,哲学就被撇下来面对它绝对无法理解的一些意象,并将这些意象看成与自身全然不同的东西。持续地探讨这些无可化约的意象的哲学家,无论他们出于何种目的,最终都将发现它们变成了哲学探究的工具。"[①]雅氏在此探讨了哲学与原初意象的张力,追根究底是在探讨哲学与艺术(艺术诉诸原初直观的意象)的张力,其结论("它们变成了哲学探究的工具")与他当年诠说"艺术是解读密码的语言"时所认为的"艺术是哲学的器官"也是前后一致的。

由"密码论"阐说艺术(广义的艺术,包括悲剧),雅氏颇为看重艺术作为联结"生存"与"超越存在"之中介("密码")的功

---

① Karl Jaspers, *Tragedy Is Not Enough*, translated by Reiche, Moore and Deutsch, Boston: Beacon Press, 1969, p.24.

能,就此区分了"美的艺术"与"伟大的艺术",进而将悲剧归入伟大的艺术之列。雅氏指出:"我们必须区分两种艺术:一种是作为特定审美观念之表现的艺术,另一种是作为形而上的真实存在之象征的密码艺术。只有当美恰好呈示出形而上的真实存在,这种真实存在被体验为美的东西,每一事物因其真实性而被视为本真的美的时候,这两种艺术才会合一。"①这里所说的"作为特定审美观念之表现的艺术"即意指"美的艺术",而与之相比勘的"作为形而上的真实存在之象征的密码艺术"则指谓"伟大的艺术"。两者都赋有美的形式,而且均以某种完美的性状指向"实存"无法在经验世界中达至的美的极致,但二者毕竟又有根本的不同。"我们为形而上学艺术所保留的称号'伟大的艺术',即意指以其直观的创作显示隐蔽的实在的艺术。"②这种作为直观"超越存在"的"密码"的"伟大的艺术",因其生存的在场,便能够"以其直观的创作来显示隐蔽的实在"。相较之下,那种诉诸纯粹形式且生存不在场的"艺术",则只是"美的艺术"。"不言而喻,一切未经如此自我超越的表象——所有纯粹的装饰,所有仅仅迷惑感官的表演——至多只是技术精巧意义上的艺术,而与哲学毫不相干。大凡美脱离形而上学的背景之处,莫不皆然。"③由此不难看出,作

---

① Karl Jaspers, *Tragedy Is Not Enough*, translated by Reiche, Moore and Deutsch, Boston: Beacon Press, 1969, p.26.

② Karl Jaspers, *Tragedy Is Not Enough*, translated by Reiche, Moore and Deutsch, Boston: Beacon Press, 1969, p.26.

③ Karl Jaspers, *Tragedy Is Not Enough*, translated by Reiche, Moore and Deutsch, Boston: Beacon Press, 1969, p.26.

为以直观的形式契接"生存"与"超越存在"的中介,伟大的艺术显然已成为解读"超越存在"之消息的"密码"。基于这种看法,雅氏把目光投向了可以让人们从悲剧直观中获得洞见——洞悉悲剧命运与解救的幽趣——的"悲剧知识",认为"各种各样的悲剧都有些共同之处:悲剧能够以惊人的视角观察一切实际存在与发生的人情物事;在其沉默的顶点,悲剧暗示出并实现了人的最高可能性"①。所谓"沉默的顶点",即意指悲剧冲突达到高潮的时刻:在这一时刻,悲剧主人公被逼到了"世界"的边缘,平时作为"实存"的人惯用的"一般意识"以及信奉的种种封闭的"精神"统统失灵了;也正是在逼近"临界"的时刻,悲剧主人公的"生存意识"诞生了,而且越来越强烈、越来越清晰、越来越真切,终于在最后的时刻倾听到了"超越存在"的消息。此时此刻,悲剧主人公亲在其中的"世界"已被"超越存在"所照亮,他也随之实现了自我的超越与终局的解救。就此而言,悲剧在其沉默的顶点"暗示出并实现了人的最高可能性"。这类的悲剧知识,正是雅氏用以诠说"原初直观真理的完成"的绝佳范例。

由上述阐析不难看出,雅氏的悲剧论与其生存形而上学有着颇为密切的联系,换言之,他的悲剧论本来就是其生存形而上学的一个有机组成部分。就此而言,尽管悲剧论在雅氏学说中相对自成系统,不过,"生存"→"密码"→"超越"作为一条潜隐的主线自始就涵贯于他对悲剧的诠解之中。倘把悲剧

---

① Karl Jaspers, *Tragedy Is Not Enough*, translated by Reiche, Moore and Deutsch, Boston: Beacon Press, 1969, p.27.

论与生存形而上学割裂开来,我们就不可能真正悟察其内蕴的人文幽趣。

三、悲剧论与真理论

雅斯贝斯精神求索的历程可分为前后相贯的三个时期,即精神病理学—心理学时期、生存哲学时期、理性哲学—世界哲学时期[1],《论真理》一书是其最后一个时期的代表作之一。雅氏在该书中设专节探讨了悲剧问题,德文版单行本 *Über das Tragische*(1952年)即节选自这部分文字,同年美国灯塔出版社(Beacon Press)出版了英译本 *Tragedy Is Not Enough*。追根究底,雅氏是借着对悲剧的诠解来探究真理问题的。在他看来,悲剧的中心问题是"整全的真理"在经验世界中的分裂。"当各自都认为自己是真实的力量相互冲突,悲剧就会发生。实在是破碎的,真理是分裂的,这是一种对悲剧知识的基本领悟。"[2]缘此,什么是真理? 真理在世界之中有效吗? 是真理取胜吗? 诸如此类的追问与解答构成了人们所领

---

[1] 雅斯贝斯在各个时期都有著作传世,其中精神病理学—心理学时期的代表作有《普通精神病理学》(1913年)、《世界观的心理学》(1919年)、《斯特林堡与凡·高》(1922年)等,生存哲学时期的代表作有《时代的精神状况》(1931年)、《哲学》(三卷,1932年)、《理性与生存》(1935年)、《生存哲学》(1938年)等,理性哲学—世界哲学时期的代表作有《论真理:哲学的逻辑》(第一卷,1947年)、《哲学信仰》(1948年)、《论历史的起源与目标》(1949年)、《哲学导论》(1950年)、《大哲学家》(第一卷,1957年)等。

[2] Karl Jaspers, *Tragedy Is Not Enough*, translated by Reiche, Moore and Deutsch, Boston: Beacon Press, 1969, p.57.

悟的"悲剧知识"。就此而言,雅氏的悲剧论是其真理论的有机组成部分。在具体解读雅氏的悲剧论之前,我们首先廓清三个问题:一是悲剧论在其真理论中的位置,二是悲剧论的运思理路,三是论悲剧这部分文字的译本情况。

(一) 悲剧论在真理论中的位置

雅斯贝斯专论悲剧的文字出自他的《论真理:哲学的逻辑(第一卷)》[*Von der Wahrheit:Philosophische Logik（Erster Band*)]一书,1947 年由德国的皮珀尔出版社(R. Piper & Co. Verlag)出版。这部问世于雅氏理性哲学—世界哲学时期的巨著,深化与发展了他在生存哲学时期苦苦思索的"生存澄明"问题。在生存哲学时期,"生存澄明"的主要途径是"生存交往";到了理性哲学—世界哲学时期,雅氏的运思重心是为"生存"插上"理性"的翅膀,以便在方法论的层面上运用"哲学的逻辑"来阐明纯粹的哲学真理。[①] 雅氏的这一转变并不是突

---

① 雅斯贝斯在其自传中就此坦陈道:"我把哲学理解为并非必须相信的普遍有效的知识这种意义上的科学,这并不意谓着哲学该委之于任意性、奇想或主观趣味。相反,与在方法上普遍有效的科学的准确性相对立,哲学的真理是无条件的真理,在它的意识中潜在的生存(Existenz)取得了历史的真实性。科学的真理能用命题陈述,它对理智来说意义不是两可的。哲学的真理则只能在非直接的思想运动中交往,而不能恰当地在任何命题中被捕捉到。现在的问题是不仅要在事实上去思考与表达哲学真理,而且要能洞察它的可交往的方式。只有这样,哲学思想才能在思考中成为纯粹的,而且在它自己的自觉的方法中得到训练。"见卡尔·雅斯贝斯:《雅斯贝斯哲学自传》,王立权译,上海译文出版社,1989 年版,第 86—87 页。

然发生的,而是与其生存哲学时期的精神探索有着内在的关联,他在自传中对此作了说明:"《哲学》出版后,在1931—1932年冬季学期中,我发展了'大全'这一概念,它是我的哲学逻辑的基础,而我在格罗宁根的讲演《理性与存在》(1935年)中首次公开提出这个概念进行讨论。这个论题的材料在多年的讲课过程中扩展了许多。在我最后一系列的讲演①中(在1937年我被解除职务之前),我在一次四小时的讲课中以'真理与科学'为题发表出来。至关重要的是去找出古老的、实际运用的、探究哲学的方法。对我来说,这就几乎像在哲学思想的世界的自我意识中重新发现这个世界。在我的《哲学的逻辑》中我力图在系统联系中描述这个问题的全部内容。我着手把许多单页、笔记和原稿组合起来成为一个单一的(连贯的)整体。"②我们看到,雅氏在《理性与生存》中首先设专章探讨了"大全"问题,紧接着设专章探讨了"可交往的真理"问题,可见雅氏提出"大全"这一概念,其指归在于为"哲学的逻辑"奠定基础,借此阐明生存哲学意义上的"真理"及其可交往的方式。如果说"哲学的逻辑"是雅氏自觉建构的方法论,那么它与其祈向超越之维生存哲学其实是一体不二的。进而言之,从"生存"到"大全",需要依靠具有"无限交往意志"的"理性"的力量

---

① 雅斯贝斯出版于1938年的《生存哲学》一书收入了这些演讲。该书除了"导言"外,主体部分包括三讲内容,分别为"存在论""真理论""现实论"。在"存在论"一讲中,雅氏重点探讨了"大全"问题,如"对于大全的体验""大全的几种样式"等。

② 卡尔·雅斯贝斯:《雅斯贝斯哲学自传》,王立权译,上海译文出版社,1989年版,第87页。

来为其敞开一个充满无限可能性的博大空间。这个博大的空间说到底是为自由选择的"生存"洞察、贞认"整全的真理"而敞开的。于是,那为"生存"所充盈的"理性"便被转换为一种生存的理性,由生存的理性所演述的"哲学的逻辑"便成为一种"生存辩证法",而由"生存辩证法"所契接的"大全"自然不再是某种空洞无物的空间,而意指由"生存"的本明之光充量投射所探向的"超越存在"。雅氏所论述的悲剧,恰好构成其"生存辩证法"的一个否定的环节。

雅氏构拟中的《哲学的逻辑》分为四卷,他为自己设计了一个方案:"基础(第一卷)是从各方面阐明真理的意义。潜在的东西这个最广泛的领域被分割而被安排在不同本原的一些领域中,它们都涉及到'一',但没有一处抓住了'一'本身,即唯一的'中心'、唯一的'整体—大全'。在这样达到的领域中,整个范畴系列必须完成(第二卷),而通过它不仅方法而且思想发展着(第三卷),靠了它,思想的作用在运动中实现:这一切都在它们的原则中得到表明,并且发展到一个尚未确定的界限。凭着'大全'(它是领路的)的力量,思想方式和思想运动的方法变为可知的,从而又在实际的思想中成为可以认识的。最后,我试图不仅把真实的哲学世界而且把真实的科学世界在它们的基本形式与变换中加以说明,即在一种科学论中加以说明(第四卷)。"[①]雅氏生前只完成了第一卷《论真理》,至于范畴论、方法论仅写出了草稿(生前未出版),科学论尚在酝酿之中。

---

① 卡尔·雅斯贝斯:《雅斯贝斯哲学自传》,王立权译,上海译文出版社,1989年版,第92—93页。

《论真理:哲学的逻辑(第一卷)》是一部厚达 1103 页的鸿篇巨制(迄今尚无中译本),除了"导论"外,主体部分包括三卷内容,分别为"大全之存在"(Das Sein des Umgreifenden)、"认识之大全"(Das Umgreifenden des Erkennens)、"真理"(Wahrheit)。第三卷"真理"分为三章,其标题分别为"真理与谬误""真理的形态""真理的完成"。其中,第三章"真理的完成"(Vollendung des Wahrseins)又分为四节,分别为"哲学基本问题的典型系列""时间中的真理存在的完成""原初直观中的真理之完成(以悲剧知识为例)""哲学思考中的真理之基础与完成"。该书第三卷第三章第三节"原初直观中的真理之完成(以悲剧知识为例)"〔Vollendung der Wahrseins in ursprüuglichen Anschauungen(Beispiel: das tragische Wissen)〕的 46 页文字①,便是 1952 年德文单行本《论悲剧》(*Über das Tragische*)②的内容。由《论真理》一书的结构不难看出,雅氏是将"悲剧知识"作为"原初直观中的真理之完成"的一个范例来进行诠说的,因此悲剧论成为他阐明"真理的完成"问题的重要手段与不可或缺的环节。

(二)悲剧论的基本脉络

德文单行本《论悲剧》包括导言与四章内容。在导言"论作为原初直观的宗教、艺术和诗"(Über die ursprüuglichen

---

① 参见 Karl Jaspers, *Von der Wahrheit: Philosophische Logik (Erster Band)*, München: R. Piper & Co. Verlag, 1947, S.915—960.

② Karl Jaspers, *Über das Tragische*, München: R. Piper & Co. Verlag, 1952.

Anschauungen:Religion,Kunst,Dichtung)中,雅斯贝斯将宗教、艺术和诗视为原初直观的语言,认为它们以形象、行为和历史向人们述说着真理,因而成为以探寻真理问题为己任的哲学活动的重要工具。基于这种看法,雅氏对宗教、艺术(狭义的艺术,如造型艺术)与诗(广义的文学,如悲剧)分别进行了阐说。就艺术与诗而言,他首先把艺术区分为"美的艺术"与"伟大的艺术"(作为形而上学的密码的艺术),并对后者表达了由衷的敬意。接着,他将诗视为语言本身的起点,认为最初的哲学就是以诗的形式出现的,借助于诗所唤起的想象力及其展示的内在意象,我们能够精确地把握住属己的真实。特别是集中表现人的命运与解救的悲剧,可以通过原初的悲剧直观暗示与实现人的最高可能性,因而是一种"伟大的文学"(属于广义上的"伟大的艺术")。

接着,雅氏分四章探讨了悲剧问题:第一章的标题为"悲剧知识"(das tragische Wissen),包括六个方面的内容,分别为"历史性概观""悲剧知识中的存在意识与没有悲剧性的安全感""史诗与悲剧中的悲剧知识""世界的哲学诠释与天启宗教中的悲剧超越""悲剧的基本特征""悲剧知识的诠释方向"。在本章中,最值得关注的是雅氏依据"悲剧知识"的历史性对历史上的悲剧范型所作的分类。第二章的标题为"诗中的悲剧性对象"(Die tragische Gegenstände in der Dichtung),包括六个方面的内容,分别为"悲剧气氛""斗争与冲突""胜利与失败""罪""人在失败中的伟大""真理问题"。本章重点从客观方面探讨了与悲剧性对象相关的问题,并结合《俄狄浦斯王》《哈姆雷特》两部作品阐析了悲剧中的真理问题。第三章的标题为"悲剧的主体性"(Die Subjektivität des Tragischen),包括五个方面的内容,分别为"解救的概念""悲剧与解救""在悲剧中的解救""从悲剧中解救""悲剧萎缩为审美冷淡"。本章重点从主观方面探讨了与悲剧的主体性相关的问题,并从接受的角度剖判了观众对悲剧的态度。第四章的标题为"悲剧的基本诠释"(Grundsätzliche Interpretation des Tragischen),包括三个方面的内容,分别为"神话的诠释""哲学的诠释""诠释的界限"。本章重点从诠释学的角度探讨了悲剧诠释的主要类型,并针对唯悲剧论的错误倾向(这种泛悲剧主义倾向把悲剧知识曲解成悲剧世界观)厘定了悲剧诠释的界限。最后,雅氏对悲剧知识的本质进行了阐说,认为原初的悲剧直观是在悲剧中克服悲剧的密码语言,它永远带着没有答案的问题向"整全的真理"敞开着。就此而言,仅有悲剧还是不够的。

(三)译本情况

在雅斯贝斯的著述中,《论悲剧》是影响较大的一部书(或许是因着现代人遭遇了太多的不幸而颇为关心悲剧问题的缘故),目前已有多个语种的译本。汉语以外的译本中,以英译本 *Tragedy Is Not Enough* 传布最广,此外还有法语(1949/1953)、意大利语(1959/1967,1970,1977)、日语(1955/1965)、韩语(1962/1968/1975)、希腊语(1990)、波兰语(1990)、西班牙语(1960)等语种的译本。[1]

---

[1] 参见卡尔·雅斯贝尔斯:《论悲剧》,梁靛译,华东师范大学出版社,2021年版,"解说"第116页。李雪涛在此处加了一个注释:Christian Rabanus (Hrsg.), *Primärbibliographie der Schriften Karl Jaspers'*, Tübingen u. Basel: A. Francke Verlag, 2000, S.100—102.

英译本 Tragedy Is Not Enough[①] 由赖歇(Reiche,叶颂姿译为莱雪)、莫尔(Moore)、多伊奇(Deutsch,叶颂姿译为杜以薛)合译,1952 年由美国波士顿的灯塔出版社(Beacon Press)出版,1969 年重印。该译本的正文前载有多伊奇撰写的序言"悲剧与雅斯贝斯"(Tragic and Karl Jaspers),重点介绍了雅氏的悲剧论与其时代精神处境的关系,并结合雅氏学说的三个关键词("大全""人对临界与超越的体验""交往意志"),阐析了他的悲剧论与其祈向超越之维的生存哲学之间的内在关联。此外,该译本的正文后载有赖歇撰写的后记"雅斯贝斯风格的渊源"(Sources of Karl Jaspers' Style),重点对雅氏哲学著作特具的"隐喻"(Metaphor)风格作了介绍[②],进而揭示了这种风格的渊源以及与其悲剧论之间的内在关联。[③]

值得注意的是,该英译本对德文原版的结构作了调整,改成了六章:第一章的标题为"悲剧意识"(Awareness of the

[①] Karl Jaspers, *Tragedy Is Not Enough*, translated by Reiche, Moore and Deutsch, Boston: Beacon Press, 1952.

[②] 赖歇指出:"雅斯贝尔斯想把我们的注意力重新引向隐喻的两个特征:一方面是意思的不确定和透彻性,另一方面是自我超越的永恒运动。"见卡尔·雅斯贝尔斯:《悲剧的超越》,亦春译,工人出版社,1988 年版,"英译本后记"第 121 页。

[③] 赖歇指出:"隐喻作为全部意识的折射、反映,解释了诗、艺术和宗教闯入雅斯贝尔斯的哲学地平线——超出于逻辑学和词源学之外的原因。人类失败的共同经验迥然不同地体现在每一种形式里,因此进一步确证为真实的。雅斯贝尔斯细察一切形式,包括诗式的悲剧,以之作为透视我们自身困境的线索。"见卡尔·雅斯贝尔斯:《悲剧的超越》,亦春译,工人出版社,1988 年版,"英译本后记"第 121 页。

Tragic),译者不仅以"悲剧意识"替换了原书第一章的标题"悲剧知识",而且将原书的导言"论作为原初直观的宗教、艺术和诗"纳入这一章。此外,译者还将原书第一章最后两部分"悲剧的基本特征""悲剧知识的诠释方向"移入第二章,并以"悲剧的基本特征"(Basic Characteristics of the Tragic)作为第二章的标题(替换了原书第二章的标题"诗中的悲剧性对象")。译者在第二章中仍保留了"悲剧气氛""斗争与冲突""胜利与失败""罪""人在失败中的伟大"等部分,而把原书第二章最后一部分"真理问题"(The Problem of Truth)单列为第三章。第四章的标题为"悲剧的主体性"(The Subjectivity of the Tragic),与原书第三章的结构完全一致。第五章的标题为"悲剧的基本诠释"(Fundamental Interpretations of the Tragic)虽然也包括"神话的诠释""哲学的诠释""诠释的界限"三个部分,但译者将原书第四章第三部分"诠释的界限"最后几段论述"悲剧知识的本质"的文字(这几段文字相当于雅氏悲剧论的"余论")单列出来,置于第六章"悲剧知识的不足"(The Insufficiency of Tragic Knowledge)之中。有学者认为,"通过这样的调整,在英文版中,给人以一种介绍悲剧的入门书的感觉"[①]。确实如此,英译本对原书结构的调整是建立在译者充分理解雅氏悲剧论乃至真理论的基础之上的。这样的译笔不仅使原书的理路更为条畅,而且凸显了雅氏悲剧论的神韵。仅就书名而言,与德文单行本 *Über das Tragische*(《论

[①] 卡尔·雅斯贝尔斯:《论悲剧》,梁靓译,华东师范大学出版社,2021年版,"解说"第96页。

悲剧》)相较,英译本 *Tragedy Is Not Enough*(《悲剧的超越》)更能点明雅氏的悲剧论所赋有的超越维度。①

迄今为止,汉译本已有六个。鉴于译者所依据的底本有所不同,我们将这些译本分为两类:其一,依据德文本的汉译本,计有三个;其二,依据英译本的汉译本,亦有三个,在出版时间上均早于前者。

叶颂姿依据英译本 *Tragedy Is Not Enough* 所译的《悲剧之超越》是汉语界的第一个译本,1970年由台北的巨流图书公司出版。该译本将英译本序言与后记一并译出,另附有叶颂姿撰写的"译者序"(成稿于1970年10月31日)。译者在序文中重点阐说了雅氏探讨悲剧问题的现实契机:"卡尔·亚斯培,这位提出'存在主义'之名词的人道哲学家,在第二次世界大战之末,因看到狂傲残酷的独裁主义者所造成的惨劫,又鉴于真理之歧裂与实在之暧昧,乃在其巨著《真理问题》(*Von der Wahrheit*)一书中,替'悲剧'作了一番全面清理的工夫,以扫除弥漫于世界的哀鸿,并拯救那些因短视、懦弱而牺牲的无辜者。"②此外,译者还对雅氏悲剧论的超越之维作了揭示与提醒:"一个伟大而高贵的生命乃是——亚斯培提醒我们——在朝向真理的运动中忍受含糊性,并使它显现;在不确

---

① 鉴于此,笔者将以这个英译本为底本,同时参酌其他汉语译本,对雅斯贝斯的悲剧论进行详细的解读。
② Karl Jaspers:《悲剧之超越》,叶颂姿译,巨流图书公司,1970年版,"译者序"第2页。

定中保持坚毅,证明他能够具有无止境的爱心和希望。"[1]就此而言,"光知道'悲剧'并沉沦于悲剧之中是不够的"[2],这正是叶颂姿翻译雅氏《悲剧之超越》的隐衷所在。另须注意的是,译者在序文中称这本书于1953年译成英文[3],这个说法与英文版版权页所写的1952年不符。

亦春译、光子校的《悲剧的超越》是中国大陆第一个汉译本,1988年6月由北京的工人出版社出版,依据英译本 Tragedy Is Not Enough 1969年版译出。译者不仅将英译本序言与后记一并译出,另增加了两个附录:其一,"面临有限情境——雅斯贝尔斯1939—1942年日记摘译"[4],译自 Karl Jaspers, *Basic Philosophical Writings*, *selections*. edited, translated with introductions by Edith Ehrlich, Leonard H.Ehrlich, George B.Pepper, Athen: Ohio University Press, 1986, pp.535 - 543;其二,"雅斯贝尔斯著述年表"[5],亦译自上书(Karl Jaspers, *Basic Philosophical Writings*, pp.549 - 550)。

---

[1] Karl Jaspers:《悲剧之超越》,叶颂姿译,巨流图书公司,1970年版,"译者序"第2页。

[2] Karl Jaspers:《悲剧之超越》,叶颂姿译,巨流图书公司,1970年版,"译者序"第3页。

[3] 参见 Karl Jaspers:《悲剧之超越》,叶颂姿译,巨流图书公司,1970年版,"译者序"第2页。

[4] 参见卡尔·雅斯贝尔斯:《悲剧的超越》,亦春译,工人出版社,1988年版,第125—149页。

[5] 参见卡尔·雅斯贝尔斯:《悲剧的超越》,亦春译,工人出版社,1988年版,第150—154页。

此外,书末附有"译后记"(成稿于1987年8月),译者主要介绍了雅氏的生平、著述及其学说的意义,其中有言:"哲学首先是种气质、精神。读雅斯贝尔斯的书,我首先为他严峻而情怀激烈的人类信念,为他饱满的人道主义和带有预言性质的高贵理想所撼动。在当今转换频繁的相对时代里,他极为难得地以宗教般的坚毅沉着,毫无矫情地珍藏着一些伟大的人生现实:爱的力量、英雄气魄、深刻的信仰,从而与传统息息相关。而他对于民族罪责问题的深邃反省和严正批判,再清楚不过地显现出他作为人类良心的现实精神和责任感。他的理性开放,他那运演谨严有序而又充满了洞悟彻见的抽象风格,也给人启发颇多。"[1]最后,亦春对翻译本书的隐衷作了说明:"真正伟大的哲学家始终代表着人类心灵和智慧所达到的高度,并为无数同时代的和后来的人开辟出可能性。作为二十世纪最富有独创性和新颖见解、视野广阔、复杂综合的思想家之一,雅斯贝尔斯对于成千上万的人来说,就代表着一种可能性。我的迻译便是想要把握、赢取这一可能性的努力。"[2]

第三个汉译本是徐信华所译的《悲剧与超越》,收入余灵灵、徐信华合译的《存在与超越——雅斯贝尔斯文集》[3],1988年9月由上海三联书店出版(第73—166页)。该译本同样依

---

[1] 卡尔·雅斯贝尔斯:《悲剧的超越》,亦春译,工人出版社,1988年版,"译后记"第161—162页。

[2] 卡尔·雅斯贝尔斯:《悲剧的超越》,亦春译,工人出版社,1988年版,"译后记"第162页。

[3] 该文集另收入雅斯贝斯的《我们时代的理性与反理性》《现代的人》,译者是余灵灵。

据英译本 *Tragedy Is Not Enough* 1969 年版译出,在说明其依据时却将英译本书名中的"Is"误写成"As"。大概是为了照顾"文集"的体例,译者没有翻译英译本的序言与后记。值得一提的是,该文集正文前载有"译者的话"(成稿于 1988 年 2 月,署名"译者",未具体说明是余灵灵还是徐信华)。在这篇文字中,译者将雅氏的思想置于苏格拉底开启的"认识你自己"的西方哲学传统以及现代人所面临的时代精神困境下进行了阐说,认为"存在主义大师雅斯贝尔斯正是基于人们对自身、对生活的困惑,来创建自己的人生哲学的。他的人生哲学主要是要解决,人在一个不可最终认识和把握的世界中如何生活的问题。他认为,哲学的任务不是宣称我们能够认识世界、认识自身,而是要帮助人们在无法达到任何对于自身的确定知识因而无法完成其完满性的困惑中确立自信,做出积极的选择"[①]。基于这种看法,译者对雅氏人生哲学的出发点("人是不可替代的自由的个人"[②])、依据("人永远无法穷尽自身。人的本质不是给定的,而是一个过程"[③])、结论("人必须通过理性超越自身"[④])等关键问题分别进行了解析。

---

① 雅斯贝尔斯:《存在与超越——雅斯贝尔斯文集》,余灵灵、徐信华译,上海三联书店,1988 年版,"译者的话"第 3 页。
② 雅斯贝尔斯:《存在与超越——雅斯贝尔斯文集》,余灵灵、徐信华译,上海三联书店,1988 年版,"译者的话"第 3 页。
③ 雅斯贝尔斯:《存在与超越——雅斯贝尔斯文集》,余灵灵、徐信华译,上海三联书店,1988 年版,"译者的话"第 5 页。
④ 雅斯贝尔斯:《存在与超越——雅斯贝尔斯文集》,余灵灵、徐信华译,上海三联书店,1988 年版,"译者的话"第 6 页。

第一个以德文版为底本的汉译本,是吴裕康译的《悲剧知识》。该译本选译自雅斯贝斯的德文本 *Von der Wahrheit : Philosophische Logik*（*Erster Band*）1958 年版,收入刘小枫主编的《人类困境中的审美精神——哲人、诗人论美文选》[1],1994 年由上海的知识出版社出版(第 441—491 页),其后收入刘小枫选编的《德语美学文选》(下卷),华东师范大学出版社 2006 年版(第 59—113 页)。该译本忠实于原书的结构,译笔拙朴,展现了雅氏论悲剧的原貌;可惜的是,译者以"悲剧知识"为题名,无法赅括雅氏悲剧论的全部内容,也没有将其韵致传达出来,不如笼统地名之为"论悲剧"。

第二个以德文版为底本的汉译本,是朱更生译的《论悲剧》。该译本依据德文单行本 *Über das Tragische* 1990 年新版译出,收入朱更生译的《卡尔·雅斯贝斯文集》[2],2003 年 4 月由青海人民出版社出版(第 431—491 页)。该译本同样展现了雅氏论悲剧的原貌,译笔更加流畅、准确。可惜该译本仅印了 2000 册,迄今未见再版(可能是因为没有获得德文版版权)。

最近的一个以德文版为底本的汉译本,是梁靓译的《论悲剧》。该译本同样依据德文单行本 *Über das Tragische* 1990 年新版译出,系李雪涛主持编译的 37 卷本《雅斯贝尔

---

[1] 该书 1994 年 11 月由知识出版社出版时,印数为 3000 册;1996 年 1 月 1 日,知识出版社合并到东方出版中心,当年 2 月再印了 10000 册,当年 10 月又印了 10000 册,总印数达到 23000 册。
[2] 该文集另收入雅斯贝斯的《哲学导论》《论历史的起源与目标》。

斯著作集》①之一种,2021年1月由上海的华东师范大学出版社出版。该译本除了原书的翻译部分(见该书第1—87页)之外,书后附有"解说"(李雪涛撰写,见该书第88—126页)、"人名索引"(见该书第127—134页)、"事项索引"(见该书第135—141页)和"译后记"(成稿于2020年7月27日,见该书第142—144页)。在"译后记"中,梁靓对翻译的相关情况与问题作了交代,特别是从译者的角度谈及对《论悲剧》一书的看法:"从译者的角度看,雅氏在本书中论述的突出特点就是他将论述对象类型化的努力,例如,对悲剧中的斗争的类型化,对悲剧中罪的概念的类型化,将悲剧类型化为古希腊悲剧、基督教悲剧及哲学悲剧,等等。雅氏还在本书中大量引用了戏剧作品,例如索福克勒斯的《俄狄浦斯在科洛诺斯》和《俄

---

① 华东师范大学出版社规划出版的《雅斯贝尔斯著作集》凡37卷,囊括了雅氏一生中最重要的著作,包括《普通精神病理学》《精神病理学研究》《史特林堡与梵高》《世界观的心理学》《哲学》《理性与生存》《生存哲学》《论悲剧》《论真理》《论历史的起源与目标》《哲学入门》《哲学学校》《哲学的信仰》《鉴于启示的哲学信仰》《哲学与世界》《大哲学家》《尼古拉·库萨》《谢林》《尼采》《尼采与基督教》《马克斯·韦伯》《大学的理念》《什么是教育》《时代的精神状况》《现代的理性与反理性》《德国的战争罪责问题》《原子弹与人类的未来》《哲学自传》《海德格尔札记》《哲学的世界史》《圣经的去神话批判》《命运与意志——自传作品》《对根源的追问——哲学对话集》《神的暗号》《阿伦特与雅斯贝尔斯往复书简》《海德格尔与雅斯贝尔斯往复书简》《雅斯贝尔斯与妻书》。迄今为止,《论历史的起源与目标》《哲学入门》《尼采:其哲学沉思理解导论》《生存哲学》《论悲剧》等已陆续出版。这套著作集出齐后,将会对汉语界的雅氏研究起到一定的推动作用。

狄浦斯王》,莎士比亚的《哈姆雷特》及莱辛的《智者纳旦》等。从中可以看出雅氏对这些作品的赞赏。如果读者在了解本书的脉络及论说方式的基础上,还能事先通读上述作品的话,那将会对本书的理解带来极大的帮助。"① 该译本有一个突出的亮点,即李雪涛从 11 个方面对《论悲剧》一书所作的"解说",分别为"'哲学的逻辑'与'悲剧'""'临界况'、超越与悲剧气氛""雅斯贝尔斯'论悲剧'的体系""悲剧与时代""有关悲剧知识""对《俄狄浦斯王》和《哈姆雷特》的重新解读""悲剧的解脱""悲剧的形而上学基础""有关中国没有悲剧的问题""面向普通人的做哲学""译本及中文语境下的研究情况"。这篇长达 39 页(占全书的四分之一强)的"解说"涉及了该书方方面面的问题,可以说是一篇相对独立的研究雅氏悲剧思想的文献。②

---

① 卡尔·雅斯贝尔斯:《论悲剧》,梁靓译,华东师范大学出版社,2021 年版,"译后记"第 142—143 页。
② 国内学界对雅斯贝斯的悲剧思想已作过一些有益的探讨,较有代表性的成果如下:王晓秦的论文《简论雅斯培的悲剧观》(载《内蒙古社会科学·文史哲版》1989 年第 5 期);马美宏的论文《挫折与超越——雅斯贝尔斯悲剧哲学探究》(载《江苏社会科学》1992 年第 3 期);刘敏的博士学位论文《生存·悲剧·信仰——雅斯贝斯哲学思想研究》(1998 年通过中国人民大学博士论文答辩),其中涉及雅氏悲剧论的文字已有两篇公开发表,分别为《雅斯贝尔斯悲剧哲学初探》(载《德国哲学论丛》1996—1997 年卷)、《论雅斯贝尔斯的悲剧哲学》(载《兰州交通大学学报》2015 年第 2 期);王小林的论文《雅斯贝雅斯的存在主义悲剧本体论》(载《长沙大学学报》1999 年第 1 期)以及周伊慧、王小林合撰的论文《雅斯贝雅斯的悲剧审美理论》(载《湖南师范大学教育科学学报》2000 年第 3 期);李庚香的

论文《人及其超越性——雅斯贝尔斯的存在主义美学》(载《吉林大学社会科学学报》2003年第1期);陈朗的硕士学位论文《论雅斯贝斯的悲剧学说》(2003年通过苏州大学硕士论文答辩);笔者的博士学位论文《生存·密码·超越——祈向超越之维的雅斯贝斯生存美学》(2006年通过中国人民大学博士论文答辩),其中第六章专门探讨了雅氏的"生存悲剧论",这部分文字以"生存·悲剧·超越——祈向超越之维的雅斯贝斯生存悲剧"为题名发表于《问道》第一辑(福建教育出版社2007年版);蔡洞峰的论文《人类悲剧的超越——雅斯贝尔斯对悲剧的哲学阐释》(载《天水行政学院学报》2004年第5期);时胜勋的论文《雅斯贝尔斯悲剧美学思想探析》(载《戏剧文学》2007年第9期);杨水远的硕士学位论文《雅斯贝尔斯悲剧理论研究》(2014年通过湖南师范大学硕士论文答辩);王锺陵的论文《论雅斯贝斯的悲剧观:生存困境及其超越》(载《武陵学刊》2017年第2期);刘茜的硕士学位论文《雅斯贝斯的悲剧论研究——从"临界境遇"到生存之"超越"》(2019年通过四川师范大学硕士论文答辩),等等。

第一章　悲剧知识

所谓"悲剧知识"(tragische Wissen/knowledge of the tragic),意指"从悲剧中获得的洞见"[①]。譬如,命运是什么?真理是什么?人能知道什么?人为什么会遭遇痛苦与失败?人如何获得拯救?人究竟是什么?我到底是谁?悲剧在追问这些终极问题的过程中,以其震撼人心的力量启示于接受者(观众或读者)一种原初知识。这种关涉人之为人的究竟意义的原初知识诚然不可直接传达,不过却可通过伟大艺术的原初意象得以间接传达(这类的间接传达在功能上颇类于苏格拉底式的对话法)。在雅斯贝斯看来,悲剧就是这样一种能够间接传达人类原初知识的伟大艺术,借助这种伟大的艺术所喻说的原初知识,接受者为悲剧主人公的不幸遭遇、不屈抗争及其奋力解救所打动,不知不觉间唤起了自我的生存意识(通过与悲剧主人公的生存交往,其内在意识发生了改变),进而勇毅地承担起自由选择、自我超越、自我生成的责任。

我们在这里把"悲剧知识"("从悲剧中获得的洞见")称为

---

① Karl Jaspers, *Tragedy Is Not Enough*, translated by Reiche, Moore and Deutsch, Boston: Beacon Press, 1969, p.27.

"原初知识",乃缘于雅氏对"现行知识"与"原初知识"所作的区分。在《什么是教育》一书中,雅氏专门探讨了"现行知识与原初知识的可教性差别",其中一个具有纲领性的说法是:"如果将知识分门别类,则可分为现行知识和原初知识。现行知识是关于如何拥有和使用某物的知识,原初知识则赋予现行知识以本义。这两种知识的可教性与传授性不同。数学、天文学、医学知识以及手工艺知识,可以以简单、直接的方式传授给学生。但是,诸如真理的本源、正确性中所蕴涵的真理、可传授的知识与整个生命的意义从何而来又往何处去,以及,那些关乎人之为人的标准,又如何是可传达和可教的呢?"[①]在雅氏看来,诉诸一般意识的"现实知识"——主要指自然科学与社会科学知识——是可以直接传达的,因而是可教的;与之相对,诉诸生存意识的"原初知识"——主要指包括哲学在内的人文学科所欲探问的"诸如真理的本源、正确性中所蕴涵的真理、可传授的知识与整个生命的意义从何而来又往何处去,以及那些关乎人之为人的标准"的知识——只能以间接的方式予以传达,因而是不可教的。在上述两种"知识"形态中,雅氏显然更看重虽不可直接传达与授受却能为"现行知识"赋予本义的"原初知识"。雅氏在《论真理》一书中所探讨的"悲剧知识",就是这样一种只可诉诸生存交往以觅寻"整全的真理"的"原初知识"。

追根究底,雅氏所探讨的"悲剧知识",其实就是悲剧所

[①] 卡尔·雅斯贝尔斯:《什么是教育》,童可依译,生活·读书·新知三联书店,2021年版,第17页。

喻说的生存论意义上的真理知识(原初知识)。中译本《论悲剧》的译者梁靓对"悲剧知识"作了一个注释:"亚里士多德在《诗学》中对'悲剧知识'的狭隘定义为:'发现(anagnorisis),如字义所表示,指从不知到知的转变,使那些处于顺境或逆境的人物发现他们和对方有亲属关系或仇敌关系'[译文出自《罗念生全集》第一卷(上海人民出版社,2007年),第50页],而亚里士多德之后的悲剧批评将关注点从作为悲剧场景中一部分的认知作用转向主角的体验,据此认知标志着主角的内在意识或内在知识,而不只是主角的亲属关系,因而认知包含了对亲属关系的真相的了解、对自己真正是谁的了解以及最后对'人之存在'的真理的了解。悲剧知识不是实证科学的支配的知识,而是哲学性的陶冶的知识和宗教性的救济的知识。"[1]所谓"主角的内在意识或内在知识",即意指悲剧主人公的生存意识,正是在直面各种不堪的境遇之际,悲剧主角在自己身上实现了从实存意识到生存意识的转变,构成悲剧情节的关键环节的"突转"与"发现",其生存论的意义便在于此。另须补充的一点是,雅氏在谈论"悲剧知识"时,还在"生存交往"的层面上凸显了悲剧主人公对接受者的生存唤醒作用以及接受者在其召唤下所发生的内在意识的转变。基于上述考虑,雅氏在"悲剧知识"一章中重点探讨了"悲剧知识"的历史性、存在意识、超越意识及其诠释方向等问题。依

---

[1] 卡尔·雅斯贝尔斯:《论悲剧》,梁靓译,华东师范大学出版社,2021年版,第76页。

循雅氏悲剧论的运思理路及其重心所在[①],本章重点阐说如下三个问题:其一,"悲剧知识"的历史性及其范型;其二,"悲剧知识"、"前悲剧知识"与"后悲剧知识";其三,"悲剧知识"的诠释方向。

一、"悲剧知识"的历史性及其范型

"悲剧知识"的历史性及其范型在雅斯贝斯的悲剧论中占据着首要的位置。雅氏就此指出:"所有对悲剧知识的出色表达都熔铸在历史的范型里。这些表达在风格、主旨和意向方面,都显而易见地带有其时代的特征。但是在具体的历史形式中,并不可能有永恒与普遍的知识。在任何情况下,人都必须重新获得它,并将其真理融入自己的生命。对我们来说,悲剧知识表达中的殊异乃是历史的事实。"[②]雅氏之所以强调悲剧的"历史范型"(the mold of history),其原委在于,悲剧是以历史中的一个个独一无二的范型立法的,那种诉诸静态、抽象的"一般意识"所建构出来的所谓悲剧的定义其实并不能赅尽悲剧的韵致("并不可能有永恒与普遍的知识")。只有诉诸动

---

① 笔者的解读基本上依循德文单行本 *Über das Tragische* 和英译本 *Tragedy Is Not Enough* 的结构层次,同时参酌已出版的中译本。为了从整体上把握雅斯贝斯悲剧论的运思理路及其重心所在,笔者有时会突破原书的章节安排。

② Karl Jaspers, *Tragedy Is Not Enough*, translated by Reiche, Moore and Deutsch, Boston: Beacon Press, 1969, p.28.

态、生成的"生存意识",人才能"重新获得它,并将其真理融入自己的生命"。正是在这个意义上,"悲剧范式的历史性表达之间的这些差异与对照让彼此变得显豁起来。更为重要的是,它们为我们自身的所有知识提供了基础"①。这里所说的"悲剧范式的历史性表达"(the historical expressions of the tragic pattern),即意指悲剧以其独一无二的范式将悲剧主人公的生存意识表达出来,这种生存意识在悲剧主人公一次又一次地生存选择与自我超越中得到了活生生的展现,进而为悲剧知识提供了历史性的基础。扎根于历史之基的悲剧知识依然保存着作为生存个体的悲剧主人公直面种种不堪的"临界处境"而自由选择、自我超越、自我生成的独特个性。每一部悲剧都是震撼人心的,不过其震撼人心之处又彼此不同。"正是透过这些差异与对照,我们才领悟到悲剧意识的各个层面,还可领悟到通过悲剧来诠释存在的各种可能性以及悲剧中终极解救的主要动因。悲剧知识的历史表达为我们提供了一系列通向理解之路的可能途径。"②历史上出现的彼此差异的悲剧范例诠释了"存在的各种可能性以及悲剧中终极解救的主要动因",让我们从各个层面领悟生存个体在历史中超越历史、在世界中超越世界的深微意趣,这种深微意趣说到底就

---

① Karl Jaspers, *Tragedy Is Not Enough*, translated by Reiche, Moore and Deutsch, Boston: Beacon Press, 1969, p.28.
② Karl Jaspers, *Tragedy Is Not Enough*, translated by Reiche, Moore and Deutsch, Boston: Beacon Press, 1969, p.28.

是涵淹于"生存的历史性"①之中的"悲剧意识"。

"悲剧意识"是一种经过理性反省与照亮的意识,这种意识固然是"悲剧知识"的神髓所在,不过在"悲剧知识"被悲剧诗人作为一种自觉了的"悲剧意识"呈示于其作品中之前,它事实上早已涌动于初民们以直观的形式关注人生根本问题而形成的悲剧观念中。雅氏认为,从传说中的洪荒时代起,悲剧观念就促使初民们以图画(譬如图腾)、仪式(譬如宗教仪式)、故事(譬如神话、史诗、民间传说)等形式喻说着他们对人类根本处境的理解。"在这一阶段,神话的力量、启示的权威和生活行为的戒律都是现实存在的东西。各种基本问题尚不是借助理性意识提出来的:人们并未通过逻辑思考的形式,而是通过公认的事实来觅寻问题的答案。为什么人的境况会是今天这个样子?失去天恩和普罗米修斯的神话回答并再现了人的这一问题。我如何才能实现净化、获得解救并免于恐惧?神

---

① 雅斯贝斯在《生存哲学》一书中深入探讨了"生存的历史性"问题。雅氏就此指出:"现实性之显于我们面前就是历史性。"(见 卡尔·雅斯贝斯:《生存哲学》,王玖兴译,上海译文出版社,2005年版,第63页)这里的"现实性"与"历史性"均是从本真意趣上来贞定"现实"与"历史"的;换言之,它们分别意指使现实成其为现实的"现实本身"与使历史成其为本真历史的"历史性"。在雅氏看来,"现实本身"在历史显现中取得"实际存在"("实存")又离开它的"实际存在"的动力之源,是作为我们独立本质的"自身存在"(Selbstsein)的"生存"。"现实本身"并不显给"实存",它只对"生存"发言。"现实本身"在历史中向"生存"显现自身或"生存"在历史中契接"现实本身"的过程,此即所谓"生存的历史性"。"生存的历史性"是我们自己真正的"生存现实"。正如"历史性"总是"生存"的"历史性","生存"也总是"历史性"的"生存"。

秘的礼拜、仪式和行为律则给予了答复并指示了道路。"①悲剧观念的萌发最迟不晚于人类原初的神话意识,经过在希腊神话、荷马史诗、人类各民族的英雄传说之中的剧烈胎动,最后终于在希腊神话的母腹中分娩出人类文化史上第一批伟大的悲剧,至此,悲剧意识才第一次在文学作品中达于真正的自觉。"希腊悲剧:埃斯库罗斯、索福克勒斯、欧里庇得斯。只是在这里,悲剧才作为一种独立的诗的形式而诞生,此后的所有悲剧都依赖它或从它那里得到启发。"②可以说,"悲剧知识"是人通过对现实悲剧的理性把握而获得的一种关涉终极真理的洞识,作为悲剧的神髓,它自始涵贯于人们对悲剧的种种诠释之中。

因着建基于"生存"的历史性,雅氏所谈的"悲剧知识"同样是赋有历史性的。"悲剧知识涵蕴着一种历史因素,循环的模式只是它的背景。那些至关重要的事件是独一无二的,而且始终处于运动之中。它们一旦被不可摇夺的决断所构塑,便不会再次发生。"③雅氏认为,悲剧即是人类在剧烈的历史裂变中迸发的伟大精神创造的范例。"伟大的悲剧——希腊悲剧与现代悲剧——产生于时代转型之际,它的出现就像是从

---

① Karl Jaspers, *Tragedy Is Not Enough*, translated by Reiche, Moore and Deutsch, Boston: Beacon Press, 1969, p.23.
② Karl Jaspers, *Tragedy Is Not Enough*, translated by Reiche, Moore and Deutsch, Boston: Beacon Press, 1969, p.28.
③ Karl Jaspers, *Tragedy Is Not Enough*, translated by Reiche, Moore and Deutsch, Boston: Beacon Press, 1969, p.32.

吞噬一个时代的烈火中升腾起的火焰。"[1]在希腊悲剧中,人是什么?命运是什么?人靠什么被引导?神是什么?这些根源性的问题均被悲剧诗人以直观的形态提了出来。人类第一次以自觉了的悲剧意识反观自身的命运,进而寻求终局解救的真理。

由此可见,"悲剧知识"涵淹着富有"生存意识"的真理观与历史观。以"悲剧知识"在希腊悲剧中的第一次伟大自觉为坐标点,雅氏为我们勾勒了人类悲剧史的基本轮廓与六种范型:其一,荷马史诗、古冰岛人的埃达与萨迦神话、从西欧到中国所有各民族的英雄传说,这是悲剧史上的"前悲剧知识"(pre-tragic knowledge)阶段;其二,以埃斯库罗斯、索福克勒斯、欧里庇得斯为代表的希腊悲剧,这是悲剧史上的巅峰时期,"前悲剧知识"是为它的到来所作的一种准备,此后的"悲剧知识"都受启于它;其三,以莎士比亚、卡尔德隆、拉辛为代表的近代悲剧,其中莎士比亚悲剧是继希腊悲剧之后在人类悲剧史上隆起的又一座高峰,而卡尔德隆、拉辛则创造了"基督教悲剧"的辉煌;其四,莱辛、席勒以及19世纪的悲剧作品,其中莱辛的《智者纳旦》是"哲学悲剧"的范例;其五,一些对存在问题进行追问的文学作品,如约伯记、某些印度戏剧,就整体来说它们从来都不是悲剧;其六,克尔凯郭尔、陀思妥耶夫

---

[1] Karl Jaspers, *Tragedy Is Not Enough*, translated by Reiche, Moore and Deutsch, Boston: Beacon Press, 1969, p.29.

斯基、尼采所喻说的"悲剧知识"。[①]

二、"悲剧知识"、"前悲剧知识"与"后悲剧知识"

雅斯贝斯是在希腊悲剧与莎士比亚悲剧那里体察到真正的"悲剧知识"的。如果说他借着对希腊悲剧的推崇而将"悲剧知识"与"前悲剧知识"区别开来，那么，由对莎士比亚悲剧的敬意，他进一步喻说了"悲剧知识"与呈示于"基督教悲剧"之中的"后悲剧知识"之间的张力。因此，就理解雅氏的"悲剧知识"而言，以下三个问题是颇值得注意的：一是"悲剧知识"与"前悲剧知识"的张力何在；二是莎士比亚悲剧与"基督教悲剧"的张力何在；三是区分"悲剧知识"、"前悲剧知识"与"后悲剧知识"的底据何在。

（一）"悲剧知识"与"前悲剧知识"的张力

雅斯贝斯是以希腊悲剧为标志来区分"悲剧知识"与"前悲剧知识"的。在他看来，希腊悲剧的出现为人类历史刻下一道巨大的沟痕："一道巨大的沟痕把那些从未获得过悲剧知识——以及随之产生的作为悲剧知识之媒介的悲剧、史诗、小说——的文明，与那些其生活方式被内在于人类生存中的强

---

① 参见 Karl Jaspers, *Tragedy Is Not Enough*, translated by Reiche, Moore and Deutsch, Boston: Beacon Press, 1969, pp.28—29.

烈的悲剧意识所决定的文明分离开来。"①在希腊悲剧出现之前,人类尚未自觉地反省自身的终极界限以及整体解救的问题,因而仍未获得真正的悲剧知识;希腊悲剧则以追问上述根本问题为己任,尤其将人置于灵魂无可告慰的临界处境下,逼迫其直面命运的拷问、觅寻超越属己的命运的可能途径,这时人才算真正获得了悲剧知识。值得注意的是,雅氏为获得悲剧知识的这类人起了一个意味深长的名字——"悲剧人":"回顾过去,我们可以看到历史如何被悲剧人的诞生截然分开。他的悲剧洞见并不一定是某个成熟文明的产物,而可能是相当原始的文明结出的果实。但是,无论原始与否,人只有在获得了此类知识之时才好像真正苏醒过来。因为这时他要怀着新的不安来直面那些终极界限,并在不安的驱使下超越那些界限。他无法容忍任何一种稳定的事物,因为没有任何一种事物能让他感到满足。悲剧知识是历史运动的最初阶段,它不仅发生于外部事件之中,而且涌动于人自身的灵魂深处。"②
"悲剧人"(Tragic Man)是人类历史上率先洞察人的终极界限,"并在不安的驱使下超越那些界限"的人。这里的"不安",指的是只有悲剧人才具有的临界体验,正是经由这种临界体验,人才获致了属己的生存意识与超越意识,就此而言,人才"真正苏醒过来"。可以说,悲剧人的出现是一个具有历史意

---

① Karl Jaspers, *Tragedy Is Not Enough*, translated by Reiche, Moore and Deutsch, Boston: Beacon Press, 1969, p.31.

② Karl Jaspers, *Tragedy Is Not Enough*, translated by Reiche, Moore and Deutsch, Boston: Beacon Press, 1969, p.31.

义的事件,这个事件不仅将悲剧知识与前悲剧知识区分开来,而且作为"涌动于人自身的灵魂深处"的内部事件,标示着人的悲剧意识已达于自觉,因而成为生存的历史运动的第一个阶段。

雅氏颇为看重"悲剧知识"与"前悲剧知识"的张力问题。他就"前悲剧知识"的韵致写道:"前悲剧知识是圆融、完整、自足的。它看到人的痛苦、灾厄与死亡。在这种知识中,深沉的悲哀伴着纵情的欢乐。作为生与死、死而复生的永恒循环和永恒变化的一部分,悲哀变得可以理解了。神的死亡与复活,一年四季中作为这一死亡与复活的时刻而加以庆祝的节日,这些都是基本的现实。我们几乎在世界各地都能发现这样一位神话观念中的圣母,她作为造物主和死神,既孕育、呵护一切,爱抚它们并使之成熟,又把一切收回,无情地令其死亡,在巨大的灾难中毁灭它们。但是,这类的命运形象尚不是悲剧知识,而只是描述了一种人类在死亡中求得安慰的知识。从根底处说,这种知识尚未意识到历史性。在这里,一切事物永远都是同等真实的,没有什么能给人们留下深刻的印象,一切都同样重要。无论什么东西,都依其原状完整无遗地显露出来。"[1]至少对西方文明来说,"前悲剧知识"是一种非历史性的知识,它以循环论为其底色,人在物理时间的自然流动中浮摇不居,而不是以自我贞定的选择创造属己的历史。世间所发生的一切最后均归因于他在的命运,人既不自我创造,也不运命自承。即便人已看到死亡与毁灭,感到痛苦与无望,然而并

---

[1] Karl Jaspers, *Tragedy Is Not Enough*, translated by Reiche, Moore and Deutsch, Boston: Beacon Press, 1969, pp.31—32.

没有立于哑默的天地间撕心裂肺的灵魂呼救,更缺了一种直面摇曳不定的人生境遇断然一跃的勇气与果决。概言之,在西方的"前悲剧知识"阶段,世界中的诸种矛盾诚然已为个体所察识,不过它们在整体上尚是一些发生于外部的事件,而不是一种涌动于人的内在世界的精神运动。人依然拘囿于一元化了的世界,那"绝对的大全"("整全的真理"或"超越存在")尚未穿透阴森森的"命运女神"的笼罩。在雅氏看来,希腊神话、荷马史诗、冰岛埃达与萨迦神话均属于"前悲剧知识"。这些前悲剧知识"还都只像是一知半解的悲剧知识。它们既没有区分开不同种类的失败,也没有彻底领悟悲剧失败所赋予的无可测量的深度。英雄时代的人尚未渴望灵魂的解放:倘能获得忍耐的力量,他的灵魂就心满意足了。不知何故,他的追问中辍得太早了。他过于轻易地就把生与死作为毫无疑问、不言而喻的东西接受下来"[1]。所谓"追问中辍得太早",乃意指人并未在"临界"处继续追问下去,因而当"过于轻易地就把生与死作为毫无疑问、不言而喻的东西接受下来"时,人终于未能摆脱他在命运的束缚而失去灵魂得以净化的契机。

相较之下,"希腊悲剧从神话与史诗世界撷取素材,不过有所不同的是,人们不再平心静气地忍受他们的悲剧知识,而是对那些问题进行永无底止地究问"[2]。那些伟大的生存个体

---

[1] Karl Jaspers, *Tragedy Is Not Enough*, translated by Reiche, Moore and Deutsch, Boston: Beacon Press, 1969, p.34.

[2] Karl Jaspers, *Tragedy Is Not Enough*, translated by Reiche, Moore and Deutsch, Boston: Beacon Press, 1969, p.34.

濒于生死边缘而痛碎肝胆的究元叩问,问出了一部人类自己决断自己生存境遇的文化史。人类从此开始以自由的选择来充盈属己的历史,并坚毅地负荷起伴随自由选择而来的人对自由的责任。赋有独一无二的历史性的希腊悲剧便是划破自然时空而涵养人类灵魂深度的第一声惊雷,演述着"人类为了晓知诸神、生存的意义与正义的性质而进行的孤注一掷的斗争"①。它从那渊默处传来"超越存在"的消息,尽管那"超越存在"本身依然是隐蔽的,但它毕竟正在养润着经验世界以及在经验世界中因困厄与战栗而渴望解救的人类。由此可见,悲剧知识的文化史意义在于,人类开始直面自身的终极问题,通过诉诸悲剧的灵魂净化,以便在自身的灵魂深处追寻那终局的解救。雅氏就此指出:"(相较于希腊神话)悲剧要求的则更多:灵魂净化。众所周知,这灵魂净化究竟是什么,即便亚里士多德也没有给我们讲清楚。不过,我们可以肯定的是:它是触及每个人最内在的存在的一种体验。它促使人不只是作为一个观众在静观,而更应作为一个亲身介入其中的人从受震撼的体验中愈加深刻地接受实在。它通过清除掉我们日常生活中那些卑微、迷乱与琐屑的体验——所有这些都是令我们狭隘与盲目的东西——,从而使真理成为我们的一部分。"②在雅氏看来,亚里士多德固然较早提出了"灵魂净化"的概念,但

---

① Karl Jaspers, *Tragedy Is Not Enough*, translated by Reiche, Moore and Deutsch, Boston: Beacon Press, 1969, p.29.

② Karl Jaspers, *Tragedy Is Not Enough*, translated by Reiche, Moore and Deutsch, Boston: Beacon Press, 1969, p.36.

是他依然拘囿于静态、抽象的"一般意识",试图通过下定义的方式厘定"灵魂净化"的含义,然而这种下定义的方式并不能将其动态、浑全的神韵揭示出来。只有诉诸本明的生存意识,以一种生存在场的态度介入悲剧情境之中,生存个体才能通过震撼人心的悲剧体验实现内在态度的转变,进而将那些迷陷于日常生活的"卑微、迷乱与琐屑的体验"清除掉。值此之际,生存个体终于摆脱掉了一切"令我们狭隘与盲目的东西",从而使自己断然地敞向"整全的真理",这样一来,悲剧带来的"灵魂净化"也就"使真理成为我们的一部分"。

事实上,雅氏是把悲剧情境作为"生存"贞认"整全的真理"的一种"临界处境"来看待的,那无可逃避的命运带给主人公灵魂无可告慰的撕裂感,同时也意味着人穿透他在的命运而运命自承地寻求灵魂解救的一种契机。对悲剧主人公来说,"整全的真理"正是在"沉默的顶点"向自由决断的生存个体透示消息的。就此而言,"这些悲剧直观与洞察含有一种隐匿的哲学,因为它们给本来无意义的厄运赋予了意义。虽然我们不能将这种潜在的哲学转译成专门术语,但可以通过哲学诠释把它较为鲜明地凸显出来。我们通过重新体验原初直观获得这种隐匿的哲学。这个直观的世界是不可替代的。作为哲学的器官,它是哲学思考的一个至关重要的部分。但是在寻求其自我实现的过程中,这种直观的世界就跨越了哲学,而哲学必须再度将它当作与哲学自身迥异的某种东西来触及它"[①]。

---

① Karl Jaspers, *Tragedy Is Not Enough*, translated by Reiche, Moore and Deutsch, Boston: Beacon Press, 1969, p.27.

这里所谓"隐匿的哲学"(hidden philosophy),其实即指谓生存形而上学,正是它的超越之维"给本来无意义的厄运赋予了意义",并使这种生存悲剧成为"哲学的器官"。雅氏由此认为,在希腊悲剧中,"悲剧问题在本质上已具有哲学意味,不过它们依然是以形象化的戏剧语言陈述出来的,尚未触及理性的哲学表达方式"①。悲剧诗人以原初直观的方式向诸神追问:"为什么事物会是这样的?人是什么?人靠什么来引导?罪是什么?命运是什么?人类有效的律令是什么?它们又来自何处?神是什么?"②悲剧诗人代表人类直接向诸神追问的这些终极问题是振聋发聩的,"这些问题寻求着通向公正而善良的诸神以及通向唯一的上帝的道路"③。在典型地展呈了"悲剧知识"之神韵的希腊悲剧那里,悲剧主人公濒于"临界"而顿悟到"世界实存"的界限,从而把欲哭无泪的目光投向那标示"公正而善良"之极致的"唯一的上帝"(the one God)。值得注意的是,雅氏所说的"唯一的上帝"是虚灵不滞的,自作决断、自我超越的生存在当下的践履中始终行进在通向"虚灵之真际"的真理之路上。内蕴于生存本身之中的那丝本明的光亮引导着生存义无反顾地祈向那作为光源的"唯一的上帝",同时,"唯一的上帝"在返照本明的生存时则把生存在世界之

---

① Karl Jaspers, *Tragedy Is Not Enough*, translated by Reiche, Moore and Deutsch, Boston: Beacon Press, 1969, p.35.

② Karl Jaspers, *Tragedy Is Not Enough*, translated by Reiche, Moore and Deutsch, Boston: Beacon Press, 1969, p.35.

③ Karl Jaspers, *Tragedy Is Not Enough*, translated by Reiche, Moore and Deutsch, Boston: Beacon Press, 1969, p.35.

中的践履转换为透示"超越存在"之消息的"密码"。由此,生存意识已在悲剧知识中苏醒与充盈;不过,矛盾依然存在,命运依然存在,因为生存毕竟只在历史与世界之中自由地仰望那"唯一的上帝"。雅氏就此指出:"悲剧知识通过矛盾增加着内在的紧张,它并未解决这些矛盾,不过也没有认定它们的必不可解性。因此,它并不是一种全然完成的知识;只有在体验本身中,在对问题的持续不断的探询中才能偶遇那种完善的境地。"①"悲剧知识"所唤醒的生存意识击穿了世界一元论与历史循环论的迷误,从此,那种拘囿于他在的命运的"前悲剧知识"不再"圆融、完整、自足",那滞于物理时间而自然流动的历史与囿于因果链条而不可改易的世界也因着悲剧主人公的自作决断而出现了断裂。在这一裂缝处,自我超越着的生存(悲剧主人公)经由不断的追问而运命自承地探向那"整全的真理"。悲剧知识的人文意义就蕴涵在生存对于"整全的真理"的觅寻过程之中。正是在这里,雅氏看到了莎士比亚悲剧与"基督教悲剧"的张力。

(二)莎士比亚悲剧与"基督教悲剧"的张力

在雅斯贝斯为我们勾勒的悲剧历史轮廓中,莎士比亚的横空出世是意味深长的。如果说希腊悲剧尚借助于神的隐喻来暗示人的生存境遇,那么莎士比亚的悲剧则直接上演于世俗世界舞台:"在他的戏剧人物身上,一个自负傲慢的社会辨

---

① Karl Jaspers, *Tragedy Is Not Enough*, translated by Reiche, Moore and Deutsch, Boston: Beacon Press, 1969, p.102.

识出自己被拔高了的形象。人的生命就是从以下方面来理解自身的：潜力与危险，伟大与虚无，仁慈与残暴，高贵与卑贱，纯粹的生之欢呼与面对失败、毁灭的迷乱、战栗，以及博爱、献身、坦诚与憎恨、狭隘、盲目。总而言之，人类通过遭遇自身无法解决的问题，通过直面为实现自身的意愿所付出的一切努力的最终失败而洞察自己——所有这一切都以不可摇夺的秩序以及善与恶之间的强烈对照为背景。"[1]这里所说的"不可摇夺的秩序"乃意指"超越存在"所标示的形上之维，不过，对只在世俗世界前台上演的悲剧来说，它是"生存"恒远瞩望着的"背景"。进一步说，人类自身在世界之中所遭遇的答案阙如的问题以及虽竭尽全力犹最终失败的"命运"才是悲剧的痛点所在。在这一点上，莎士比亚的人间悲剧与希腊的"半仪式化"悲剧具有异曲同工之妙。相较之下，以卡尔德隆与拉辛的作品为代表的"基督教悲剧"则呈示出另一种面向："我们在其中所蒙受的天意、天恩甚至天谴取代了命运与恶魔。人的发问不再只由终极的沉默来作答，现今的一切都由确然存在于彼岸的那位大慈大悲的上帝来支撑。诗人贯穿于一部部作品中的那种为真理而做的不懈斗争不见了，具有象征密码的戏剧也不见了，如今，我们竟然在罪孽深重的世界与上帝自身皆为确然的真实存在的知识中看到了真理的当下在场。但是，就在这种截然相反的新的张力中，真正名副其实的悲剧却被基督教真理泯灭了。卡尔德隆与拉辛的悲剧因着出自基督教

---

[1] Karl Jaspers, *Tragedy Is Not Enough*, translated by Reiche, Moore and Deutsch, Boston: Beacon Press, 1969, pp.29—30.

信仰,故而看得较远些;但是与莎士比亚相比,无论在提出问题与处理问题的方式上,还是在性格的深刻性与丰富性上,抑或在视野的开阔与自由度上,其作品都是相当狭囿的。"①在雅氏看来,莎士比亚的悲剧是一种典型的生存论意义上的悲剧,这种属人的悲剧作为喻说"生存"解读"超越存在"之消息的一种密码语言,它不仅提出了人生的根本问题,而且通过悲剧主人公的不懈探问与突破,把其深刻而丰富的性格表现出来。与此相较,卡尔德隆与拉辛的作品则是"相当狭囿的",其中的原委在于,在这种基督教悲剧里,"天意、天恩甚至天谴取代了命运与恶魔",人在世界中所遭遇的一切不幸与痛苦以及由此提出的根本问题也通过"上帝"的救赎获得了确然的解答。这样一来,意趣迥异的基督教悲剧就与莎士比亚的悲剧构成了一种"新的张力",在这种新的张力中,雅氏所推许的那种"真正名副其实的悲剧"(生存论意趣上的悲剧)"却被基督教真理泯灭了"。

可以说,"基督教悲剧"的根本问题在于,那作为"背景"的"上帝"不再是虚灵不滞的"背景",而直接成为了戏剧表现的对象,并对人的获救做出直接的承诺。在"上帝"之手的帮助下,"人渴望获救,并且如愿以偿。但是,这不是全靠人自身做到的,因此,难以完成的重任就从人身上卸掉了"。"上帝"已安排好了一切,"人只要参与进来与其合作,就可获得自由了"。②

---

① Karl Jaspers, *Tragedy Is Not Enough*, translated by Reiche, Moore and Deutsch, Boston: Beacon Press, 1969, p.30.
② Karl Jaspers, *Tragedy Is Not Enough*, translated by Reiche, Moore and Deutsch, Boston: Beacon Press, 1969, p.38.

雅氏的悲剧论所依托的理论姿态是他的"哲学信仰"[①]。"哲学信仰"以自由的"生存"为辐辏,这"生存"的自由是完全自律的。"生存"诚然也因着绝望而渴望,因着渴望而仰望"上帝",不过,"哲学信仰"中的"超越存在"对人的解救与成全说到底乃属意于人的自我解救与自我成全。只在世界之中超越世界的"生存"在恒远趣向"超越存在"的路上从不会推诿人对自身的自由的责任,尽管知其不可,而依然为之。可以说,人对自身的自由的责任是"哲学信仰"的中心命意,"生存"在与"世界""超越存在"构成的张力中自然地透示出一份自我承担的沉重感与命运感。然而,恰恰在这里,"宗教信仰"(包括基督教信仰)下的基督教悲剧却把人的自我解救的重任连同责任都"从人身上卸掉了",这正是雅氏肯认莎士比亚的生存悲剧,并以"哲学信仰"为依据来反省基督教悲剧的原委所在。

雅氏认为,"基督教悲剧"所允诺的解救是以人的"原罪"(original sin)为前提的,从人的原罪说起无从引发出人的自律的自由与责任,也无从酵发出真正的生存悲剧:"原罪根源于亚当的堕落,救赎是由基督在十字架上的死亡所带来的。世间万物原本就是朽腐的:在作为个体的人能够承担罪责之前,他早已陷于不可克服的罪衍之中。他被卷入了犯罪与寻求拯救的普遍过程之中。他亲身参与了犯罪与拯救这两个环节,虽然并不完全是通过他自己来进行的。因着原罪,他已有咎;由于天恩,他被解救。如今,他无论如何都要背负起十字架。他不再只是忍耐生存的痛苦、不协调与撕心裂肺的矛盾

[①] 参见拙文:《雅斯贝尔斯"哲学信仰"范畴解读》,《河北学刊》2010年第3期。

冲突,而是有意识地去选择它们。这已经不再是悲剧,因为福祉与极乐的光辉已经照彻令人恐惧的黑暗。"①从根底处看,基督教戏剧由"原罪"与"解救"所演述的人的故事是他律的。雅氏断言:"基督教的解救是与悲剧知识相反的,人被解救的机运恰恰消除了人陷于困境而毫无出路的那种悲剧感。在基督教戏剧中,解救的神秘性构成了剧情的基础与框架,悲剧知识中的张力一开始就已被人经由天恩而体验到的完美与解救所消解。因此,并不存在真正的基督教悲剧。"②在基督教戏剧那里,悲剧失去了其扣人心弦的品性:"人虽然为它所激起,但却没有触动最内在的存在。对基督徒来说,最为根本的问题甚至不可能出现于悲剧中。在具体的基督教意识中,那种属于宗教的东西永远与诗意无干,因为诗意只有在生存层面(通过生活并置身于生活当中)才能被体认得到,它却无法被当作一种审美现象来加以观照。从这个意义上来讲,一个基督徒势必会误解莎士比亚:莎士比亚把一切事物都成功地运用为戏剧的主题,尽一切可能展示人类的真实面目,但是,他的作品唯独缺少那种特殊的宗教气息。"③基督徒所批评的,也正是雅斯贝斯所肯认的。一言以蔽之,透过雅氏对莎士比亚悲剧与基督教戏剧的评说,我们最终所看到的乃是"哲学信仰"与"宗

---

① Karl Jaspers, *Tragedy Is Not Enough*, translated by Reiche, Moore and Deutsch, Boston: Beacon Press, 1969, p.38.

② Karl Jaspers, *Tragedy Is Not Enough*, translated by Reiche, Moore and Deutsch, Boston: Beacon Press, 1969, pp.38—39.

③ Karl Jaspers, *Tragedy Is Not Enough*, translated by Reiche, Moore and Deutsch, Boston: Beacon Press, 1969, p.39.

教信仰"之间存在的无可消弭的张力。

(三)区分"悲剧知识"、"前悲剧知识"与"后悲剧知识"的底据

雅斯贝斯认为,悲剧诚然表现毁灭,但仅仅表现毁灭的戏剧并不是悲剧。对生存意识来说,"死亡是生存的镜子,……是对生存的证明与对纯粹实存的相对化"[1]。"生存"只在"实存"的毁灭中默识"存在本身","存在本身"也只隐现于"生存"的自我坎陷中。"死亡所毁灭的是现象,而不是存在本身"[2]。作为"存在本身"的"超越存在"赋予"现象"的毁灭以意义,倘若失却"超越存在"这一背景,也就没有生存悲剧。"在悲剧意识成为人对真实性的意识的基础之处,我们就称之为悲剧情态。"[3]"悲剧情态"(tragic readiness)把"生存"作为祈向"超越存在"的本明而可靠的地基,尽管"生存"永远不能与"超越存在"完全合一,但他透过"现象"的毁灭而时刻在为倾听"超越存在"的消息作着一种准备。所谓"情态",其实即意指一种赋有虚灵不滞的超越矢向的准备状态。由此,雅氏把诉诸"生存"行动的"真正的悲剧意识"与那种迷陷于无常之命运的"瞬间意识"区分开来。他指出:"名副其实的悲剧意识远不只

---

[1] Karl Jaspers, *Philosophy* (Vol.2), translated by E.B.Ashton, Chicago and London: The University of Chicago Press, 1970, p.196.

[2] Karl Jaspers, *Philosophy* (Vol.2), translated by E.B.Ashton, Chicago and London: The University of Chicago Press, 1970, p.195.

[3] Karl Jaspers, *Tragedy Is Not Enough*, translated by Reiche, Moore and Deutsch, Boston: Beacon Press, 1969, p.42.

是对痛苦与死亡、流逝与绝灭的凝思。要使这些东西成为悲剧性的，人就必须行动。"①个体生存通过自由行动自陷于困境与无可逃避的失败，这失败喻示出"世界实存"的界限及其纯然的求生意志在世界之中所逐求的一切有形之物的破灭。直到立于世界的边缘，个体生存才在沉寂中渴望那终极的解救。"要获得解救的渴望自始就与悲剧知识相伴而来。当人遭际严酷的悲剧事实时，他就要直面无情的界限。在这一界限之内，他找不到全面解救的保证。毋宁说，只有当人至死不渝地表现出其人格与实现其自我时，他才能获得救赎与解救。"②对生存悲剧来说，人最终得以获救的力量，只有人自己。

由此看来，诚然没有"解救"就没有"悲剧知识"，不过，更为重要的问题是：人是如何获得解救的？正是聚焦于这一问题，雅氏以其生存形而上学为底据对"悲剧知识"、"前悲剧知识"以及"后悲剧知识"的不同蕴涵作了区分：其一，"人可以通过在无知中、在纯粹的忍耐中、在不可动摇的反抗中以毫无疑问的忍受力来获得解救。不过，这只是解救的萌芽与最贫乏的形式"③。这里所喻说的乃是希腊神话、荷马史诗所赋有的"前悲剧知识"。其二，"人还可以通过澄明悲剧过程的本质来

---

① Karl Jaspers, *Tragedy Is Not Enough*, translated by Reiche, Moore and Deutsch, Boston: Beacon Press, 1969, p.42.
② Karl Jaspers, *Tragedy Is Not Enough*, translated by Reiche, Moore and Deutsch, Boston: Beacon Press, 1969, p.42.
③ Karl Jaspers, *Tragedy Is Not Enough*, translated by Reiche, Moore and Deutsch, Boston: Beacon Press, 1969, pp.42—43.

获得解救,这种悲剧过程在真相大白时能够净化人的心灵"[1]。这里所意指的即是希腊悲剧、莎士比亚悲剧所赋有的"悲剧知识"。其三,"在某些信仰从一开始就把生命引向解救之路的情形下,解救会在人凝思悲剧过程之前即已发生。这样一来,伴随人直接超越到那看不见的上帝——一切背景的背景——面前,悲剧其实从一开始就被克服了"[2]。这里所称述的便是卡尔德隆与拉辛的"基督教悲剧"所赋有的"后悲剧知识"。雅氏尽管没有使用"后悲剧知识"之类的字眼,不过用它来指谓"基督教悲剧"当不乖离其生存悲剧论的本然宗趣。

三、"悲剧知识"的诠释方向

就雅斯贝斯所喻说的"悲剧知识"而言,还有一个值得关注的问题,即:如何诠释悲剧的意义?雅氏首先提醒人们:"作为诗人的作品呈现于我们面前的那些悲剧的意义,不可能被化约成一个单一的公式。此类作品表现了人应对悲剧知识的劳心苦役。情境、事件、社会力量、宗教信仰以及各种类型的性格,都是人用来表达悲剧的手段。"[3]在雅氏看来,每一部悲剧都是一个生存论意义上的事件,生存个体在直面种种难堪

---

[1] Karl Jaspers, *Tragedy Is Not Enough*, translated by Reiche, Moore and Deutsch, Boston: Beacon Press, 1969, p.43.

[2] Karl Jaspers, *Tragedy Is Not Enough*, translated by Reiche, Moore and Deutsch, Boston: Beacon Press, 1969, p.43.

[3] Karl Jaspers, *Tragedy Is Not Enough*, translated by Reiche, Moore and Deutsch, Boston: Beacon Press, 1969, p.43.

的处境时不断地自我超越、自我生成的过程构成了悲剧的全部意义,这个过程是动态的、直观的、独异的,其意义自然也是丰赡的、深微的、别致的,因而无法用理性的概念、判断与推理将其"化约成一个单一的公式"。鉴于此,雅氏进一步指出:"每一首伟大的诗篇都具有诠释不尽的意义,它们充其量为诠释提供了所探寻的方向。大凡全然理性的诠释成为可能之处,诗也便成为赘疣了——事实上,这里从一开始就不存在真正的诗歌创作。在诠释能使某些要素得以清晰彰显之处,它恰恰是凭借一种深奥的直观增强了这些要素的可理解性,而那种深奥的直观则是隐而不彰的,它并不会被任何一种分析或诠释所穷尽。"[①]诉诸"深奥的直观"的悲剧艺术"是隐而不彰的",它的意义涵淹于活生生的事件与形象之中,因而"具有诠释不尽的意义",其实这正是悲剧作为一种真正的诗歌创作的独特魅力之所在,也正是悲剧以其原初意象间接传达"整全的真理"之消息的独特优势之所在。如果一部悲剧的意义能够被理性以概念、判断与推理的方式化约成某个单一的公式,那么它就成为多余的"赘疣"了,甚至会被畸变成某种先在观念的传声筒。在雅氏看来,理性分析只能揭示悲剧意义的某些侧面,却不能将其诠释殆尽。值得称叹的是,雅氏从其生存形而上学的立场出发,充分肯定了悲剧艺术的独特价值。若继续向根底处探察的话,我们会发现雅氏的衷曲是关联着哲学与艺术的张力喻说悲剧直观的独特韵致:"在所有的诗篇中,

---

① Karl Jaspers, *Tragedy Is Not Enough*, translated by Reiche, Moore and Deutsch, Boston: Beacon Press, 1969, p.43.

诗人的心智构思都在维护着自身的权利。然而,就分量上来讲,当思想本身显现出来但却没有具体体现在戏剧人物身上之际,诗就愈加枯燥乏味了。到了如此地步,作品的产生所依靠的就不再是悲剧直观的力量,而是哲学嗜好。当然,这并不是说悲剧诗中的思想就不可以具有至关紧要的哲学意味。"①悲剧固然是有"思想"的,但是涌动于悲剧诗人心智构思中的思想说到底是为"生存意识"所涵养的"悲剧意识"。这种"悲剧意识"诚然具有"哲学意味"(生存个体通过悲剧体验行进在趣向"整全的真理"的路途之中),不过其哲学意味只有依靠"悲剧直观的力量"才能以艺术的方式间接而灵动地传达出来。否则的话("思想本身显现出来但却没有具体体现在戏剧人物身上"),悲剧艺术就沦为哲学的附庸而变得"愈加枯燥乏味了"。

这里需要强调的是,雅氏指出运用理性的方式诠释悲剧意义的限度,并不意味着他就不看重悲剧的诠释问题了。事实上,雅氏正是带着理性的自我反思意识并发挥其"老实和公正"品性②,在承认每一部悲剧"都具有诠释不尽的意义"的同时,也指出了它们终究"为诠释提供了所探寻的方向"。基于"悲剧

---

① Karl Jaspers, *Tragedy Is Not Enough*, translated by Reiche, Moore and Deutsch, Boston: Beacon Press, 1969, pp.43—44.
② 雅斯贝斯指出:"理性寻求大一是凭借老实和公正。老实与真理狂不同,它本身具有一种无限的公开性和疑问性;公正则想使一切出于本原的东西都作为其自己而成为有效用的,即使在它们的边界上要遭到失败。"(卡尔·雅斯贝斯:《生存哲学》,王玖兴译,上海译文出版社,2005 年版,第 46 页)这里的"大一"(Einen/the One),即意指作为"整全的真理"的"大全"(Encompassing),就其形而上学意义而言,亦意指"生存"在"理性"的烛引下不断向之趋赴的"超越存在"。

直观"为"悲剧知识"所提供的"诠释方向"①,雅氏对悲剧知识的概貌及其特质进行了考察,进而指出我们的诠释须得透彻地解答如下三个问题:其一,"悲剧的客观性方面是什么样的,悲剧的存在模式与悲剧事件的进程模式是怎样的,悲剧是如何被思维构想出来的?我们对诗中的悲剧性主题所作的诠释将会给出一种答案"②。笔者将在本书第二章聚焦于"悲剧的客观方面"(die Objektivität des Tragischen/ the objective aspects of the tragic)作一番解读。其二,"悲剧的主观性方面是如何表露自身的,悲剧是如何进入意识之中的,怎样获得悲剧知识并通过它得到解救与救赎?"③这里所探讨的其实就是"悲剧的主体性"(Die Subjektivität des Tragischen/the subjectivity of the tragic)问题,笔者将在本书第三章重点阐析这个问题。其三,"对悲剧所作的每一种基本诠释有什么意义?"④关于"悲剧的基本诠释"(Grundsätzliche Interpretation des Tragischen/fundamental interpretations of the tragic)问题,笔者将在本书第四章作专门探讨。

---

① 德文写为"Richtungen der Interpretation des tragische Wissen"(悲剧知识的诠释方向),英译本译为"Ways of Interpreting Tragic Knowledge"(诠释悲剧知识的方式)。
② Karl Jaspers, *Tragedy Is Not Enough*, translated by Reiche, Moore and Deutsch, Boston: Beacon Press, 1969, p.44.
③ Karl Jaspers, *Tragedy Is Not Enough*, translated by Reiche, Moore and Deutsch, Boston: Beacon Press, 1969, p.44.
④ Karl Jaspers, *Tragedy Is Not Enough*, translated by Reiche, Moore and Deutsch, Boston: Beacon Press, 1969, p.44.

第二章　悲剧的客观方面

所谓"悲剧的客观方面"(die Objektivität des Tragischen/ the objective aspects of the tragic),意指就悲剧自身而言所须关注的相关方面。聚焦于悲剧的存在模式、悲剧事件的进程模式以及悲剧的构思方式,雅氏对"悲剧气氛""斗争与冲突""胜利与失败""罪责""真理问题"等关涉悲剧之韵致的方方面面的内容进行了阐发。

出于理性的自我反思意识以及自觉的生存意识,雅氏始终对认知理性意义上的"一般意识"保持着足够的警醒,因此他并未给悲剧下一个纯然知识化的定义。当然,对悲剧定义的审慎并不意味着不能对悲剧的韵致作某种必要的提示。雅氏就此指出:"在诗篇里,悲剧意识为自己的思想赋予了具体的形象:只有通过悲剧基调,我们才能感觉到在事件中直接影响我们的或存在于全体世界中的紧张与灾难。悲剧出现在斗争中,出现在胜利与失败中,出现在罪愆中。它是对人显示于崩溃与颓败之中的伟大的量度。悲剧喻示出实存的终极不和谐,它将自身显露于人追求真理的绝对意志里。"[1]从中可以看

---

[1] Karl Jaspers, *Tragedy Is Not Enough*, translated by Reiche, Moore and Deutsch, Boston: Beacon Press, 1969, p.45.

出,"悲剧意识"是悲剧的灵魂,它通过具体的形象为悲剧奠定了基调。在这个充满"紧张与灾难"的气氛的形象世界里,有"斗争与冲突"演述的悲剧情节,有"胜利与失败"呈现的悲剧命运,有对"罪责"的追问引发的灵魂撕裂与终极解救。悲剧的韵致恰恰在于,它将生存个体置于某种"崩溃与颓败"的"临界处境"之中,通过严峻的考验量度与逼显出人的伟大来。就此而言,悲剧以其"生存意识"的自觉,将"实存的终极不和谐"展呈出来,进而呼唤生存个体以其"追求真理的绝对意志"勇毅地行进在奔赴"整全的真理"的正途中。在悲剧事件里,"每一行动者都显示出某种特定的真理,同时也揭示出这种特定真理的局限,由此将不公正在一切事物中展示出来——这的确是悲剧的过程"[1]。在雅氏看来,当"不公正在一切事物中展示出来"之际,正是测度"人显示于崩溃与颓败之中的伟大"的时刻。依循雅氏悲剧论的运思理路及其重心所在,本章重点阐说如下三个问题:一是悲剧气氛,二是斗争与冲突,三是胜利与失败。

一、悲剧气氛

所谓"悲剧气氛"(die tragische Atmosphäre/the tragic atmosphere),指的是悲剧意识通过直观的意象展呈出来的一种充满"紧张与灾难"的生命基调,这种于"崩溃与颓败"之中

---

[1] Karl Jaspers, *Tragedy Is Not Enough*, translated by Reiche, Moore and Deutsch, Boston: Beacon Press, 1969, p.57.

显示"超越存在"之消息的"密码"以及"人在失败中的伟大"的生命基调对悲剧成其为悲剧至关重要。雅氏主要结合典型的戏剧作品对"悲剧气氛"的神韵进行了喻说。

在印度戏剧中，令人恐怖的生命基调被描绘成一种世界图景。无望的世界图景构成生活的场所，人们只是在其中无所期待地自生自灭着。在雅氏看来，这种生命基调并不是"悲剧气氛"："生命与死亡，周而复始的荣与衰，转瞬即逝的事实，这一切本身并未造成任何悲剧气氛。"①只有当人作为自由选择的个体介入其中并创造属己的历史，那些"客观"的事实才开始被人的生存意识转换为一种充满自在的命运感的"悲剧气氛"："悲剧气氛作为我们被抛置其中并令我们感到陌生与险恶的命运而出现。它是一种威胁我们的异在之物，令我们无法逃避。无论我们走到哪里，也无论我们看到什么，听到什么，冥冥之中总有某种东西会摧毁我们，不管我们做什么或者渴望什么。"②雅氏所期许的"悲剧气氛"诚然以"险恶的命运"的面目出现，不过，当悲剧主人公全然介入其中而自己创发自己的生存处境与属己的历史，直至在运命自承的选择中走向自我毁灭与自我解救，那"险恶的命运"便不再是他在的命运。直面摇曳不定的人生境遇，悲剧主人公的在世生存的挣扎感

---

① Karl Jaspers, *Tragedy Is Not Enough*, translated by Reiche, Moore and Deutsch, Boston: Beacon Press, 1969, p.45.

② Karl Jaspers, *Tragedy Is Not Enough*, translated by Reiche, Moore and Deutsch, Boston: Beacon Press, 1969, p.45.

其实正演述着由"实存"向"生存"回归的本源运动。① 对雅氏来说,"悲剧气氛"在为个体厘定认知之"知"的界限的同时,也为"良知"的觉醒提供了一种消极的导言。雅氏指出:"在一些悲剧(譬如《俄狄浦斯王》与《哈姆雷特》)中,主人公自己探询

---

① 雅斯贝斯认为,由"实存"返回"生存"便构成了"生存"在"实存"之中的"本源运动"(the original motion)。在《哲学》(第二卷)中,雅氏首先关联着"生存"在"临界处境"中自我生成的三次跳跃谈及这一话题:"每一种形式的跳跃在临界处境中都在把实存导向生存——导向萌发未开的生存、导向澄明自身可能性的生存、导向本真生存。……在第一次跳跃中,鉴于对一切事物均持怀疑的态度,我从世界实存中摆脱出来,并因着对普遍知识的怀疑而浸入本真的孤独;在第二次跳跃中,由于我必须介入我在其中失败的世界,这使我从对各种事物的冥思转向对可能生存的澄明;第三次跳跃则我在临界处境中从作为可能生存的实存生成为本真生存。第一次跳跃引导我在世界图像中进行哲学致思;第二次跳跃引导我在生存澄明中进行哲学致思;第三次跳跃则使我作为本真生存而具有哲学生命。"[Karl Jaspers, *Philosophy* (Vol. 2), translated by E. B. Ashton, Chicago and London: The University of Chicago Press, 1970, pp. 181—182.]然后,雅氏又由"无知""眩晕与战栗""焦虑""良知"所喻说的"本源运动"演述了"实存"向"生存"的回归。直面"临界处境"的内在拷问,最终所拷问出的正是"本真生存"所不能没有的"良知"。经过"无知""眩晕与战栗""焦虑"等"否定"的"本源运动"之后,新的价值主体终于在"生存"的良知自醒中正式诞生:"正是通过否定的否定,本源运动带来了肯定的可能性。在无知、眩晕、畏惧(焦虑)之中,它恰恰通过我们沉沦的体验在提升我们。与此相对,本源运动引导我们在良知的声音中走向自我贞立与自我决断。"[Karl Jaspers, *Philosophy* (Vol.2), translated by E.B. Ashton, Chicago and London: The University of Chicago Press, 1970, p.228.]

真理。真理的可能性——与之相关联,知识的全部问题,它的可能性、意义与结果——成为戏剧的主题。"[1]下面,笔者便以雅氏对《俄狄浦斯王》的诠释为例来考察一下"悲剧气氛"的意蕴,当然他对该剧的评说并未拘囿于此。可以说,这里的阐发只是选取了其中的一个角度。

俄狄浦斯是一个决意要知晓一切的人。不过,他尽管可以凭借自己的聪明(认知之知,一般意识)解开"斯芬克斯之谜",却无法逃避自己杀父娶母的命运。应该说,俄狄浦斯是无辜的。为了不犯下神谕所预言的杀父娶母的罪愆,他已经做了自己所能做的一切。他离开自以为是生身父母所在的国度,然而却毫不知情地在另一个国度杀死了该国的国王(自己的生父),娶了王后(自己的生母)。俄狄浦斯不能容忍任何可能的欺骗,他竭尽全力探明事情的真相,直到一步步走到自己认知之知的界限:自己竟是自己正在追查的那个凶手!于是,他陷入彻底的无知与绝望之中,而这也正是他生存意识发萌的端始。俄狄浦斯本可以逃避自己的法律责任,正如他自己所说:"这种事(指杀父娶母——引者注)不是我有意要做的。""我毫无所知地做了这种事,在法律面前我是无罪的。"[2]如果俄狄浦斯依循法律规则逃避了责任,那么他就会在"临界处

---

[1] Karl Jaspers, *Tragedy Is Not Enough*, translated by Reiche, Moore and Deutsch, Boston: Beacon Press, 1969, p.57.

[2] 索福克勒斯:《俄狄浦斯在科罗诺斯》,参引自 Karl Jaspers, *Tragedy Is Not Enough*, translated by Reiche, Moore and Deutsch, Boston: Beacon Press, 1969, p.58;另可参见《罗念生全集》(第二卷,埃斯库罗斯悲剧三种、索福克勒斯悲剧四种),上海人民出版社,2007年版,第523页。

境"面前再次遁回"世界实存"。在雅氏看来,《俄狄浦斯王》全剧的痛点恰恰在于,主人公在经过灵魂自我撕裂的眩晕、战栗、焦虑之后,断然亲手刺瞎双眼,自我放逐异乡流浪,进而将属己的责任承担起来。这无可推诿的责任感并不是来自外视之眼或认知之知,而是来自内视之眼或"良知"。对俄狄浦斯亲手刺瞎双眼的行动诚然可以给出不同的解释,不过,把这一无条件的抉择视为内视之眼或良知在悲剧主人公那里瞬间觉醒的一种隐喻,当不违雅氏悲剧论的本意。在他看来,作为一种"临界处境",这既是全剧的痛点("失败"),也是迎来悲剧解救的一种契机。我们看到,雅氏是结合《俄狄浦斯王》与《俄狄浦斯在科罗诺斯》这两部曲来对俄狄浦斯的失败与解救进行诠释的。他认为《俄狄浦斯王》呈示了"在悲剧中的解救",《俄狄浦斯在科罗诺斯》则喻示了"从悲剧中解救"。俄狄浦斯刺瞎双眼、自我放逐的行动,恰恰处在两部曲之间的临界点上。对雅氏来说,这是一种典型的"悲剧气氛"。有此临界之痛,悲剧才成其为悲剧。可以说,悲剧之痛正来自作为生存的主人公经由功过自承的自由选择与责任意识,进而把"他在的命运"转换为"自在的命运",《俄狄浦斯王》的魅力便在于此。

在《哲学》(第一卷)中,雅氏把真正的"悲剧气氛"称为"英雄处境"。"悲剧诗人以一种超出常人理解与预知的伟绩,设法在实存之中展呈作为存在的终极密码的失败。他把观众引进他所构塑的各种英雄处境之中。"[1]对拘囿于日常生活的观

---

[1] Karl Jaspers, *Philosophy* (Vol.1), translated by E.B.Ashton, Chicago and London: The University of Chicago Press, 1969, p.328.

众来说,人们仍处于有限处境之中。虽然观众也有畏惧与痛苦,但整体上这些体验并未突破历史的视域,"其中的原委在于,我们并没有置身于英雄似乎正亲涉其中的临界处境。在悲剧中,它并不属于我们这班的沉沦之人。只有生存,才会真正地沉陷于临界处境"①。悲剧契接着"生存",生存又在历史中穿透着历史。由此,经由主人公所直面的"临界处境",生存悲剧为人们呈示了一种涵蕴历史真实的"理想类型":"那呈示于历史真实之中的临界处境唯有在理想类型中才能得到明确的规定。"②"英雄处境"既是"理想"的,又是"历史"的,缘此,它便赋有了一种独特的人文价值。因其是"理想"的,它可以唤醒生活于有限处境中的人们不断地自我提升;因其是"历史"的,这种作为"英雄处境"的"理想类型"又只为生存在历史之中的自由选择所充盈。诉诸理性的哲学诚然也致思"临界处境",不过,它毕竟不能像生存悲剧那样以原初直观的形式直接展示人在历史之中的自我超越:"这正是思考者在完全回忆起个人的真实存在之际,作为哲学可能性而对临界处境的思考格外空洞的原委所在;相形之下,作为理想类型而直观地呈示于悲剧之中的临界处境则是格外充盈的——尽管这会不可避免地伴以观众逃避自身的风险。"③在某种意趣上可以说,生

---

① Karl Jaspers, *Philosophy* (Vol.1), translated by E. B. Ashton, Chicago and London: The University of Chicago Press, 1969, p.328.
② Karl Jaspers, *Philosophy* (Vol.1), translated by E. B. Ashton, Chicago and London: The University of Chicago Press, 1969, p.328.
③ Karl Jaspers, *Philosophy* (Vol.1), translated by E. B. Ashton, Chicago and London: The University of Chicago Press, 1969, pp.328—329.

存悲剧是一种直观着的哲学,它并不止于审美;生存哲学思维着悲剧艺术,它并不止于思维。无论哲学还是悲剧艺术,二者在保持一种必要的张力的情形下均旨在契接生存根源,唤醒生存的临界体验。正是在这个意义上,雅氏意味深长地说道:"我通常宁愿与诗人在一起,随他进入一个丰富的世界。在那里,诗人给出或允诺了一切的东西。不过,我还须相信一个哲学思考者的微薄的吁求。这正是我的体验:我越不摒弃我自己,越不停止自身的哲学思考,我的心灵就越对艺术的生存根源持续开放。"[①]如果说"艺术是解读密码的语言"喻示了生存艺术的真义,那么"持守住艺术的生存根源"则是其生存艺术形而上学的出发点与立足点。对雅氏来说,"生存"与"超越存在"只是在"临界处境"那里才发生对流的,作为"密码"的生存悲剧恰恰以其"英雄处境"所赋有的"悲剧气氛"为这一涌动于生存深层的对流提供了最大的可能。

二、斗争与冲突

只要有悲剧,就会有"斗争与冲突"(Kampf und Kollision/battle and collision)。斗争与冲突推动着悲剧事件的进程,因而成为悲剧情节结构的必要构件与动力机制。

雅斯贝斯指出:"真理与实在出现了分裂。由于分裂而在联合中相互支持,在冲突中相互斗争。悲剧知识看到的就是

---

① Karl Jaspers, *Philosophy* (Vol.1), translated by E.B. Ashton, Chicago and London: The University of Chicago Press, 1969, p.329.

不可避免的斗争。对于悲剧诗人来说，问题恰恰是这样的：谁跟谁在做斗争，什么与什么在发生——真正的冲突？"①雅氏既揭示了悲剧斗争与冲突的根源（即"真理与现实出现了分裂"），又强调了这种斗争与冲突的特性（"不可避免"）；更为重要的是，雅氏在此点明了对悲剧诗人来说极其关键的两个问题：其一，斗争的双方到底有谁？其二，究竟有哪些东西致使双方产生了不可避免的冲突？就第一个问题而言，雅氏认为"诗直接表现的斗争是人与人或人与自我的斗争"②，进而言之，悲剧斗争要么发生在"人与人"之间，要么发生在"人与自我"之间。就第二个问题而言，雅氏认为"相互对立的需求、责任、动机与性格品性在斗争中相持不下"③，也就说是，导致悲剧冲突的东西是"相互对立的需求、责任、动机与性格品性"。对上述问题的解答与理解，存在两种不同的运思路径："心理学与社会学的分析似乎使这些斗争可以作为事实而变得可理解，然而，悲剧诗人洞悉得更深远。他的任务是把悲剧知识直观地呈示出来，所有这些有限的事实只不过是为他提供了素材罢了。通过这种素材，他指出冲突的关键之所在。依据冲突方的解释，或者诗人的解释，或者观众通过诗人的解释而做出的解释，现在这种冲突得到了理解。这些对斗争的解释本

---

① Karl Jaspers, *Tragedy Is Not Enough*, translated by Reiche, Moore and Deutsch, Boston: Beacon Press, 1969, pp.46—47.
② Karl Jaspers, *Tragedy Is Not Enough*, translated by Reiche, Moore and Deutsch, Boston: Beacon Press, 1969, p.47.
③ Karl Jaspers, *Tragedy Is Not Enough*, translated by Reiche, Moore and Deutsch, Boston: Beacon Press, 1969, p.47.

身就是现实,因为最强有力的动力总是由这些被揭示出来的意义所发动的,悲剧的情节结构便是这种意义的展现。"① 心理学与社会学凭借的是认知理性意义上的"一般意识",这种生存不在场的一般意识以主客分立的方式将悲剧斗争与冲突视为"可理解"的"事实",然而这些事实终究是"有限的事实",并不能够充分展示斗争与冲突的丰赡意蕴与本真意味。相较之下,悲剧诗人则诉诸本明的"生存意识",并以浑全而灵动的原初意象将悲剧知识所喻说的斗争与冲突直观地呈示出来,进而凸显了悲剧冲突的神韵与关键。当然,悲剧诗人并非不重视那些"有限的事实",毋宁说,他把那些充满斗争与冲突的"事实"视为直观地展呈悲剧意识的"素材",进而使其成为具有生存论意义的事件。就此而言,悲剧冲突就是被诗人的生存意识所转换了的现实斗争,这种以直观的形式呈示于作品中的"悲剧知识",成为悲剧艺术自身的现实。诗人、冲突方与观众都把自身的生存意识(包含悲剧意识)介入其中,在共同影响事件发展过程的同时成为悲剧情节结构的"最强有力的动力"。由此,悲剧诗人所喻说的"悲剧知识"不再是一种"一般意识"意味上的"现行知识",而是一种探问生存真理的"原初知识"。

以原初意象的方式直观地呈示于作品中的"悲剧知识",对斗争与冲突给出了富有生存论意趣的解释:"体现于艺术品自身之中的这些解释要么是内在的,要么是超越的。悲剧可

---

① Karl Jaspers, *Tragedy Is Not Enough*, translated by Reiche, Moore and Deutsch, Boston: Beacon Press, 1969, p.47.

以是内在的,譬如在个体与普遍之间展开的斗争,或者在历史上更迭嬗递的各种生活方式之间展开的斗争;悲剧也可以是超越的,譬如在人与神之间展开的斗争,或者在诸神之间展开的斗争。"[1]雅氏将悲剧知识所喻说的斗争与冲突区分为两类:一类是"内在的",另一类是"超越的"。所谓"内在的",指的是发生在现实世界中的斗争;所谓"超越的",指的是有超现实的力量参与的斗争。基于这种看法,雅氏又在上述两类中各区分出两种情况:其中,"在个体与普遍之间展开的斗争"或者"在历史上更迭嬗递的各种生活方式之间展开的斗争"属于"内在的"斗争,"在人与神之间展开的斗争"或者"在诸神之间展开的斗争"则属于"超越的"斗争。下面,笔者便对雅氏所阐析的四种斗争与冲突的方式分别进行解读。

其一,"在个体与普遍之间展开的斗争"。雅氏指出:"个体与普遍的律令、规范、必然性相对立:从非悲剧角度来说,他只是表现为违背律令的任性;从悲剧角度来讲,他则表现为真正的例外,这种例外虽然反抗律令,但仍旧获得了真理的支持。"[2]这里所说的"个体",指的是富有"生存意识"的个体,而所谓"普遍的律令、规范、必然性",则指的是存续于某一特定历史阶段的实存秩序或社会力量。生存个体不断地做着自由选择、自我超越的本源运动,因而不会拘囿于任何一种看似定

---

[1] Karl Jaspers, *Tragedy Is Not Enough*, translated by Reiche, Moore and Deutsch, Boston: Beacon Press, 1969, p.47.

[2] Karl Jaspers, *Tragedy Is Not Enough*, translated by Reiche, Moore and Deutsch, Boston: Beacon Press, 1969, pp.47—48.

在的世界秩序或社会力量,于是从生存论的角度看,个体与普遍之间的对立与斗争就在所难免了。进而言之,生存个体正是在"违背律令"的过程中成为所在历史阶段的某种实存秩序的"真正的例外"。这种反抗律令的例外之所以能够获得真理的支持,乃是因为内蕴着超越矢向的生存个体始终把突破实存秩序("普遍原则")视为不断地奔赴"整全的真理"的否定环节与契机。若从"普遍原则"的具体体现来考察,便可看出与这些原则进行不懈抗争的生存个体所演述的悲剧的具体形态:"普遍原则在社会力量、社会阶层、法规与公职事务中有着集中的体现,因此社会可能会产生悲剧;另外,普遍原则还可作为一种强制性的永恒律令集中体现于人的性格之中,这些律令与个体的内驱力以及人格背道而驰,因此也存在由性格引致的悲剧。"[①]雅氏根据冲突的性质区分了社会悲剧与性格悲剧:前者展呈的是生存个体与体现于"社会力量、社会阶层、法规与公职事务"中的普遍原则之间的冲突,后者呈现的则是个体的内驱力与体现于其性格之中的"强制性的永恒律令"之间的冲突。上述两种冲突都会引致悲剧,特别是启蒙运动以来的现代悲剧善于表现社会因素与性格因素所造成悲剧。但是这类的悲剧往往存在一个明显的缺点,即缺乏诗意的表现力。雅氏就此指出:"通常而言,基于上述解释的悲剧作品在诗意方面是贫乏无力的。全然具体的人的驱策力与全然抽象的普遍律令在冲突中相遇,这些冲突虽然可以合乎理性地渐

---

① Karl Jaspers, *Tragedy Is Not Enough*, translated by Reiche, Moore and Deutsch, Boston: Beacon Press, 1969, p.48.

次展开,但是它们并不把那些涌动于存在深处的、扣人心弦的直观图景呈现为可见的形式。正是这些两难抉择的明晰性将问题彻底呈现出来。若对我们难以把握的无限广袤之境毫无感受,那么我们成功传达的一切东西最终都还只是苦难——而非悲剧。这是自启蒙运动以来的现代悲剧所遭际的特殊困境。"[1]这里所说的"具体的人的驱策力",指的是涌动于个体深处的那种突破"普遍律令"的原动力,但是现代悲剧往往以概念化、主题化的方式表现"全然具体的人的驱策力与全然抽象的普遍律令"之间的冲突,却不能"把那些涌动于存在深处的、扣人心弦的直观图景呈现为可见的形式"。缺失了浑全直观的原初意象,活泼泼的生存意识(包括悲剧意识)就会被抽空为生存不在场的一般意识,由一般意识所传达的痛苦境遇往往流于外在的表达,最终还只是一种缺乏真正的悲剧意识的苦难意识而已。雅氏在此揭示了启蒙运动以来的现代悲剧所遭际的特殊困境,这一困境迄今仍是一个值得深思的问题。

其二,"在历史上更迭嬗递的各种生活方式之间展开的斗争"。有一种综合性的历史哲学对此给出了解释:"综合性的历史哲学应该把人的状况的变迁解释成一种赋有意义的连续体,这种连续体就是各种生活方式嬗递展开的历史;在每一个时代,这些生活方式都对普遍的处境以及占主导地位的行为模式、思想模式做出了说明。它们并不是猝然间彼此取代的。

---

[1] Karl Jaspers, *Tragedy Is Not Enough*, translated by Reiche, Moore and Deutsch, Boston: Beacon Press, 1969, p.48.

当新的生活方式逐渐展开自身之际,旧的生活方式仍还存在着。面对尚未耗散殆尽的旧生活方式的持久力与内聚力,新的生活方式的有力突破在开始的时候注定会失败。过渡阶段是一个悲剧地带。"[1]这里所说的"生活方式"(ways of life),指的是个体在特定的历史时期所选择过的世界秩序,这种世界秩序就其产生的历史时代而言是有其正当性的。然而问题在于,个体向着终极目标的奔赴是一个永无息止的过程,他不会满足于任何一种定在的世界秩序。这样一来,个体总是在历史之中突破着历史、在世界之中突破着世界。个体的每一次突破,都会带来一种"新的"生活方式,与此同时,之前选择过的那种生活方式随之成为"旧的"并且失去了当初的正当性,然而它在特定的历史时期依然存在着,并不会猝然之间就被取代掉。在新旧生活方式嬗递展开的历史连续体中便出现了一种颇具悲剧意味的冲突:由于旧的生活方式尚具有其"持久力与内聚力",新的生活方式的有力突破在开始的时候尚处于注定失败的劣势地位,二者的此消彼长构成了历史嬗演的进程,其过渡阶段正是新旧生活方式彼此冲突的地带,因而也是一个"悲剧地带"。可以说,这种综合性的历史哲学对新旧生活方式的彼此冲突与更迭嬗递所导致的历史悲剧具有一定的阐释效力,并且这种历史观及悲剧观与黑格尔的观点有相似之处。不过,一旦把问题归结于是否生存在场,我们便可看出雅氏对黑格尔的观点其实是有保留意见的。雅氏对此评述

---

[1] Karl Jaspers, *Tragedy Is Not Enough*, translated by Reiche, Moore and Deutsch, Boston: Beacon Press, 1969, pp.48—49.

道:"依照黑格尔的观点,历史上的伟大英雄就是在这一意味上成为悲剧形象的。他们纯粹而坚决地体现着新的观念,他们在太阳般的光辉中冉冉升起。他们的真正意义一开始并没有受到注意,直到旧有的生活方式感觉到了危险,便聚集起全部力量,以摧毁新事物最杰出的代表的方式来扼杀新事物。无论是苏格拉底还是尤利乌斯·恺撒(Julius Caesar),作为体现新原则的先驱,在胜利的同时也成为两个时代分界处的牺牲者。……新事物随后的突破就不再是悲剧性的了,它将获得成功。柏拉图与奥古斯都·凯撒(Augustus Caesar)均获得了辉煌的胜利;……这种解释标示着一种特定的历史哲学,它开始只是在世界之中思辨那固有的东西是什么,后来却演进到把本质人格归因于事实上无法验证的历史整体,最后则赋予历史图景以魔力般的自我导向。"①黑格尔通过所谓新旧事物的此消彼长、斗争更替给人们描绘了一幅历史无限进步的图景,杰出的个体在新旧交替中的毁灭只不过是历史线性发展链条中的一个环节。在"历史整体"的驱动下,历史图景按照必然的规律自动地"自我导向"着。像苏格拉底这样的"新事物"的先驱注定要毁灭,这是历史进步的客观法则。② 其实,对黑格尔来说,那操纵历史悲剧的幕后导演是理性化了的

---

① Karl Jaspers, *Tragedy Is Not Enough*, translated by Reiche, Moore and Deutsch, Boston: Beacon Press, 1969, pp.49—50.
② 雅斯贝斯从其坚守的"正义的观念"出发,反对以历史的法则来解释苏格拉底之死这一事件。他在《大哲学家》一书中写道:"以在悲剧冲突之中的历史绝对化和审美客观化来解释苏格拉底事件,似乎是完全不合适的。时代精神之巨变,并不表明每一时代都是绝对合理的,并由此产生很

"绝对精神",它借助于人类热情的燃烧与"绝对精神""自己二元化自己,自己乖离自己,但却是为了能够发现自己,为了能够回复自己"[①]的"理性的狡计",使处于世界历史阶段的人类陷于绝对悲剧之中。说到底,这乃是一种以诉诸"思辨"的"理性辩证法"为运思方式的绝对悲剧论。这种绝对悲剧论的一个致命的弱点是,人在世界历史阶段所上演的悲剧只是其演述的"理性辩证法"的一个否定的环节,而且这个环节充其量为证明寡头化、实体化的"绝对精神"自己是自己的自由(而非人自己是自己的自由)提供了一个注脚。对以人的自由为其生存哲学之底蕴的雅斯贝斯来说,黑格尔演述的这套头脚倒置的思辨哲学体系,从一开始就是他自觉批判的对象。进而言之,雅氏正是从黑格尔的思辨哲学体系中抢救出"生存"(把自作主宰、自我超越、自我生成的"权利"由"绝对精神"归还给"生存"),并以其"生存辩证法"扬弃了"理性辩证法"[②],进而提出了一种富有生存论意趣的悲剧思想。

多合理性。如果人是作为人而出现的话,那正义的观念是贯穿许多时代并对所有人类都起作用的。人们所做的一切,会使他们面临比历史观更高的审判。真的和善的,虚伪和卑鄙的,这一切从悲剧性的观点来看,都是没法遮掩住的。"见卡尔·雅斯贝尔斯:《大哲学家》,李雪涛主译,社会科学文献出版社,2005年版,第74页。

① 黑格尔:《哲学史讲演录》(第一卷),贺麟、王太庆译,商务印书馆,1959年版,第28页。
② 关于"生存辩证法"与"理性辩证法"之间的区分,可参见孙秀昌:《生存·密码·超越——祈向超越之维的雅斯贝斯生存美学》,人民出版社,2010年版,第140—147页。

其三,"在人与神之间展开的斗争"。雅氏指出:"斗争是在个人与'强力'、人与魔鬼、人与神祇之间发生的。这些强力难以捉摸。如果人试图把捉或者只是去理解它们,它们就会躲开。它们既在这里,又不在这里。同一个神祇,既是乐善好施的,又是残忍邪恶的。"[1]这里所说的"神"(gods),乃意指一切超现实的力量,如形形色色的"强力"(powers)、"魔鬼"(demons)、"神祇"(the gods)等。这些超现实的力量神秘莫测,并不是人的"一般意识"所能认知的。于是,一般意识遇到了自身的界限,习惯于一般意识的"实存"随之被置于一种"无知"的境况之中:"人对此并不知情。不知不觉间,他恰恰沦为他所要摆脱的那些强力的牺牲品。"[2]人本想摆脱那些强力,却在不知情的境况下沦为那些强力的牺牲品,或者说,人千方百计摆脱那些强力的过程,恰恰成为那些强力显示于人间的过程。人对此百思不得其解,于是陷入灵魂无可告慰的"战栗"与"焦虑"之中。如索福克勒斯的《俄狄浦斯王》,其展示的悲剧冲突便是作为人的杰出代表的俄狄浦斯与"杀父娶母"之神谕的抗争。剧中的"杀父娶母"之神谕,即是一种不可抗拒、难以捉摸的超现实的力量。俄狄浦斯与神谕所喻示的强力抗争的过程,构成了这部悲剧的情节结构。这种情节构思方式在古希腊悲剧中较为多见,雅氏在这里又举了希波吕托斯(Hip-

---

[1] Karl Jaspers, *Tragedy Is Not Enough*, translated by Reiche, Moore and Deutsch, Boston: Beacon Press, 1969, p.50.

[2] Karl Jaspers, *Tragedy Is Not Enough*, translated by Reiche, Moore and Deutsch, Boston: Beacon Press, 1969, p.50.

polytus)反抗阿佛洛狄忒(Aphrodite)的例子："人反抗诸神，就像敬奉阿尔忒弥斯的贞洁青年希波吕托斯反抗阿佛洛狄忒一样。他在与不可征服的力量的战斗中败下阵来。"[1]希波吕托斯是欧里庇得斯的同名悲剧《希波吕托斯》的主人公，他敬奉贞洁女神阿尔忒弥斯(Artemis)，永不对女人产生欲望，因而惹怒了爱欲女神阿佛洛狄忒。阿佛洛狄忒遂激起希波吕托斯的继母菲德拉(Phaedra)对他的罪恶的情欲。遭到希波吕托斯的拒绝与斥责后，菲德拉反而诬告他强暴自己，错误的判决致使希波吕托斯最后丧命。从表面看，该剧展示的是希波吕托斯与其继母菲德拉的冲突；若往深层探察，这冲突则发生在希波吕托斯与爱欲女神阿佛洛狄忒之间；若继续往深层探察，彼此冲突的力量乃是贞洁女神阿尔忒弥斯与爱欲女神阿佛洛狄忒，希波吕托斯与菲德拉不过是两位女神在人世间的代言人而已。当然，若从悲剧主人公希波吕托斯的不幸遭遇看，导致其不幸的直接原因是他惹怒了爱欲女神阿佛洛狄忒，就此而言，不妨说该剧是展示"在人与神之间展开的斗争"的一个例子。

其四，"在诸神之间展开的斗争"。这是古希腊悲剧最震撼人心的冲突方式，也是其最为典型的情节构思方式。雅氏指出："斗争是各种强力之间、诸神自己之间的冲突：在这些可怕的游戏中，人只是众神的抵押品，或者只是他们的道具、工具；不过，人的伟大正在于成为这一媒介的行动。通过这一行

---

[1] Karl Jaspers, *Tragedy Is Not Enough*, translated by Reiche, Moore and Deutsch, Boston: Beacon Press, 1969, p.50.

动,人的灵魂被赋予活力,并变得与那些强力等量齐观了。"①每种神力都是神秘莫测、不可抗拒的,人在被卷进诸神之间展开的斗争的过程中,人只是作为"众神的抵押品"左冲右突、苦苦挣扎乃至于灵魂撕裂;当然,这并不意味着人就微不足道了。人恰恰在"成为这一媒介的行动"中,潜隐于其灵魂深处的活力被激发出来,或者说其自作主宰、自我超越的生存意识被唤发出来,乃至于"变得与那些强力等量齐观了",进而在崩溃与失败之际呈示了人的伟大,这正是此类悲剧的独特魅力之所在。雅氏在这里以三部古希腊悲剧《安提戈涅》(*Antigone*)、《复仇女神》(*Eumenides*)、《普罗米修斯》(*Prometheus*)为例进行了说明:"在索福克勒斯的《安提戈涅》中,有其冥界来源或政界来源的诸神幽隐不显,它们基本上就是这样一些陷于互相争战的力量。但是在埃斯库罗斯的《复仇女神》中,诸神间的争斗就相当明显了,它们处于最显著的前台并决定着人们的需求。在《普罗米修斯》所表现的这类斗争中,人甚至未曾出现在舞台上。"②古希腊悲剧在展现诸神之间的斗争时,各种神力或隐或显,正是这些或隐或显、彼此争斗的神力将人置于难以挣脱的命运之网中;人也正是在抗争命运的过程中体验到了各种极限境遇,进而不懈地追问人生的终极问题并调动全部的生命潜力最终实现了"临界"超越。涵淹于古希腊

---

① Karl Jaspers, *Tragedy Is Not Enough*, translated by Reiche, Moore and Deutsch, Boston: Beacon Press, 1969, p.50.

② Karl Jaspers, *Tragedy Is Not Enough*, translated by Reiche, Moore and Deutsch, Boston: Beacon Press, 1969, pp.50—51.

悲剧中的这种运思智慧,追根究底是始终滋养着古希腊悲剧的神话为其提供的神话思维:"神话思维看到了世界根底处的不和谐,这种不和谐是通过诸神的多样性反映出来的。没有人能够对他们的全体做出公正的评判;在某处对一个神祇的信奉,必定会触犯另外一处的某个神祇;诸神自身之间相互争战,他们在争斗中拿人的命运做赌注。但是,就连诸神也不是无所不能的;阴森森的莫伊拉凌驾于诸神与人之上并行使着她的主宰权。'为什么''由何而来'之类的追问引致诸多回答,不过这些回答要视具体情形而定,并不会提供唯一的答案。"[1]"神话"在雅氏的生存形而上中是解读"超越存在"之消息的第二种"密码",这种密码语言的神韵在于,它以原初直观的方式使"超越存在"的消息在"生存"之间成为可传达的。在古希腊神话的襁褓中成长起来的古希腊悲剧,以生存意识达于自觉的悲剧主人公直面命运女神莫伊拉(Moira)制造的种种极限境遇为契机,通过"为什么""由何而来"之类的终极追问及其引致的诸多回答,终于倾听到了"超越存在"("整全的真理")的消息。就此而言,命运女神的威逼恰恰成为"超越存在"烛照世界的否定的环节。在"超越存在"的烛照下(或者说在命运女神的威逼下),悲剧主人公意识到了"世界根底处的不和谐"("实存"定在于其中的世俗世界是有其界限的)。从表层看,"这种不和谐是通过诸神的多样性反映出来的";若向深层探察,诸神拿人的命运做赌注而进行的相互争斗,说到底

---

[1] Karl Jaspers, *Tragedy Is Not Enough*, translated by Reiche, Moore and Deutsch, Boston: Beacon Press, 1969, pp.33—34.

是"凌驾于诸神与人之上并行使着她的主宰权"的命运女神莫伊拉在背后施展的淫威。进而言之,古希腊悲剧的闷机在于阴森森的命运,其动人心魄的魅力则在于人与命运的抗争。

在上述阐析的基础上,雅氏对悲剧斗争(与冲突)作了总结:"悲剧世界观总是包含斗争的迹象。然而,自在且自为的斗争就是悲剧性的吗?如果不是的话,那么又是什么使斗争成为悲剧性的呢?倘要判定这个问题,我们就必须进一步探究悲剧世界观的其他方面。"[1]在雅氏看来,"斗争"是悲剧性的必要不充分条件;也就是说,大凡悲剧,均须包含斗争,但是仅有斗争并不一定带来悲剧性。就悲剧成其为悲剧而言,除了斗争以及由斗争展开的种种冲突外,仍须探究悲剧世界观的其他各个方面的问题,譬如"胜利与失败"的问题就颇为关键,因而有必要专门作一番阐说。

三、胜利与失败

"斗争与冲突"最终会带来胜利或失败的结局,进而把悲剧情节推向高潮。悲剧情节进至高潮的时刻,正是主人公的生存意识达于自觉的时刻,也正是悲剧英雄直面"实存"意义上的"失败"而反省"罪责"问题进而实现"临界"超越的时刻。悲剧英雄的临界超越,促成了悲剧情节的"发现"与"突转",同时以携带"超越存在"之消息的"密码"语言喻说着一个深刻的

---

[1] Karl Jaspers, *Tragedy Is Not Enough*, translated by Reiche, Moore and Deutsch, Boston: Beacon Press, 1969, p.51.

洞见——"人在失败中的伟大"①。基于这种生存论的悲剧观,雅斯贝斯从三个方面谈论了悲剧事件中的"胜利与失败"问题:一是四种常见的成败观,二是"失败"与"罪",三是"人在失败中的伟大"。

(一)四种常见的成败观

只要有悲剧性的斗争与冲突,就会有所谓的"胜利与失败"(Sieg und Unterliegen/victory and defeat)。不过,并不像"实存"所信从的那种强者胜、弱者败的强力逻辑,雅斯贝斯称说的生存悲剧论秉有自己的成败观。雅氏指出:"在悲剧中,谁或者什么东西取胜了?人与各种强力交相冲突,结局往往使人联想到这样一种有利于胜利者的定论:失败的一方是错误的。然而事实并非如此。"②基于这种考虑,雅氏对四种常见的成败观作了介绍,遗憾的是,他本人并没有予以深入的剖判。笔者依其生存形而上学的韵致所作的解读,想必是契合雅氏悲剧论的本然宗趣的。

第一种观点认为,"胜利并非属于成功者,而是属于受挫中的失败者。在经受失败的痛苦后,失败者赢得了胜利。在真理中,表面上的胜利者却处于劣势;他的成功是短暂而

---

① Karl Jaspers, *Tragedy Is Not Enough*, translated by Reiche, Moore and Deutsch, Boston: Beacon Press, 1969, p.55.
② Karl Jaspers, *Tragedy Is Not Enough*, translated by Reiche, Moore and Deutsch, Boston: Beacon Press, 1969, p.51.

空洞的"①。此种成败观固然能够说明悲剧中的一些表层现象,但从根底处看,其存在的问题是值得反思的:那经受挫败之苦的失败者一旦获胜,作为胜利者他早晚还会注定失败。这种知识化的阐释说到底暗藏着一种失败的逻辑,它事实上并未摆脱"实存"的"一般意识"的羁绊,进而在潜隐着的因果链条的拴缚下,为某种世俗社会学视界下的相对主义世界观张目。

第二种观点认为,"获胜者是普遍性的一方,是世界秩序、道德秩序、普遍的生活法则、永恒的东西——但是对这种普遍性的认可恰恰隐含着相反的意义:普遍性的本质就是表示它必须要粉碎与它相对抗的人类的伟大"②。此种成败观看似有一定的道理,但是问题在于,那所谓获胜的"普遍性"的东西一旦被一元化为某种实体性的"真理",它便排斥伟大的"例外"的价值,而且把"例外"的失败宣称为必然的、注定的。追根究底,这是一种绝对主义的成败观,其致思方式其实仍在"一般意识"的笼罩之下。不管它借了怎样的名义,最终都是试图给某种普遍、封闭而注定了的精神实体(作为"大全"样式之一的"精神",所谓"世界秩序、道德秩序、普遍的生活法则、永恒的东西",均是这类的精神实体)提供理由化的辩护。这类的精神实体一旦取得寡头地位,生存个体敞向虚灵不滞的"整全的

---

① Karl Jaspers, *Tragedy Is Not Enough*, translated by Reiche, Moore and Deutsch, Boston: Beacon Press, 1969, p.51.
② Karl Jaspers, *Tragedy Is Not Enough*, translated by Reiche, Moore and Deutsch, Boston: Beacon Press, 1969, p.51.

真理"的道路就被堵死了,值此之际,"生存"也就因其不再做自由选择、自我超越的本源运动而蜕变为拘囿于某种精神实体的"实存"。丧失"生存意识"的"实存"甘愿受役于某种普遍而强势的观念或秩序,认为那些对抗普遍秩序的伟大人物注定会遭到毁灭与失败,因而会滋生一种自我保存的"一般意识"。如果滑入"实存"的自我保存意识,那么真正的悲剧意识也就随之消失了。

第三种观点认为,"其实并没有任何东西获胜。所有的东西都转而成为可疑的了,英雄如此,普遍性的东西亦是如此。与超越者相较,其他一切都是有限与相对的,因此不管是个别的还是普遍的,例外的还是常规的,都应遭到毁灭性破坏。杰出的人与庄严的秩序均有其自身的限度,越过限度就会走向瓦解。在悲剧中获胜的是超越者——更确切地说,甚至超越者也不曾取胜,因为只有透过整个境遇,它才能感觉到自己的存在。它既不称霸,也不屈从;它只是存在着"①。此种观点看起来最接近于生存形而上学的成败观,其实二者之间仍存在根本的不同。在雅氏那里,"生存""世界""超越存在"三者之间的张力自始存在着,并且他从来没有离开"生存的历史性"与"生存辩证法"来喻说"超越存在"。相较之下,上述那种观点则以某种"存在辩证法"来推演超验的东西,从某种实体化了的信仰出发来贬抑人与世界的价值,这容易滋生某种摇摆于相对主义与绝对主义之间的悲剧本体论。

---

① Karl Jaspers, *Tragedy Is Not Enough*, translated by Reiche, Moore and Deutsch, Boston: Beacon Press, 1969, pp.51—52.

第四种观点认为,"在胜利与失败中,在一次性地解决胜负的过程中,一种新的历史秩序诞生了,眼下轮到它暂时登上舞台了。它的重要意义首先关联于产生它的那种特殊的悲剧知识"①。如果说前三种观点的问题在于它们的生存不在场,那么,这第四种观点虽然已经触及历史性话题,但终因着缺失了虚灵不滞的"一"("超越存在""整全的真理")的烛引而容易陷入历史相对论的泥淖。

雅氏固然没有对上述四种常见的成败观进行评点,不过写在该部分收尾处的一句话无疑是一语中的的:"一位悲剧诗人的高下,就决定于他从胜利与失败中,以及他对这些问题的解决方式中所描绘出来的内容。"②那么,面对事件进程中至为关键的"胜利与失败"问题,悲剧诗人采取怎样的解决方式才有可能产生值得期待的悲剧效果呢?在雅氏看来,能否以本明的生存意识来看待悲剧中的"失败"与"罪",在一定意义上决定着一位悲剧诗人的高下。

(二)"失败"与"罪"

在拘囿于"一般意识"的"实存"看来,悲剧中失败的一方总会犯有这样或那样的错误,否则的话,那些悲剧人物缘何会落于被毁灭的结局呢?然而,雅斯贝斯却不这么认为,他从其

---

① Karl Jaspers, *Tragedy Is Not Enough*, translated by Reiche, Moore and Deutsch, Boston: Beacon Press, 1969, p.52.
② Karl Jaspers, *Tragedy Is Not Enough*, translated by Reiche, Moore and Deutsch, Boston: Beacon Press, 1969, p.52.

祈向超越之维的生存悲剧论出发,将造成悲剧人物失败的根源,由"实存"所计较的对错问题,转换为"生存"所反省的"罪"的问题。雅氏指出:"通过把悲剧性格的命运理解为罪的结果,进而理解为超出罪本身的内在精神活动,悲剧就成为自我意识了。毁灭就是对罪的偿还。"[1]这里的"罪"(Schuld/guilt),从字面上看有"罪过""过失""责任""罪责""内疚"等多重含义,"罪过"与"责任"是它的两层最基本的含义,能够赅括这两层含义的语词当是"罪责"[2]。若从"内在精神活动"("生存"的自我反省活动)的层面看,"罪责"一词兼有"内疚"("良心自责")的意思,具体而言就是生存个体的"罪意识"与"责任意识",在雅氏的生存悲剧论中,二者均属于"生存意识"("自我意识")层面的"悲剧意识"。命运固然造成了悲剧人物的毁灭,但是阴森森的命运同时在逼示着这些杰出的个体立于毁灭的边缘严肃地反省自身的罪责问题。其反省的结果是,大凡自由的选择与行动,都会招致罪愆。对自由选择、自我超越、运命自承的生存个体来说,无论自己的选择与行动是否出于有意,也无论是否出于命运的安排,只要是自己所做的事,他都会对其带来的任何一种后果(包括毁灭)承担起无可推诿的责任。就此而言,"毁灭就是对罪的偿还"。进而言之,生存个体"对罪的偿还"即意味着他对属己的命运的勇毅承担。

---

[1] Karl Jaspers, *Tragedy Is Not Enough*, translated by Reiche, Moore and Deutsch, Boston: Beacon Press, 1969, p.52.

[2] 朱更生译本译为"罪责"。见《卡尔·雅斯贝斯文集》,朱更生译,青海人民出版社,2003年版,第452页。

从本明的"生存"所秉具的"罪意识"与"责任意识"出发，雅氏认为并不是所有的毁灭都具有悲剧意识层面上的意义。他提醒人们："诚然，这世界充满了无辜的毁灭。隐匿着的罪恶暗中搞破坏，并未被人察识；它悄无声息地进行着，并未被人听闻；……每天都有一些毫无防备的生灵在地球上被折磨，被毁灭。……但是，只要灾难还不是对罪的偿还并且尚未关联于生命的意义，这整个令人心碎、可怕的现实就不是悲剧。"①在雅氏看来，"毁灭"本身只是一种灾难，这种可怕的灾难并不具有悲剧意义，正如"罪"本身若还没有被人省察，它也只是一种令人心碎的东西。只有直面被毁灭的临界处境自觉反省罪责问题，毁灭与罪愆才会伴随着"罪意识"与"责任意识"的萌生而"关联于生命的意义"，值此之际，毁灭性的灾难也才会在带来悲剧意识的同时成为"对罪的偿还"。

　　在对怎样的毁灭与罪愆才具有悲剧意义作了提醒后，雅氏从狭义与广义两个方面辨析了罪的问题："罪的问题并不拘囿于个别人的行动与生活。毋宁说，它涉及我们每个人都是其中一分子的人类整体。"②如果说狭义的罪指的是个体之罪，那么广义的罪则意指人类之罪。基于对纳粹暴政犯下的滔天罪行所酿成的人类悲剧的自觉反省，雅氏格外强调人类的集体罪责。所谓人类之罪，即意指个体对其所属的人类集体犯

---

① Karl Jaspers, *Tragedy Is Not Enough*, translated by Reiche, Moore and Deutsch, Boston: Beacon Press, 1969, p.52.
② Karl Jaspers, *Tragedy Is Not Enough*, translated by Reiche, Moore and Deutsch, Boston: Beacon Press, 1969, pp.52—53.

下的罪愆亦当承担责任。只有反省到这个地步,才有可能彻底铲除滋生此类悲剧的土壤,进而避免此类悲剧的再次上演。雅氏认为,若要反省人类的集体罪责,必须廓清如下问题:"我们到哪里去寻觅对所有这种不该受的灾难负责的罪愆呢? 使无辜者受苦受难的强力又在何处呢?"[1]聚焦于上述问题,雅氏从人之为人所应具有的共情力与同罪感的角度给出了一种令人信服的解答:"只要人们清醒地审视这个问题,他们就会产生同罪的想法。所有的人都一同犯罪,一同担责,因为他们有着共同的起源与目标。这方面的一个标志——尽管不能拿来作解释——是我们对下述想法(这种想法对我们有限的理解力来说似乎是荒谬可笑的)感到震惊与困惑:我要对世上所犯下的一切罪负责,除非我已经竭尽所能来阻止它,直至牺牲我的生命。我是有罪的,因为在这种罪愆发生的时候我活着而且还会继续活下去。如此一来,对所发生的一切的同罪感就控制住了每个人。"[2]对生存意识达于自觉的个体而言,人心是彼此相通的,发生在他人身上的罪,也可能发生在自己身上,这就会使自己产生同罪感。更为重要的是,既然自己是人类集体中的一员(与所有以"人"相称的同类"有着共同的起源与目标"),因此"所有的人都一同犯罪,一同担责"。这里的重心与其说是强调"一同犯罪",倒不如说是"一同担责",也就是强

---

[1] Karl Jaspers, *Tragedy Is Not Enough*, translated by Reiche, Moore and Deutsch, Boston: Beacon Press, 1969, p.53.

[2] Karl Jaspers, *Tragedy Is Not Enough*, translated by Reiche, Moore and Deutsch, Boston: Beacon Press, 1969, p.53.

调"我要对世上所犯下的一切罪负责"。一旦有了自觉的责任意识,生存个体就会把人类历史上发生的事情视为与己相关的事件,他就不会像"实存"那样以无动于衷的态度面对世上的罪行,而是以生存在场的态度断然地承担起属己的责任。这样一来,生存个体就会无条件地介入世界与历史事件之中,并义无反顾地阻止一切罪愆的发生,"直至牺牲我的生命"。这里的"我",指的就是具有自我反省意识与责任意识的生存个体。这样的生存个体时时刻提醒自己,"在这种罪愆发生的时候我活着而且还会继续活下去",就说明"我"已退回到"实存"的自我保存意志,要么麻木不仁,漠视罪愆的发生,要么为虎作伥,纵容罪愆的肆虐;总之,"我"没有勇敢地站出来阻止罪行,最后虽然苟活了下来,但已丧失"生存"当负的责任,因而"我是有罪的"。有了这种同罪感,个体就会勉力保持自身的生存意识以及与此相伴生的责任意识,进而对亲在其中的世界与历史事件始终存有一份敬惧之心与主动介入的态度。

基于生存悲剧论的责任意识与介入态度,雅氏进一步指出:"我们必须从广义上就人类实存本身的罪来谈论罪,同时从狭义上就人对任何特定的行为当负的责任来谈论罪。当我们自己的罪并不局限于某一特定的错误行为,而是在更为深刻的意义上立于人类实存的真正本质得到发现时,有罪的观念就真正成为兼容并包的了。"[①]雅氏明确地区分了两种形态的罪:一是"从广义上就人类实存本身的罪来谈论罪",二是

---

① Karl Jaspers, *Tragedy Is Not Enough*, translated by Reiche, Moore and Deutsch, Boston: Beacon Press, 1969, p.53.

"从狭义上就人对任何特定的行为当负的责任来谈论罪"。他之所以作上述区分,并格外强调"人类实存本身的罪"(Schuld des Daseins schlechthin/the guilt of human existense as such),为的是全面地把握有罪的观念,防止片面地把罪局限于个体的某一特定的错误行为,否则的话就无法在"更为深刻的意义"上洞察人类实存的真正本质了。这里所说的"更为深刻的意义",指的就是生存悲剧论的意义。从根底处看,雅氏的悲剧知识正是立足于生存的介入立场与责任意识来反省上述两种形态的罪的。下面,笔者就循着雅氏的运思理路分别进行解析:

其一,"人类实存本身的罪"。雅氏首先指出:"实存是有罪的。从最广泛意义上来讲,罪就等同于实存本身。这种看法早在阿那克西曼德那里就已初露端倪,后来又在不同的意义上被卡尔德隆重新提起,——人的最大的罪莫过于降生于世。"[1]所谓"实存是有罪的",乃意指任何一个被抛入世界之中的"实存"都是有限的,这些有限的实存相互冲突,彼此以对方作为实现自我保存意志的手段,就此而言,"罪就等同于实存本身"。[2] 雅氏

---

[1] Karl Jaspers, *Tragedy Is Not Enough*, translated by Reiche, Moore and Deutsch, Boston: Beacon Press, 1969, p.53.

[2] 雅斯贝斯认为,印度的思想中也存在类似的看法:"这一点也呈现在如下事实中——我的实存恰恰带来了痛苦。印度思想对此有个形象的说法:每一投足,每一呼吸,我都在荼毒生灵。不管我是否行动,仅仅由于我活着,我就侵犯了其他的实存。无论被动还是主动,我都招致了实存之罪。"见 Karl Jaspers, *Tragedy Is Not Enough*, translated by Reiche, Moore and Deutsch, Boston: Beacon Press, 1969, pp.53—54.

的这个判断以遮诠的方式厘定了"实存"的界限,并揭示了挣扎于"命运"之网的"实存"通过彼此的对立与冲突向"生存"生成的否定契机。在西方,古希腊哲学家阿那克西曼德较早指出了这一点,他认为"'无限'(τὸ ἄπειρον)是一切存在物的始基与元素,……从这个始基中产生出一切的天,以及其中所包含的一切世界。万物由之产生的东西,万物又消灭而复归于它,这是命运规定了的。因为万物在时间中的秩序不公正,所以受到惩罚,并且彼此互相补足"①。这里所谓的"存在物"("万物"),即雅氏所说的"实存"。相较于作为存在物之始基的"无限",从这个始基中产生的万物都是有限的,万物之间彼此对立、互相补足,因其"在时间中的秩序不公正"而"受到惩罚",最终又消灭而复归于"无限"。透过看似玄奥的"无限"("始基")→"存在物"("万物在时间中的秩序不公正")→"惩罚"("罪责")→"无限"("始基")的形上之思,我们发现涵淹于其中的人文幽趣,说到底乃意味着古希腊人的有限意识、罪责意识特别是命运意识的发萌,这一形上之思后来被卡尔德隆、尼采等哲人、诗人所赓续,成为滋养西方悲剧意识的文化基因。

在雅氏看来,为命运意识所涵淹的实存之罪主要有两种表现:(1)"一个特定的生命因其出身而获罪"②,这种形态乃是

---

① 北京大学哲学系外国哲学史教研室编译:《古希腊罗马哲学》,生活・读书・新知三联书店,1957年版,第7页。
② Karl Jaspers, *Tragedy Is Not Enough*, translated by Reiche, Moore and Deutsch, Boston: Beacon Press, 1969, p.54.

我们平常所说的"出身即命运"。雅氏就此指出:"确实如此,我既未渴望过这个世界,也未曾希冀我个人能存在于其间。我的罪并非出于我的意愿,而只是因为我自己有这样一个出身。我的血统来自有罪的祖先,这致使我自己也有了罪。"[1]每个人的出身都是个人无法选择的,或者说都是由血统决定的。父母并未征询"我的意愿",就把我抛入这个世界之中。尽管我未曾有意犯罪,但父母(以及祖先)所犯的罪,也便成为我的罪,这是个体不得不面对的命运。雅氏以安提戈涅的悲剧命运为例喻说了这层意趣:"作为俄狄浦斯与其亲生母亲所生下的女儿,安提戈涅生来就触犯了天条律令。她的血统带来的诅咒在她身上作祟。她被排除于合法的血统常规之外,不过正是这一点使她秉具了非凡的深度与人的感情:她对神圣的律令具有最确定无疑、最不可动摇的认识。她死了,因为她比别人更伟大,因为她的非凡事例体现着真理。她心甘情愿地死去。死亡对她来说意味着自我解放;在整个行动的途程中,她始终与她的自我保持着一致。"[2]安提戈涅是索福克勒斯"忒拜三部曲"最后一部的主人公,她生来触犯的天条律令乃是其父俄狄浦斯所犯的"杀父娶母"罪。由于乱伦,命运女神不仅对俄狄浦斯进行了惩罚,而且对他的女儿安提戈涅进行了诅咒。有意味的是,安提戈涅始终信守着神圣的天条律令,她宁

---

[1] Karl Jaspers, *Tragedy Is Not Enough*, translated by Reiche, Moore and Deutsch, Boston: Beacon Press, 1969, p.54.

[2] Karl Jaspers, *Tragedy Is Not Enough*, translated by Reiche, Moore and Deutsch, Boston: Beacon Press, 1969, p.54.

愿冒着触犯人间法律的危险,也要尽到埋葬哥哥尸体的天伦义务。最后,她固然因其触犯国法而被处以死刑,但是她却维护了天条律令的神圣性与真理性。正因为如此,她的死颇为显豁地呈示了她在失败中的伟大。更为重要的是,她是"心甘情愿地死去"的;进而言之,她是主动选择死亡的,这样一来,趋赴死亡的过程便成为她把"他在的命运"变为"自在的命运"的过程,正是在这个意义上,"死亡对她来说意味着自我解放"。(2)"一种特定的性格之所以有罪,乃是因为他之所是的东西"①。这种形态便是我们平常所说的"性格即命运"。在雅氏看来,"性格本身就是命运的一种形式——只要我将我自身从我自己的性格中分离出来并转而对其加以审视"②。人的性格是其个性的重要标志,但这标识其个性的性格中也含有诸多难以克服的卑劣、狭隘的本性。只要人善于进行自我审视,便会意识到这一点:正是实存天生秉有的这些卑劣、狭隘的本性,使"我"不可避免地犯下罪过并最终导致了属己的命运。雅氏就此指出:"我身上有着多少卑劣的东西,有着何等作恶的欲望,有着多么刚愎自用、顽固不化的骄矜——所有这一切,既不是我自己渴念的,也不是我自己造成的。然而,我对这一切仍旧感到愧疚。这里姑且不论我是否不情愿未曾赎罪就死去,也姑且不论我是否试图通过唤起我存在的更为深刻

---

① Karl Jaspers, *Tragedy Is Not Enough*, translated by Reiche, Moore and Deutsch, Boston: Beacon Press, 1969, p.54.

② Karl Jaspers, *Tragedy Is Not Enough*, translated by Reiche, Moore and Deutsch, Boston: Beacon Press, 1969, p.54.

的根源(这根源可以使我摒弃原来的我,尽管我并不能够成为我所渴望的东西)来超越我的卑劣本性并在这个过程中遭到毁灭,我在此所要强调的是,最终仍是我的罪愆导致了我的命运。"①这里值得注意的是,"我"在此时虽然尚未自觉地唤起我的"生存"根源,但是罪意识的萌生已使我对存在于自己身上的卑劣、狭隘的本性"感到愧疚"。可以说,这种愧疚感已为"实存"向"生存"的转变提供了契机,并使"他在的命运"转变为自我担待意味上的"自在的命运"成为可能。

其二,"人对任何特定的行为当负的责任"。如果说前面的阐论重在针对实存本身来反思人类之罪,那么这一部分则重在结合自由的行动来诠说个体之罪。雅氏就此指出:"行动是有罪的。从狭义上来说,在我自由从事的任何一种独特的行动(从某种意义上来讲,这种行动并不一定发生,而且也可以不同的方式发生)中都可找到罪愆。"②"自由"是"行动"的前提,大凡个体的自由行动,都会招致某种罪愆,但其人文意味却迥然有异。雅氏将"有罪的行动"区分为两种情形:

第一种情形是:"有罪的行动可以从对法则的蔑视中表现出来;它是个人完全出于自己的专断而有意识地对抗普遍性的东西的任意行为。它既是应受谴责的无知所带来的后果,也是半清醒地调换与隐蔽动机所带来的后果。这种肆意而为

---

① Karl Jaspers, *Tragedy Is Not Enough*, translated by Reiche, Moore and Deutsch, Boston: Beacon Press, 1969, pp.54—55.

② Karl Jaspers, *Tragedy Is Not Enough*, translated by Reiche, Moore and Deutsch, Boston: Beacon Press, 1969, p.55.

的任性所涉及的,除了卑鄙与邪恶的苦痛外,别无他物。"①个体因蔑视普遍性的法则而获罪,这是悲剧冲突的表现形式之一,从个体的失败中可以将自由的行动本身肯定下来。然而需要注意的是,自由的行动并不等于"肆意而为"。"肆意而为"乃是"个人完全出于自己的专断而有意识地对抗普遍性的东西的任意行为"。这里的"个人"指的是实存层面的人,他因其"无知"或受到一己之偏私的怂恿而采取盲目的行动,这种盲目的行动虽然同样具有自由的外观,但却没有本明的生存及其自由选择所秉具的良知自省与责任意识。因此,拘囿于肆意而为的任性的个人,其对抗普遍性的东西的任意行为"除了卑鄙与邪恶的苦痛外,别无他物",他所招致的失败与惩罚可以说是罪有应得,并不像生存层面的悲剧主人公那样能够以其遭遇的毁灭唤起人的同情之心。

与第一种情形不同,第二种情形是为悲剧知识所辨识的"有罪的行动":"当悲剧知识辨识出行动有罪时,情形就有所不同了。虽然出于自由这一根基,但是诚实而合于道德必要性的行动也会遭遇失败。人不可能通过正当而诚实的行动来逃脱自己的罪愆:罪本身似乎在平白无故的情况下就招致了。人将罪责负荷在自己身上。他并不试图逃避罪责。他持守着自己的罪,倒不是出于个性的顽强,而恰恰出于这样一个真

---

① Karl Jaspers, *Tragedy Is Not Enough*, translated by Reiche, Moore and Deutsch, Boston: Beacon Press, 1969, p.55.

理——他注定要在必不可免的献身中遭遇失败。"[1]悲剧知识所辨识的"有罪的行动"同样根基于"自由",不过这契接生存之根的自由不再是肆意而为的任性,而是"诚实而合于道德必要性的行动"。具有悲剧意味的是,这种正当而诚实的行动同样会遭遇失败,譬如索福克勒斯笔下的俄狄浦斯,他想方设法避免"杀父娶母"的厄运,但他采取的每一次正当而诚实的行动却都使自己一步步逼近命运女神布下的陷阱,最终竟犯下了"杀父娶母"的乱伦罪。这种乱伦罪并不是俄狄浦斯有意犯下的,或者说他纯粹是平白无故而招罪。面对命运女神的捉弄,俄狄浦斯的伟大之处在于,只要是自己所做的事,无论自己在选择之时是有意还是无意的,无论在法律上是有罪还是无罪的,无论是否是命运安排的,自己都无条件地承担起理应承担的责任,这既是俄狄浦斯的生存逻辑,也是《俄狄浦斯王》这部恒放异彩的悲剧迄今仍震撼灵魂的谜底所在。

可以说,自由、选择、责任对雅氏所喻说的"生存"来说是三位一体的。"生存"作为雅氏所期许的主体,"自由"固然是其价值底色,但是自由总会关联着"选择"(行动),凡是自由的选择(行动)都会带来一定的后果乃至罪愆,自作主宰的生存个体敢于将后果与罪责负荷在自己身上,哪怕"注定要在必不可免的献身中遭遇失败"。雅氏关联着"失败"问题所阐论的"罪",与其说旨在追究谁之过,倒不如说旨在强调由罪意识带来的责任感,正因为如此,雅氏由其悲剧知识所诠解的"人在

---

[1] Karl Jaspers, *Tragedy Is Not Enough*, translated by Reiche, Moore and Deutsch, Boston: Beacon Press, 1969, p.55.

失败中的伟大"才呈示出一种独特的人文意趣。

(三)"人在失败中的伟大"

雅斯贝斯的学说最终关注的是"人"。他所期待的"人"特指本明的"生存"。"生存"即自由,自由即选择,自由选择同时意味着自我生成与责任自担。生存个体在自我坎陷的本源运动中功过自承地提升着与沉沦着,并在濒于"临界处境"的瞬间遭遇彻底的失败。这失败或许与他的某种过失有关,但过失毕竟不是造成他终极失败的根由。"人非上帝,这是他渺小与走向毁灭的原因。不过,他能把人类的诸种可能性发挥到极致,而且明知这样做会走向毁灭——这乃是人的伟大之处。"① 直面"能把人类的诸种可能性发挥到极致"的"临界处境",人成为自由地仰望"上帝"的存在。越伟大的人越会体验到一种在世生存的受挫感。世界对人的威压越大,那些杰出的个体就越发调动起内蕴于"生存"之中的超越力量与之相对抗;直至那来自世界的威压达至毁灭杰出个体的边缘,那些杰出的个体遂把人类所可能蓄积的潜能全部激发出来,从而在人与世界的巨大张力中升达常人无从企及的高度,几乎可与"唯一的上帝"相比肩。其实,人在"临界处境"那里看到的是实存与世界的界限,这时所毁灭的也只是"世界实存"。对"世界实存"的界限的最后厘定与彻底拆除,恰恰将干净而可靠的"生存"之基呈露出来。本明的生存乃意味着人类自我创造的

---

① Karl Jaspers, *Tragedy Is Not Enough*, translated by Reiche, Moore and Deutsch, Boston: Beacon Press, 1969, pp.55—56.

种种可能性;换言之,这干净而可靠的"生存"之基即是人的无色而透明的自由,它在根底处是超越善恶的。就此而言,"如果不能超越人的赎罪而在人身上见出伟大的品性,那么悲剧知识就不能得到拓展与深化"①。

基于上述看法,雅氏认为我们可以从悲剧中领悟到如下原初知识:"什么使人痛苦和失败,人在面对现实的时候他负荷在自己身上的东西是什么,他是以何种态度或方式牺牲自己的实存的。"②属己的命运及其带来的痛苦与失败(临界处境)是鉴察生命强度的试金石,也成为区分悲剧英雄(生存)与常人(实存)的重要尺度。面对痛苦与失败的考验,悲剧英雄越发调动起属人的种种潜能同命运抗衡,进而把人类的诸种可能性发挥到极致,即便牺牲自己的肉体,他也不会向命运屈服,更不会把属己的责任推诿于处境、推诿于他人。这些悲剧知识并不是通过一般意识来界说的,而是通过悲剧英雄自由选择、自我超越、运命自承的行动呈示出来的:"悲剧英雄——被提升与强化了的人——本身就处于善与恶之中,他在美德中实现自己,又在邪恶中取消自己。在任何情形下,他的实存都被他那用来应付一些真实的或假定的绝对要求的一致性毁坏了。"③悲剧英雄乃是超越实存的生存个体,作为人类的杰出

---

① Karl Jaspers, *Tragedy Is Not Enough*, translated by Reiche, Moore and Deutsch, Boston: Beacon Press, 1969, p.55.

② Karl Jaspers, *Tragedy Is Not Enough*, translated by Reiche, Moore and Deutsch, Boston: Beacon Press, 1969, p.56.

③ Karl Jaspers, *Tragedy Is Not Enough*, translated by Reiche, Moore and Deutsch, Boston: Beacon Press, 1969, p.56.

代表,他不会满足于某种定在的常人状态,而是不断地奔赴某种极致的境地,进而使自己成为"被提升与强化了的人"。富有悲剧意趣的是,这种生存个体的提升与强化始终是在历史与世界之中进行的,这就意味着他并不是臻于完满之境的上帝,因此,他自身就处于善与恶的纠缠之中。就其向善的矢向而言,他不断地"在美德中实现自己",从而超越了自己的实存状态;就其尚存的作恶本能而言,他又不断地"在邪恶中取消自己",从而以自我坎陷的方式摧毁着自己的实存。在上述两种情形下,他都按照"绝对要求"的指令提升与强化着自己:"他的抵抗、顽强与骄傲驱使着他进入'伟大'的罪愆之中。他的忍耐、勇毅及爱把他提升到善的境界。他总是通过在极限境遇下体验生命而逐步成长。诗人看出悲剧英雄身上携带着超越了个别实存的某些东西——强力、道义、个性与充沛的精力。"[1]悲剧英雄的人格魅力在于,他具有超乎常人(实存)的"强力、道义、个性与充沛的精力",这使得他的身上既洋溢着神性的光辉,又焕发出魔性的力量。这种强健有力的个性看似是亦善亦恶的,但从本明的生存之根看则是超越善恶的。雅氏进而指出:"悲剧描绘出超乎善恶的人的伟大。诗人的观点与柏拉图的相似:'你以为那些滔天的大罪与纯粹的邪恶来自懦弱的天性而非来自强健的天性吗?……与此相对,你以为不论是善行还是恶行,懦弱的天性从来都不会成为任何伟大事物的起因吗?'只有从最有天赋的那类人中,才会'既产生

---

[1] Karl Jaspers, *Tragedy Is Not Enough*, translated by Reiche, Moore and Deutsch, Boston: Beacon Press, 1969, p.56.

出对社会与个人造成最大伤害的人,也产生出行最大的善的人来……,而狭隘的天性却从不会对人类或城邦做出任何伟大的事情来'。"①所谓"懦弱的天性"指的是实存层面的个人所秉具的"狭隘的天性";与此相对,"强健的天性"则指的是生存层面的个体所具有的"强力、道义、个性与充沛的精力"。正是这种强健的天性,使得悲剧英雄敢于直面命运的威逼与"极限境遇"的考验,最终把自己成全为超乎善恶的伟大个体。雅氏在这里征引柏拉图《理想国》第6章中的话,其指归便在于强调,正如最大的善不会出自懦弱的天性,最大的恶也不会出自狭隘的天性。

在雅氏看来,悲剧诚然会关涉善恶,但终究不会执泥于善恶,那些悲剧主人公的毁灭在根底处也并非肇源于某种道德意义上的罪愆。雅氏就此指出:"悲剧无意于以道德的眼光来评判一个绝不该有罪的罪人的毁灭是否公正。罪与罚乃是一种浸淹于道德论的狭隘框架。"②值得注意的是,雅氏在这里厘定了道德论在评价悲剧时的界限,但这并不意味着他否定道德本身。应该说,他的这一思想受到了黑格尔的启发,二人的不同之处在于,雅氏所说的道德并没有像黑格尔那样实体化。仅就二人对悲剧的演述方式而言,雅氏是在生存的历史性中来论说悲剧的,他并没有像黑格尔那样试图建立一种绝对悲剧论。

---

① Karl Jaspers, *Tragedy Is Not Enough*, translated by Reiche, Moore and Deutsch, Boston: Beacon Press, 1969, p.56.

② Karl Jaspers, *Tragedy Is Not Enough*, translated by Reiche, Moore and Deutsch, Boston: Beacon Press, 1969, p.78.

第三章　悲剧的主体性

雅斯贝斯在"悲剧的主体性"(Die Subjektivität des Tragischen/The Subjectivity of the Tragic)一章中重点探讨了悲剧与"解救"的问题。悲剧的主体性至少涵括三个维面：诗人的主体性，主人公的主体性，观众（接受者）的主体性。由此，"解救"也是从三个维面相继展开的：诗人首先在"临界处境"中刻骨铭心地体察到某种解救观念，然后以直观的形式把这种观念在主人公身上展露出来，观众再通过与主人公的生存交往赢得属己的解救意识。在雅氏所期许的生存悲剧中，诗人不仅应该而且也做到了与主人公主体性的一致。相较之下，主人公与观众之间的张力则使二者的主体性问题显得较为复杂。既有生存在场的观众，也有心不在焉的观众；前者可以唤起自我的生存意识，进而走上解救之路；后者则以旁观者的姿态，始终停驻于浮游不定的空无之中。

围绕着人如何通过悲剧"解救"赢得自身的主体性，雅氏重点阐说了四个问题：其一，"解救"的概念；其二，悲剧与"解救"；其三，"在悲剧中的解救"与"从悲剧中解救"；其四，悲剧萎缩为"审美冷淡"。鉴于最后一个问题已在绪论部分作过阐说，本章重点对前三个问题一一进行解读。

一、"解救"的概念

"解救"在德文版中写作"Erlösung",英译为"redemption"或"deliverance",汉译为"救赎"或"解脱"。关于"解救"的这两层含义,英译者曾给出过一种解释:"雅斯贝斯的'Erlösung'一词包括'解脱'('deliverance',不需要牺牲)与'救赎'('redemptiom',必须牺牲)两层含义。行文中这些字眼基于语境要求而交替使用。"[①]译者从是否需要牺牲的角度所作的辨析,可以说抓住了区分上述两层含义的关键。

雅斯贝斯颇为看重"解救"观念得以发生的根源与契机,他从生存形而上学的视域对此作了揭示:"人被抛在这个世界上,遭受一切困厄痛苦,面临无可逃避的灾难的威胁,人便急切地寻求解救——或在今世得到救助,或在来世获得拯救,或从当下的痛苦中解放出来,或挣脱一切苦难而得到救赎。"[②]从中可以看出,解救观念根源于人的存在结构——"人被抛在这个世界上"。既然如此,在世生存的个体势必会面临种种灾难的威压与考验,这正是人在遭受形形色色的困厄痛苦之际寻求解救的现实契机。雅氏认为,人的解救有多种形式:从空间维度看,人既可在今世得到"救助"(help),也可在来世得到

---

① Karl Jaspers, *Tragedy Is Not Enough*, translated by Reiche, Moore and Deutsch, Boston: Beacon Press, 1969, p.120.
② Karl Jaspers, *Tragedy Is Not Enough*, translated by Reiche, Moore and Deutsch, Boston: Beacon Press, 1969, p.72.

"拯救"(salvation);从时间维度看,人既可摆脱当下的痛苦得到一时的"解放"(liberation),也可挣脱一切苦难而得到彻底的"救赎"(redemption)。

人在遭受困厄痛苦之际寻求解救诚然是其天性,然而并非每个人都能晓得真正的解救之途。雅氏就此指出:"每个人都与同伴一道,通过在其自身的处境中采取实际的行动而得救。不过,为这种解救活动所不能及的是,自远古以来就有某些个体(特别是被赋予或拥有特殊能力的术士、巫师或祭司),采用唯有他们自己才知晓的方法带来救助。"[①]这里所谈及的"术士、巫师或祭司",他们都不是拘囿于"一般意识"的"世界实存",而是"被赋予或拥有特殊能力"的人,作为人类历史上最早出现的先知与救世者,他们率先觉察到了"苦难的普遍性",进而为世人点示了"整体解救之路"。关于这个具有重大历史意义的事件,雅氏作了如下阐说:"公元前10世纪至公元前1世纪在人类历史上刻下一道深深的分界线。人类的意识开始觉察到苦难的普遍性,并通过先知和救世者寻求解脱(deliverance)与救赎(redemption)之路。这些人以人类的身份面向人本身,提出全面的要求,给所有的人提供帮助。苦难不再只是日常生活的困苦与疾病、衰老与死亡,还意味着人作为人在世界之中所受的根本束缚(由于无知、由于罪愆、由于混乱)。于是,救世者、和平救星与世界秩序缔造者们不再只提供一些局部的、暂时的救助。他们所做的远远不止这些,而

---

① Karl Jaspers, *Tragedy Is Not Enough*, translated by Reiche, Moore and Deutsch, Boston: Beacon Press, 1969, pp.72—73.

是通过这种局部的救助——哪怕没有它——指出整体解救之路。"[1]这里所说的"人类的意识",乃意指超越了"一般意识"的"生存意识"。为生存意识所觉察到的"苦难",其特异之处便在于它的"普遍性";进而言之,这种普遍性的苦难不再是日常处境下的灾厄与困苦,而意味着在世生存的个体所直面的"根本束缚"("临界处境")。与此相应,生存个体所寻求的解救也不再是局部与暂时的救助,而是整体与永恒的"解脱与救赎"。在人类历史上,最早体察到苦难的普遍性并指出整体解救之路的生存个体,就是那些禀具了人类意识的先知、救世者、和平救星与世界秩序缔造者,他们"以人类的身份面向人本身,提出全面的要求,给所有的人提供帮助",进而以其生命在场的解救行动与指点"在人类历史上刻下一道深深的分界线"。

值得注意的是,给人类历史刻下深深分界线的"公元前10世纪至公元前1世纪",与雅氏提出的"轴心时代"(Achsenzeit/Axial Period)大体一致。雅氏在《论历史的起源与目标》一书中指出:"倘若真的存在这样一个世界史的轴心,那么它一定是作为一个对所有的人,包括基督徒在内的通用的事实,在经验上予以发现的。这一轴心必然诞生于'人之存在'的形态——这一最了不起的丰富性之中,自此以后,人才之所以成为人。这一丰富性是以这样的一种方式,即便在经验上不是令人信服以及可以理解的,但也必然由于在经验上的洞识而具有说服力,如此产生一个为所有民族进行历史性自我理解

---

[1] Karl Jaspers, *Tragedy Is Not Enough*, translated by Reiche, Moore and Deutsch, Boston: Beacon Press, 1969, p.73.

的共同框架,这对西方和亚洲乃至所有人都是一样的,并没有某一特定的信仰内涵的尺度。这一世界史的轴心似乎是在公元前500年左右,是在公元前800年到公元前200年产生的精神过程。那里是历史最为深刻的转折点。那时出现了我们今天依然与之生活的人们。这一时代,我们可以简称其为'轴心时代'。"①这里所说的"历史最为深刻的转折点"②,其"转折点"即在于"人之存在"意识的自觉。凭借这种人类意识的自觉,"人才之所以成为人";更重要的是,人类意识自觉的这个时代为各个轴心民族进行历史性的自我理解提供了共同框架,世界史从此获致了它的结构。有意味的是,在这个堪称"历史轴心"的时期,中国、印度和西方都发生了许多非凡的事件,与此同时,这三个相互间并不了解的文化区都涌现出了诸多影响后世的伟大人物。③ 这些伟大的人物,无论是先知,还是哲学家、历史学家、悲剧作家,他们都通过刻骨铭心的"临界"体验意识到了人生的终局问题,进而引导着世人不断地突破历史与世界,最终把充满渴盼的目光投向整体解救之路。雅氏就此指出了这个伟大时代的崭新之处:"在上述所有的三个地区,人们开始意识到其整体的存在、其自身的存在以及其自身的局限。他们感受到了世界的恐怖以及自身的无能为

---

① 卡尔·雅斯贝尔斯:《论历史的起源与目标》,李雪涛译,华东师范大学出版社,2018年版,第7—8页。
② 魏楚雄、俞新天译为"最深刻的历史分界线"。见卡尔·雅斯贝斯:《历史的起源与目标》,魏楚雄、俞新天译,华夏出版社,1989年版,第8页。
③ 参见卡尔·雅斯贝尔斯:《论历史的起源与目标》,李雪涛译,华东师范大学出版社,2018年版,第8页。

力。他们提出了最为根本的问题。在无底深渊面前,他们寻求着解脱和救赎。在意识到自身能力的限度后,他们为自己确立了最为崇高的目标。他们在自我存在的深处以及超越之明晰中,体验到了无限制性。"[1]从中可以看出,"轴心突破"的底蕴在于生存意识(及其临界意识、超越意识、整体解救意识)的突破,亦即作为自由选择、自我超越、运命自承的生存个体,"人们开始意识到其整体的存在,其自身的存在以及其自身的局限",从而使人真正成为人自身。尤为重要的是,"在这个时代产生了我们至今思考的基本范畴,创立了人们至今赖以生存的世界宗教的萌芽,不论从何种意义上来讲,都走出了迈向普遍性的一步"[2]。就此而言,我们迄今仍需要依赖轴心突破期所形成的文化传统而生活。

我们理解了"轴心时代"的底蕴,回头再来看雅氏在《悲剧的超越》中对发生整体解救的这个时代所作的阐说,其人文意趣对我们来说就愈加显豁了。"这种解救包含在通过启示而为人所知的客观事件之中,人因此能够在整体中辨识正确的道路,并在整体中为自己标出正确的路径。"[3]也就是说,发生于"轴心时代"的整体解救并不是某些人一厢情愿的臆想或独断的设定,它就发生在"为人所知的客观事件之中",当然,它

---

[1] 卡尔·雅斯贝尔斯:《论历史的起源与目标》,李雪涛译,华东师范大学出版社,2018年版,第8—9页。

[2] 卡尔·雅斯贝尔斯:《论历史的起源与目标》,李雪涛译,华东师范大学出版社,2018年版,第9页。

[3] Karl Jaspers, *Tragedy Is Not Enough*, translated by Reiche, Moore and Deutsch, Boston: Beacon Press, 1969, p.73.

的历史意义仍需要我们不断地通过生存论意义上的启示(而不是实存论意义上的实证)予以体察、默识与明证。针对如何把握发生于"轴心时代"的整体解救这一世界进程,雅氏以两种不同的方式——"非历史的方式"与"历史的方式"——进行了设想:"世界的进程可以用两种不同的方式进行设想。若以非历史的方式设想,可以把它看成周而复始的循环过程;若以历史的方式设想,便可把它理解成某种独一无二的东西,这种东西以崩溃与重建之类的重大而具有决定性的事件为标记,以持续不断的跨越式启示为特征。"[1]所谓"非历史的方式",指的是宗教式的解救方式,即世界进程是通过一次性的解救行动完成的,此后的历史便是"周而复始的循环过程";所谓"历史的方式",指的是生存论意义上的解救方式,即世界进程是在生存个体一次又一次不可重复且具有决定性意义的崩溃与重建中不断延展的,这个进程"以持续不断的跨越式启示为特征"。在雅氏看来,上述两种方式诚然有所不同,不过二者都体现了世界进程的普遍性、超越性的特征:"在这两种情形中,世界进程都具有全体与超越的特性:它超越了所有特殊的事件,不管这些事件是支配某次循环的普遍规律,还是构成普遍历史的某个非重复性的过程。无论是循环性的还是历史性的,世界进程都超越了其本身,它对其未知背景的自觉体验乃是救赎的基础。正是由于这种体验,所有的不幸与痛苦都得到了理解与克服。个体通过戒律磨砺与禁欲苦修,以及通过

---

[1] Karl Jaspers, *Tragedy Is Not Enough*, translated by Reiche, Moore and Deutsch, Boston: Beacon Press, 1969, p.73.

对其意识的神妙操作而参与了这个过程。他借助于天恩,以及借助于其本性在变形中的再生而得到了提升。"[1]所谓"未知背景",指的是生存所祈向的超越之维。正是借着对超越之维的自觉体验,生存个体意识到了救赎的基础;也正是借着这种体验,轴心时代涌现出的伟大人物纷纷觉察到了不幸与痛苦的人文意义,进而将不幸与痛苦视为整体解救的契机,这样一来,"所有的不幸与痛苦都得到了理解与克服"。

可以说,发萌于轴心时代的"整体解救"观念已经赋有鲜明的形上意味:"解救的内涵总是多于为这种或那种局部的不幸所提供的救助。由于已体验到根本的真实性,人便把痛苦本身与摆脱痛苦作为一个形而上学的过程而予以体验。"[2]恰恰在这个时代的前期,古希腊三大悲剧作家以其原初直观的悲剧艺术加入了人类整体解救之列;也正是在此意趣上,雅氏称他们为伟大的哲学家,因为他们所创制的悲剧已成为探究生存真理的有效手段。

二、悲剧与"解救"

雅斯贝斯是把悲剧作为生存形而上学的一个有机部分予以诠解的,在他看来,真正的悲剧所展呈的痛苦与失败,乃是

---

[1] Karl Jaspers, *Tragedy Is Not Enough*, translated by Reiche, Moore and Deutsch, Boston: Beacon Press, 1969, pp.73—74.

[2] Karl Jaspers, *Tragedy Is Not Enough*, translated by Reiche, Moore and Deutsch, Boston: Beacon Press, 1969, p.74.

生存通过临界体验跃向超越存在进而赢得整体解救的契机。如果失去了形而上的超越之维,那么剩下的就只有无尽的恐怖与悲苦了。雅氏提醒人们:"那类只描述恐怖本身以及残忍、凶杀、阴谋——简言之,一切可怕的事件——的诗,并不会因之而成为悲剧。此乃因为,在悲剧中,英雄理应具有悲剧知识,观众也应该被引导着来分担它,这就是从悲剧中寻求解救进而探问根本的真实性的根源之所在。"①对雅氏来说,以生存在场的态度直面痛苦与失败,借此探问人生的终局问题并寻求彻底的解救,这才是悲剧的底蕴所在。

在雅氏的生存悲剧论中,主人公(悲剧英雄)的受难与解救是他用以喻说悲剧知识之意趣的范例:"悲剧知识是在主人公身上臻于完满的。他不仅遭罹痛苦、溃败与毁灭,而且有意地承受这一切。他不仅知晓自己饱受的痛苦,而且他的灵魂正是在这个过程中被撕裂的。诉诸人在临界境遇下所发生的转变,悲剧向人显示其力量。悲剧英雄就像卡珊德拉那样领悟悲剧气氛。通过质疑,他将自己与命运牵系在一起。他在斗争中逐渐意识到自己所代表的力量,当然这种力量并不就是一切。他体验到自己的罪责,并对其提出了质疑。他追问真理的本质,并完全自觉地践履胜利与失败的意义。"②雅氏在此提及的卡珊德拉(Cassandra)是希腊神话中特洛伊的公主,

---

① Karl Jaspers, *Tragedy Is Not Enough*, translated by Reiche, Moore and Deutsch, Boston: Beacon Press, 1969, p.74.

② Karl Jaspers, *Tragedy Is Not Enough*, translated by Reiche, Moore and Deutsch, Boston: Beacon Press, 1969, p.75.

阿波罗的祭司。她因阿波罗的赐予而禀有预言能力,又因抗拒阿波罗的求爱而受到诅咒,其预言不再被人相信,后来在特洛伊战争后被俘并遭到杀害。像卡珊德拉这样的悲剧英雄始终是生存在场的,他(她)在饱受痛苦和灵魂撕裂的过程中质疑命运,追问真理,最终以其毁灭的结局见证了人在失败中的伟大。

可以说,雅氏是主张观众与悲剧主人公一并生存在场的,然而实际的情形并非完全如此。雅氏就此指出:"这个问题对于实际上正濒临毁灭边缘的悲剧英雄以及对于只是作为一种可能性来体验它的观众来说是不同的。观众只经由证同作用才置身于剧情之中,对那些有可能发生在自己身上的事,他也仿佛感到实际上已经降临到自己头上。因为他在这时已把自己融入人类的更大的自我之中,而这个更大的自我则把他与其他所有的人都统一在一起。我自己就置身于悲剧所描述的人物当中。在痛苦中有人对我说:'这就是你。'同情使人具有人性——同情并不意味着含糊不清的遗憾,而是自己仿佛介入其中的感同身受,因此可以在伟大的悲剧中发现人性的氛围。"[①]这里所说的"毁灭边缘"(the edge of doom),德文版写作"der Grenzsition",即"临界处境"(limit-situation)。英译者对此解释说:"'Grenzsituation'即'临界处境'(limit-situation)。英文中没有真正适当的普遍措辞可以同时表示'limit'('界限')与'limit of our powers'('我们能力的界限')这两层意

---

① Karl Jaspers, *Tragedy Is Not Enough*, translated by Reiche, Moore and Deutsch, Boston: Beacon Press, 1969, pp.74—75.

思。这是身兼心理学家与哲学家的雅斯贝斯的特征,他成功地为康德有节制的'边缘概念'('marginal concept')赋予了新的意味,用来表示人类存在的全部痛苦。"① 在悲剧情境中,主人公(悲剧英雄)濒于毁灭的边缘(临界处境),反省到了自身能力的界限以及亲在其中的世界的界限,进而在跃向超越存在的同时也使自己回归"本真的生存"。相较之下,处于审美静观状态的观众则只是"可能的生存",他既可置身其中转化为本真的生存,也可一直置身其外而陷于审美冷淡。观众若打算由可能的生存转化为本真的生存,他须得唤起属人的同情之心,将悲剧英雄的痛苦视为自身的痛苦,进而"把自己融入人类的更大的自我之中"。然而,这里的问题是,悲剧英雄的痛苦对观众来说"只是作为一种可能性来体验"的,进而言之,观众毕竟不是主人公,他在品赏主人公受难的过程中实际上处于绝对安全的位置,很容易由可能的生存堕落为受自我保存意志所驱动的世界实存。雅氏敏锐地指出:"正源于观众自身事实上是绝对安全的,他的严肃的人类关切易于堕落为对恐怖与残忍的非人乐趣,或者道德上的伪善,或者借着与高贵的英雄的证同,蜕变为与廉价的、虚假的自尊情感相伴生的自我欺骗。"② 雅氏的反省是颇为深刻的。只有高贵的生存才能走进高贵的生存,而对某些生存不在场的观众来说,面对

---

① Karl Jaspers, *Tragedy Is Not Enough*, translated by Reiche, Moore and Deutsch, Boston: Beacon Press, 1969, p.120.

② Karl Jaspers, *Tragedy Is Not Enough*, translated by Reiche, Moore and Deutsch, Boston: Beacon Press, 1969, p.75.

主人公的受难,即便他们不只是在纯然的审美静观中沉迷于恐怖与残忍的赏玩,也会因着自己灵魂的干瘪而在虚假的提升中委顿为道德上的伪善与廉价的自我欺骗。现代以降的多次人间悲剧,均肇源于此。

就处于审美自由状态的观众而言,雅氏既看到了他们由可能的生存向世界实存滑落的可能性,也看到了他们回归本真的生存进而赢得解救的可能性,并对后者寄予了更多的期待:"在观看悲剧时,我们超越了实存的界限,也因此获得了解救。在悲剧知识中寻求解救的努力不再只意味着渴望挣脱不幸与痛苦,而更意味着渴望通过超越悲剧现实而摆脱现实的悲剧结构。但是,在悲剧中的解救与从悲剧中解救迥然不同。要么悲剧继续保持完整,人通过在其中的自我忍受与自我转变而获得自我解救;要么悲剧本身已得到救赎,可以说悲剧已不再存在,它已成为过去。人虽然必得亲历悲剧,但过去是悲剧性的东西,现在已被穿透、扬弃了。不过从根底处说,它还是作为如今已不再是悲剧的现实生活的基础被保存了下来。无论是在悲剧中还是在对悲剧的超越中,人都在不知所措的茫然无知的混乱之后得到了解救。他不再沉陷于黑暗与混乱之中,而是脚踏在由确定的因而令人满意的真实存在构筑的坚固地基上。然而这一真实存在仍是含混不清的,因为人只有经历彻底绝望之后才能得到它。这种绝望依然作为威胁与可能性而继续存在着。"[①]雅氏将悲剧知识中的解救方式区分

---

① Karl Jaspers, *Tragedy Is Not Enough*, translated by Reiche, Moore and Deutsch, Boston: Beacon Press, 1969, pp.75—76.

为两种——"在悲剧中的解救"与"从悲剧中解救",这种区分可以说是别具匠心的,至于由此区分出的两种解救方式各具的意味,容后面再详加解析。这里只想强调,雅氏在谈论悲剧与"解救"问题时的运思理路是耐人寻味的。他首先称说主人公在真正的悲剧中的自我解救,然后诠解观众在直面悲剧主人公的自我撕裂与自我超越时受到灵魂震撼而获得的一种"在悲剧中的解救"。但这些还是不够的,因为人不仅怀有挣脱悲剧性困厄的渴望,更渴望着克服悲剧本身而获得彻底解救。于是,雅氏接着对体现于悲剧主人公身上的"从悲剧中解救"作了阐发,并就此比较了这两种解救方式之间的不同。这里的关键问题在于,雅氏为什么从观众的维面来强调"在悲剧中的解救",而在论说"从悲剧中解救"时再次聚焦于主人公自己?他为什么要把这两类主体——主人公与观众——错落开来谈?这其间究竟内蕴着怎样的人文消息?雅氏本人并没有提出这些问题,当然也没有对此作直接的回答。或许,他认为这些问题对生存形而上学来说根本就不是问题。说到底,雅氏是以浑全而本明的"生存"为辐辏来思考"悲剧的主体性"的。在作为哲学之器官的生存悲剧中,无论是诗人,还是主人公,抑或观众,他们都理应是一个整全的"生存"。整全的"生存"既是诗人,也是主人公,还是一位生存在场的观众。对于雅氏为何要错落开来论说,我们或许可从以下两个方面悟察其中的原委:

其一,充分肯认真正的悲剧在唤醒人的生存意识中的价值,警惕仅仅作为"观众"的人们在某种纯然的静观中陷于生存无承担的"审美冷淡"。雅氏指出:"伟大的诗人是民众的教育家,是他们时代风貌的预言家。他们的观众不仅受到了感动,而且被转变成了真正的自我。"[1]可以说,反对"看客"心态,主张"生存"契入,使接受者在灵魂受到感动的同时成为"真正的自我",这是雅氏毕生持守的哲学立场,这种立场同样涵贯于其涉及艺术问题的著述之中。譬如《什么是教育》一书中的一段话便是上述那段话的翻版:"伟大的诗人就是本民族的教育家和未来伦理的预言家。聆听伟大诗人教诲的人们不仅被他们的作品所打动,而且也将注意力转向了自身,思考起存在的问题来。"[2]雅氏之所以不厌其烦地对此一再加以强调,追根溯源,诉诸生存承担是其生存艺术形而上学的根本立场。在他看来,"重要的是,我不仅观看悲剧并从中获得'审美'熏陶,而且要将自己的内在自我投注其中并由于悲剧对我的直接影响而表现出悲剧的洞察力。假如我认为自己是安全的,假如我把悲剧视为某种漠不关己的东西,或者某种可能拖累我但已被永远摆脱了的东西,那么就失掉了悲剧的全部内涵。于是,我就会从安全港中来观看世界,仿佛已无须在波涛汹涌的大海里为探询我的命运而以全部身心冒险了。我会从堂而皇之的悲剧性解释来看待世界:世界就是如此创设的,以至于世上所有伟大的事物都注定归于毁灭,为的是满足无动于衷的

---

[1] Karl Jaspers, *Tragedy Is Not Enough*, translated by Reiche, Moore and Deutsch, Boston: Beacon Press, 1969, p.87.
[2] 雅斯贝尔斯:《什么是教育》,邹进译,生活·读书·新知三联书店,1991年版,第128页。

旁观者的兴致"[1]。鉴于此,雅氏强调观众应该生存在场,要求观众通过与悲剧主人公的生存交往来获得"在悲剧中的解救",而不能在悲剧之外堕入某种非人性的欣赏或某种虚假的自我提升。

其二,悲剧诚然是惊心动魄的,但生存形而上学的超越之维呼唤着生存要在悲剧中超越悲剧,这其实即是雅氏所谓的"从悲剧中解救"。不过,这绝不能由那些看客式的"实存"来完成,而只能由那些主人公式的"生存"来亲历。在生存个体所亲历的"从悲剧中解救"中,过去曾经是悲剧性的东西,而今"已被穿透、扬弃了",人从此便可"脚踏在由确定的因而令人满意的真实存在构筑的坚固地基上"。当然,"扬弃"并非灭除,依照英译者给出的解释,"'Aufgehoben'即'提升并保留'(lifted up and preserved)的意思,它是黑格尔采用的一个术语,用来描摹对立面消除但在更高阶段的合题中却又得以保留的性状"[2]。对在世生存的个体来说,不仅悲剧性的"失败"作为一段抛不开的经历永远铭刻在他的心灵深处,而且导致其失败的悲剧性的命运作为一道抹不去的现实背景("作为如今已不再是悲剧的现实生活的基础"),依然威胁着他的生存,并为他在世界与历史中持续不断的选择提供着新的可能性。更为重要的是,生存个体在直面某种"临界处境"之际所贞认

---

[1] Karl Jaspers, *Tragedy Is Not Enough*, translated by Reiche, Moore and Deutsch, Boston: Beacon Press, 1969, p.88.

[2] Karl Jaspers, *Tragedy Is Not Enough*, translated by Reiche, Moore and Deutsch, Boston: Beacon Press, 1969, p.120.

的"超越存在"("真实存在")是虚灵不滞("含混不清")的,换言之,它并非某种实体化的信仰,它的获得绝不是一劳永逸的,因而仍需要生存个体持续不断地去探问、去赢取。

三、"在悲剧中的解救"与"从悲剧中解救"

在雅斯贝斯祈向超越之维的生存悲剧论中,不仅不幸与痛苦没有绝对的意义,而且现实的悲剧结构也不是注定了的(而是需要超越的)。鉴于此,雅氏区分了悲剧知识中的两种不同的解救方式——"在悲剧中的解救"与"从悲剧中解救"。

(一)"在悲剧中的解救"

在德文版中,"在悲剧中的解救"写作"Erlösung im Tragischen",英译为"deliverance achieved within the tragic",指的是"悲剧继续保持完整,人通过在其中的自我忍受与自我转变而获得自我解救"[①]。在汉语语境中,目前仍存在多种译法,如"在悲剧中的解救"(吴裕康)、"悲剧性中的救赎"(朱更生)、"悲剧中的解脱"(梁靓)、"悲剧之内的超升"(叶颂姿)、"悲剧中的解脱"(亦春)、"悲剧中的解救"(徐信华)等。笔者在这里采用了吴裕康的译法。

关于"在悲剧中的解救",雅氏首先从观众的维面对其意趣作了阐说:"直面悲剧,观众体验到他自身的解救。从本质

---

① Karl Jaspers, *Tragedy Is Not Enough*, translated by Reiche, Moore and Deutsch, Boston: Beacon Press, 1969, p.76.

上看,他不再受单纯的猎奇心、破坏欲以及对刺激与兴奋的寻求所怂恿。当他面对悲剧时,比所有这一切症候都更为根本的东西征服了他。当观众被唤起,并为他边观看边增长着的洞识所引导,他就会与根本的真实存在相遇,并在其中发现自身道德生活的意义与动力。通过对某种普遍性的东西的亲身体验,一旦悲剧完全吸引住了这个观众,他就肯定获得了解救。"[①]对观众来说,最重要的是介入悲剧情境之中,亲身体验主人公的痛苦、挣扎与突破,这样他就可超越实存状态而实现自身的解救。值此之际,日常状态下受实存的自我保存意志所怂恿的"猎奇心、破坏欲以及对刺激与兴奋的寻求"消失了,他的心灵越来越趋近于主人公的本真生存,并为洋溢于悲剧中的某种"普遍性的东西"(真实性的东西)所吸引。至于吸引观众的这种普遍性的东西究竟是什么,前人对此已作过多种多样的解释,雅氏认为"它们全都是重要的,但是无论是单一的解释还是综合的解释,它们都不足以说明这种扣人心弦的悲剧体验的真实性,这种悲剧体验已洞悉了存在的基本原理"[②]。基于上述看法,雅氏从其生存人学的立场给出了一种解释("潜能说"),进而对此前有代表性的三种说法——黑格尔的"理念说"、尼采的"酒神说"、亚里士多德的"净化说"分别进行了评述。

---

① Karl Jaspers, *Tragedy Is Not Enough*, translated by Reiche, Moore and Deutsch, Boston: Beacon Press, 1969, pp.76—77.

② Karl Jaspers, *Tragedy Is Not Enough*, translated by Reiche, Moore and Deutsch, Boston: Beacon Press, 1969, p.77.

1. 生存人学的"潜能说"

对雅斯贝斯来说,"生存"既是其"生存人学"的价值主体[①],也是一切大全样式的基源,其中蕴蓄着人成其为人的全部潜能,这些潜能在悲剧英雄身上得到了直观的体现。基于此,雅氏强调:"通过观看悲剧英雄的表现,人意识到自己身上的潜能:无论发生什么事,他都能坚持到底。"[②]潜存于人身上的各种能力在日常处境下往往是沉睡着的,特别是那些能够体现人的尊严与伟大的能力,只有在厄运的考验下才会被充分地激发出来:"当一位英雄经受厄运的考验时,他便证明了人的尊严与伟大。人能够成为勇士,能够不为任何变动不居的境遇所摇夺,只要还活着,他就能够重建自己。濒于临界处境之际,他也能够献出自己的生命。"[③]在经受厄运的考验时,悲剧英雄会调动起属人的各种能力与命运相抗衡,特别是在直面"临界处境"之际,他甚至不惜献出自己的生命。

悲剧英雄表现出来的潜能主要有两种:一是"耐力",二是"勇气"。雅氏就此指出:"在全部的意义以及所有的确定性都消失殆尽的情况下,就会有某种东西从人的内心深处萌生出来:与其根本身份保持同一的自我维护能力。这种身份既通

---

① 参见拙文:《"生存":雅斯贝斯"生存人学"的价值主体》,《河北师范大学学报》(哲学社会科学版)2008年第5期。
② Karl Jaspers, *Tragedy Is Not Enough*, translated by Reiche, Moore and Deutsch, Boston: Beacon Press, 1969, p.77.
③ Karl Jaspers, *Tragedy Is Not Enough*, translated by Reiche, Moore and Deutsch, Boston: Beacon Press, 1969, p.77.

过耐力——'我必须在沉默中迎接我的命运'——得以自我维护,也通过活下去的勇气以及敢于在可能性的界限处有尊严地赴死的勇气得以自我维护。"[1]这里所谓的"耐力"(endurance),就其词义而言指的是忍耐力,对悲剧英雄来说就是他默默地迎接并持久地抗衡属己的命运的能力。所谓"勇气"(courage),乃意指悲剧英雄勇敢无畏地直面与抗衡属己的命运的胆识和气魄,哪怕在临界处境下有尊严地死去。在雅氏看来,"勇气"与"耐力"都是人"与其根本身份保持同一的自我维护能力"。这里所说的"根本身份"(essential identity),乃意指人成其为人的根本性征,正是这些性征标示了人的价值与尊严,从而把人与其他物种区分开来。至于哪一种能力更能维护人的价值与尊严,雅氏认为需要结合具体情境予以辨析:"究竟是哪一种能力更合乎情理,并没有任何一种客观的方法将此推断出来。乍看起来,不惜任何代价的生命意志似乎非常富有活力并显得极其坚执顽强。然而,它也可以成为绝对服从的标志——它坚持自己被派定的身份,将这种身份视为理所当然的东西,却没有对此提出怀疑与质问。与此相反,对生命的逃离起初看来可能像是一种胆小害怕的行为。但是,当一个人被迫过着毫无尊严的生活,除了对死亡的恐惧外已没有任何其他东西可以使他眷恋生命,他在这种情况下

---

[1] Karl Jaspers, *Tragedy Is Not Enough*, translated by Reiche, Moore and Deutsch, Boston: Beacon Press, 1969, p.77.

寻求死亡就会成为一种勇敢无畏的举动。"[1]就"不惜任何代价的生命意志"而言,它的坚执顽强的一面看似是一种合乎情理的能力,然而,一旦"成为绝对服从的标志",它就畸变成囿于被派定的身份的实存所惯常的一种习气——顽固不化,缺乏怀疑精神。另一方面,"对生命的逃离"看似是一种怯懦胆小的行为,但是,当一个人为了人的价值与尊严毅然赴死时,这种行为就成为祈向超越之维的生存个体所表现出来的"勇敢无畏的举动"。

雅氏颇为看重悲剧英雄所表现出来的"勇气",因为勇气是这类生存个体用以抗衡命运的根本力量。鉴于此,雅氏对"勇气"的韵致作了进一步的剖析:"究竟什么是勇气呢?它既不是单纯的生命力,也不是单纯挑衅的力量。它只存在于挣脱实存桎梏的自由中,存在于勇猛无畏的灵魂伴随其坚定性与真实性所显示的从容赴死的能力中。勇气是所有的人都共同持守的东西——只要他们是人,哪怕在信仰上有所差异。有些基本的东西在这里显现出来:当悲剧英雄自由地选择了毁灭并使一个自由的人迎向死亡的时候,他就向观众揭示了他们中的每一个人都有可能做的事情。"[2]在雅氏看来,"勇气"的韵致在于"自由",这种能力可以使生存个体挣脱实存的桎梏,当他直面临界处境的考验之际,他又借此焕发出从容赴死

---

[1] Karl Jaspers, *Tragedy Is Not Enough*, translated by Reiche, Moore and Deutsch, Boston: Beacon Press, 1969, pp.77—78.

[2] Karl Jaspers, *Tragedy Is Not Enough*, translated by Reiche, Moore and Deutsch, Boston: Beacon Press, 1969, p.78.

的胆识与气魄。若失去"自由"这一价值底色,"勇气"就会蜕变成一种单纯挑衅的本能冲动。相较之下,悲剧英雄所表现出来的"勇气"则是"所有的人都共同持守的东西",它让生存在场的观众产生了这样一种想法,他们的身上也禀有这种自由地选择毁灭进而赢得自我解救的潜能。

由此可见,在生存人学的视野里,悲剧的扣人心弦之处在于,它可以让观众通过与主人公的生存交往,唤起潜存于自己身上的属人的能力。雅氏就此总结道:"直面悲剧,观众可以预知、辨识或强化他自己的潜能,这些潜能因悲剧知识而清晰地呈现在他的面前。"[1]观众在日常生活中往往意识不到自身的潜能,或者说这些属人的潜能被日常秩序所压抑甚至消磨掉了;当观众直面悲剧时,他们受到主人公的感召,这些潜能便得到了"预知、辨识或强化",使他们足可凭借自身既有的"耐力"与"勇气"不断地超越日常秩序,进而在自己身上实现由"实存"向"生存"的转变。可以说,这正是雅氏基于其生存人学所称说的"悲剧知识"的幽趣所在。

2. 黑格尔的"理念说"

如果说雅斯贝斯由其生存人学所肯认的"普遍性的东西"是"耐力""勇气"等属人的潜能,那么黑格尔由其"理念说"而许诺给人的"普遍性的东西"则是一种"无限的实在":"通过观看有限事物的毁灭,人目睹了无限的实在与真理。存在(Being)是一切背景的背景;每一个特殊的形态都注定要归

---

[1] Karl Jaspers, *Tragedy Is Not Enough*, translated by Reiche, Moore and Deutsch, Boston: Beacon Press, 1969, p.78.

于失败。"①这里所谓的"无限的实在"(作为"一切背景的背景"的"存在"),即相当于黑格尔所说的"绝对理念"(或"绝对精神")。与"无限"且"实在"的"绝对理念"相较,经验世界中出现的所有特殊形态的事物都是"有限"的,因而"都注定要归于失败"。正是在这层意趣上,英雄人物的"失败"与"解救"便成为见证"无限的实在"("绝对理念")的必要环节。尤为重要的是,"英雄和他所赖以生存的理念越庄严伟丽,事件的进程就越富有悲剧性,所解释出的真实性也就越根本"②。悲剧英雄是凭靠某种"理念"而为自己合乎此种"理念"的行为做辩护的,然而这里的问题在于,他所赖以生存的某种"理念"只是"绝对理念的儿子",尚不是"绝对理念"本身;进言之,这种"理念"尽管从"绝对理念"那里获得了某种神圣性(因而也具有某种合理性),但仍不具有"绝对理念"那样的绝对神性(与绝对合理性)。对黑格尔来说,"绝对理念"是自在而自为的,它需要借助"理想的定性"来展开与实现自身。在这个过程中,由"绝对理念"分化成的若干自身统一但却彼此差异的对立面,就是"绝对理念的儿子",也被称为"神性的东西"。正是这些神性的东西及其彼此间的冲突与和解所形成的一系列连贯的"动作"(或"情节")构成了悲剧事件的核心:"各种理想性的旨趣必须互相斗争,这个力量反对那个力量。这些旨趣就是人

---

① Karl Jaspers, *Tragedy Is Not Enough*, translated by Reiche, Moore and Deutsch, Boston: Beacon Press, 1969, p.78.

② Karl Jaspers, *Tragedy Is Not Enough*, translated by Reiche, Moore and Deutsch, Boston: Beacon Press, 1969, p.78.

类心中的有关本质的要求,也就是动作的本身必然的目的;它们是本身有辩护道理的,符合理性的,因此就是心灵性事物的普遍永恒的力量:它们不是绝对神性本身,而是某一绝对理念的儿子。"[1]既然这些"绝对理念的儿子"("神性的东西")并不就是"绝对理念"("绝对神性")本身,那么它们既合理又片面的性征便导致彼此间必然会发生对立与冲突,从而成为促发悲剧事件的内在力量。就此而言,悲剧英雄为自己信守的某种"理念"所做的抗争越决绝("越庄严伟丽"),悲剧冲突就越发剧烈("事件的进程就越富有悲剧性");与此同时,由彼此的冲突所导致的对立双方的片面性与有限性越显豁、越彻底,悲剧冲突最终达于和解之时所肯认的"无限的实在"("绝对理念")就越具有真实性("所解释出的真实性也就越根本")。

黑格尔由其"理念说"所演述的悲剧论,其韵致在于那"无限"且"实在"的"绝对理念"在自作决断而自觉行动的悲剧人物身上定在、分化与实现的过程中所必然引致的那些既各具其合理性又各具其片面性的普遍力量("神性的东西")之间的彼此冲突及其和解。基于这种看法,雅氏对黑格尔悲剧观的韵致作了揭示:"只有在人的伦理实体将自身展现为彼此冲突的力量时,人才会成长到英雄的高度;只是在这时他的罪愆才会降为无罪进而成为其性格的必然结果,也只是在这时他的毁灭才会成为其自我复归过程中的一个环节,在这个过程中他既包纳了过去也救赎了过去。悲剧性的毁灭不再是毫无意

---

[1] 黑格尔:《美学》(第一卷),朱光潜译,商务印书馆,1979年版,第279页。

义的偶发事件,而是成为一种无可挽回的必然性,这恰恰因为绝对者从一开始就已宣告一切事物都是有限的。于是,统摄整个过程的真实存在就变得一目了然了——个体之所以会为这个必然的过程牺牲自己,正是因着他的伟大。当悲剧英雄迎向自己的毁灭时,他自身便与真实存在契合为一。"①分而言之,这段话从三个相互关联的维面揭示了黑格尔悲剧观的韵致:

其一,"只有在人的伦理实体将自身展现为彼此冲突的力量时,人才会成长到英雄的高度"。对黑格尔来说,悲剧固然要表现英雄人物所追求的"伦理实体"(譬如亲属之爱、爱国之心、宗教之感等"神性的东西"),但是"悲剧无意于以道德的眼光来评判一个绝不该有罪的罪人的毁灭是否公正"。悲剧并不试图做出道德评判,其命脉在于那些既各具其合理性又各具其片面性的"神性的东西"(如各种"伦理实体")具体化为人物的性格并由此引致彼此间的对立与冲突。黑格尔就此指出:"一切外化为实际客观存在的概念都要服从个别具体化的原则。根据这个原则,各种伦理力量和各种发出动作的人物性格,无论在内容意蕴上还是个别显现形式上,就得互相区别开来,各不相同。按照戏剧体诗的要求,这些互相区别开来的力量就须显现于活动,追求某一种人类情致所决定的某一具体目的,导致动作情节,从而使自己获得实现。在这个过程中,所涉及的各种力量之间原有的

---

① Karl Jaspers, *Tragedy Is Not Enough*, translated by Reiche, Moore and Deutsch, Boston: Beacon Press, 1969, pp.78—79.

和谐就被否定或消除掉,它们就转到互相对立,互相排斥:从此每一动作在具体情况下都要实现一种目的或性格,而这种目的或性格在所说的前提之下,由于各有独立的定性,就片面孤立化了,这就必然激发对方的对立情致,导致不可避免的冲突。"[①]"神性的东西"自身是抽象的、无形的,为了获得具体的、有形的感性形式,它便依循"个别具体化的原则",在自作决断而自觉行动的悲剧人物的心灵中片面化为彼此对立与冲突的双方。彼此对立与冲突的双方作为两种伦理观念的体现者,就其本身而言都是合理的,但是任何一方都只肯定自身的合理性而将对方视为借以实现自身合理性的否定的力量,这就势必会引起与它对立的激情来反对自己,从而致使双方陷于不可避免的冲突。正是通过这种不可避免的冲突,悲剧人物才会因其坚决捍卫的某种"神性的东西"而把自身提升到英雄的高度。

其二,"悲剧性的毁灭不再是毫无意义的偶发事件,而是成为一种无可挽回的必然性"。悲剧诚然要呈现毁灭性的事件,不过那些偶发的毁灭性事件并不具备悲剧性。悲剧性的毁灭须得满足一个条件,即必须"成为一种无可挽回的必然性"。黑格尔就此指出:"这里基本的悲剧性就在于这种冲突中对立的双方各有它那一方面的辩护理由,而同时每一方拿来作为自己所坚持的那种目的和性格的真正内容的却只能是把同样有辩护理由的对方否定掉或破坏掉。因此,双方

---

① 黑格尔:《美学》(第三卷,下册),朱光潜译,商务印书馆,1981年版,第285—286页。

都在维护伦理理想之中而且就通过实现这种伦理理想而陷入罪过中。"①彼此对立的双方为了维护各自的"伦理理想"而互相伤害着,甚至不惜毁灭对方,就此而言,他们都"陷入罪过中"。然而,悲剧人物的"罪过"并不能被置于"道德论的狭隘框架"下予以审查,因为此时的"罪过"乃是悲剧人物为了实现自己信守的伦理理想而必然付出的代价与必然承受的结果("只是在这时他的罪愆才会降为无罪进而成为其性格的必然结果")。由此可见,由"神性的东西"散殊于悲剧人物的心灵所导致的彼此间各执一端的冲突是必然的而绝非偶然的。对于这种冲突的必然性,黑格尔作了如下强调:"正是这种整体概念('神性的东西''伦理实体'——引者注)本身要求这些不同的力量由抽象概念转化为具体现实和人世间的现象。由于这些因素的性质,个别人物在具体情况下所理解的各有不同。这就必然要导致对立和冲突。"②

其三,"当悲剧英雄迎向自己的毁灭时,他自身便与真实存在契合为一"。这里所谓的"真实存在"("无限的实在"),即相当于黑格尔所说的"绝对理念"。"绝对理念"由普遍的概念分化为若干自身统一但却彼此差异的对立面,这些对立面经由悲剧冲突而最终达于和解。悲剧英雄迎向自我毁灭的时刻,便是悲剧和解达成的时刻,同时也是他"与真实存在契合

---

① 黑格尔:《美学》(第三卷,下册),朱光潜译,商务印书馆,1981年版,第286页。
② 黑格尔:《美学》(第三卷,下册),朱光潜译,商务印书馆,1981年版,第286页。

为一"的时刻。值此之际,悲剧冲突所导致的和解内在地凸显了"绝对理念"("真实存在")的永恒正义性:"通过这种冲突,永恒的正义利用悲剧的人物及其目的来显示出他们的个别特殊性(片面性)破坏了伦理的实体和统一的平静状态;随着这种个别特殊性的毁灭,永恒正义就把伦理的实体和统一恢复过来了。"[1]这里所谓"永恒正义",指的就是终极和谐的"绝对理念",而"伦理的实体",指的则是"绝对理念的儿子",亦即所谓"神性的东西"。这些片面化于悲剧人物心灵中的神性的东西之间经由必然的冲突而达于和解,这种和解说到底是永恒正义的绝对理念通过冲突双方最终归于毁灭的悲剧结局进而扬弃各自的片面性来实现的。黑格尔就此指出:"悲剧人物所定下的目标,单就它本身来看,尽管是有理可说的,但是他们要达到这种目标,却只能通过起损害作用的片面性引起矛盾的悲剧方式。因为真正实体性的因素的实现并不能靠一些片面的特殊目的之间的斗争(尽管这种斗争在世界现实生活和人类行动中可以找到重要的理由),而是要靠和解,在这种和解中,不同的具体目的和人物在没有破坏和对立的情况中和谐地发挥作用。所以在悲剧结局中遭到否定的只是片面的特殊因素,因为这些片面性的特殊因素不能配合上述和谐,在它们的活动的悲剧过程中不能抛开自己和自己的意图,结果只有两种,或是完全遭到毁灭,或是在实现目的过程中(假如

---

[1] 黑格尔:《美学》(第三卷,下册),朱光潜译,商务印书馆,1981年版,第287页。

它可实现),至少要被迫退让罢休。"①黑格尔诚然在这里列出了两种可能的悲剧结局,不过他至为属意的那些悲剧则只有一种可能,那就是冲突双方"完全遭到毁灭"。这乃因为,只有在"完全遭到毁灭"的过程中,那冲突双方各自的片面性才能够被扬弃掉,那终极和谐的"绝对理念"也才能够借助扬弃冲突双方各自的片面性最终把自身的永恒正义性凸显出来并且肯定下来。

黑格尔通过"绝对理念"自己二元化自己,最终又复归自己的"理性辩证法"演述了一种别具韵致的悲剧论,这种悲剧论固然已成为西方悲剧学说史上最具代表性的理论之一,但是在主张生存人学与"生存辩证法"的雅斯贝斯看来,黑格尔的悲剧论仍有值得商榷之处:"黑格尔率先提出这样一种解释,用它定义悲剧的本质内容。不过,他在这样做的时候已简化了悲剧的要旨,以至于正走在剥夺悲剧的真正意蕴的路上。他所看到的情况确实是存在的,但是这种情况只是在彼此对立的方面——难以和解的各执己见——结成的须臾不可分解的整体中才是有效的。只有在这种语境下进行理解,黑格尔的悲剧概念才不会终止于浅薄的和解与过早的满足。"②追根究底,雅氏与黑格尔在悲剧观上的分歧,乃是二人各自持守的"生存辩证法"与"理性辩证法"之间的分歧。雅氏由"生存"的

---

① 黑格尔:《美学》(第三卷,下册),朱光潜译,商务印书馆,1981年版,第287页。
② Karl Jaspers, *Tragedy Is Not Enough*, translated by Reiche, Moore and Deutsch, Boston: Beacon Press, 1969, p.79.

自我坎陷所喻说的"生存辩证法"是其敞向"整全的真理"("超越存在""一切大全的大全")而不断进行自我超越的过程,这个过程并没有某个实体化的终点,因为"整全的真理"对内蕴着超越矢向的"生存"来说是其趋之弥远的"虚灵之真际",二者之间永远存在着一段难以弥合的距离,也就是说"生存"永远不能"与真实存在契合为一"。这样一来,"生存"在自我坎陷的过程中所引发的悲剧感会因着"难以和解的各执己见"而倍加震撼人心,更不会"终止于浅薄的和解与过早的满足"。相较之下,黑格尔由正—反—合的思辨逻辑所演述的"理性辩证法"则有一个"合"的鹄的,这个鹄的固然在促使悲剧英雄迎向自身的毁灭时引发了一种悲剧感,但也因着他与"真实存在"的"契合为一"而实现了和解,值此之际,斗争与冲突消失了,悲剧也随之成为过去。当黑格尔以其"理性辩证法"来定义悲剧的本质内容时,不仅"简化了悲剧的要旨",而且从一开始就"走在剥夺悲剧的真正意蕴的路上"。更为要害的一点是,雅氏诉诸"生存辩证法"所喻说的悲剧论在根底处肯定了属人的潜能,而黑格尔诉诸"理性辩证法"所演述的悲剧论却把悲剧英雄(伟大的生存个体)降格为"绝对理念"自在自为地进行辩证运动中的一个否定的环节,人在这里尚不是真正的价值主体。

3. 尼采的"酒神说"

尼采由其"酒神说"所阐示的悲剧论是继黑格尔之后西方思想界出现的又一种影响深远的悲剧理论,可惜雅斯贝斯在这里着墨并不多,他仅写了下述一段话:"在目睹悲剧的时候,我们通过悲剧知识引发了尼采所理解的那种狄俄尼索斯式的生命感受。观众发现毁灭本身乃是真实存在的胜利,这种真实存在根深蒂固,天长地久,它永远都不会遭到摧毁:在放纵与毁灭、冒险与厄运中,这种真实存在也就意识到自己至高无上的力量。"①对尼采来说,观众从悲剧知识中所肯认的"普遍性的东西"即是"酒神精神"("权力意志"),这种生生不息的本源生命乃是狄俄尼索斯式的悲剧英雄通过自身的放纵与毁灭所见证的"真实存在"。具体说来,这段话至少透露了如下三层消息:

其一,"在目睹悲剧的时候,我们通过悲剧知识引发了尼采所理解的那种狄俄尼索斯式的生命感受"。这里所谓的"狄俄尼索斯式的生命感受",即意指为悲剧艺术提供了本源力量的"酒神精神"。尼采就此指出:"音乐和悲剧神话同样是一个民族的酒神能力的表现,彼此不可分离。两者都来自日神领域彼岸的一个艺术领域。……在这里,酒神因素比之于日神因素,显示为永恒的本原的艺术力量,归根到底,是它呼唤整个现象世界进入人生。在人生中,必须有一种新的美化的外观,以使生气勃勃的个体化世界执着于生命。"②在尼采看来,尽管悲剧艺术同样离不开日神因素的参与,但是"酒神因素比之于日神因素,显示为永恒的本原的艺术力量"。当然,作为悲剧艺术"永恒的本原"的酒神自身毕竟是无形的,它在悲剧

---

① Karl Jaspers, *Tragedy Is Not Enough*, translated by Reiche, Moore and Deutsch, Boston: Beacon Press, 1969, p.79.
② 尼采:《悲剧的诞生》,周国平译,生活·读书·新知三联书店,1986年版,第107页。

中需要客观化为具体可感的个别化的形象,以便"呼唤整个现象世界进入人生",并以这种"美化的外观"启发人们在人生的舞台上以"生气勃勃的个体化世界执着于生命"。尼采的这些说法,其实已经触及悲剧的生成机制。

其二,"在放纵与毁灭、冒险与厄运中,这种真实存在也就意识到自己至高无上的力量"。这句话已涉及悲剧的生成机制。对尼采来说,悲剧的生成机制就在于"酒神精神"的客观化及由其客观化所形成的个别形象(悲剧英雄)的"放纵与毁灭、冒险与厄运"和由此所唤起的本源生命的回归。在这里,悲剧英雄的"放纵与毁灭、冒险与厄运"恰恰成为喻说"真实存在"("酒神精神")意识到自己至高无上的力量的契机。因此,悲剧须得表现受难与痛苦,这受难与痛苦在舞台上具体展呈为陷入"个别意志"(相对于"酒神意志"而言)之网的悲剧英雄的灾厄与毁灭。在尼采看来,悲剧英雄的灾厄与毁灭说到底乃肇源于那位"亲自经历个体化痛苦"的"真实的酒神"的受难与痛苦。[①] 那位"真实的酒神"只不过是"酒神精神"("权力意志")的一个形象化的说法,它在将自我涌溢的生命冲动个别化于悲剧英雄的同时,自身也便因着陷入"个别意志"之网罗而必然地显现为多种形态。由此,悲剧英雄的受难与痛苦不仅具有了典型性与理想性,而且具有了个体性与必然性。可以说,在尼采所演述的悲剧生成机制中,"真实的酒神"的个体化是悲剧诞生的一个必要的环节,他将其视为一切痛苦的根

[①] 尼采:《悲剧的诞生》,周国平译,生活·读书·新知三联书店,1986年版,第41页。

源和始因。经由这个必要的环节,观众在悲剧英雄的毁灭(个体化的终结)中呼唤酒神("真实存在")的再生。

其三,"观众发现毁灭本身乃是真实存在的胜利,这种真实存在根深蒂固,天长地久,它永远都不会遭到摧毁"。在悲剧里,毁灭的只是英雄人物的个体生命,而作为本源生命的"真实的酒神"("真实存在")则是"永远都不会遭到摧毁"的,观众因意识到这一点而感到欣慰乃至狂喜。这已涉及悲剧的美感功能,其韵致在于,观众通过观看个体生命的毁灭来庆祝本源生命的回归("观众发现毁灭本身乃是真实存在的胜利")。用尼采自己的话来说,即是:"酒神悲剧最直接的效果在于,……每部真正的悲剧都用一种形而上的慰藉来解脱我们:不管现象如何变化,事物基础之中的生命仍是坚不可摧和充满欢乐的。"[1]尼采认为,悲剧之所以能够给人们带来一种"形而上的慰藉",乃是因为人们透过生灭变化着的"现象"看到了寓于事物基础之中的坚不可摧的"生命"。这里所谓坚不可摧的"生命",即意指"真实的酒神"的"永恒生命",尼采也将其称为"隐藏在个体化原理背后的全能的意志"[2]。对于"全能的意志"来说,个体的不断产生又不断毁灭正表现了它生生不息的充沛的生命力。尼采认为,酒神艺术在悲剧主角陷于绝地而唤起的希望与乐趣,也正在于让人们透过世界万象的纷

---

[1] 尼采:《悲剧的诞生》,周国平译,生活·读书·新知三联书店,1986年版,第28页。
[2] 尼采:《悲剧的诞生》,周国平译,生活·读书·新知三联书店,1986年版,第70页。

扰再次确证了"全能的意志"的"不可遏止的生存欲望和生存快乐"。尼采就此写道:"我们在短促的瞬间真的成为原始生灵本身,感觉到它的不可遏止的生存欲望和生存快乐。现在我们觉得,既然无数竞相生存的生命形态如此过剩,世界意志如此过分多产,斗争、痛苦、现象的毁灭就是不可避免的。正当我们仿佛与原始的生存狂喜合为一体,正当我们在酒神陶醉中期待这种喜悦常驻不衰,在同一瞬间,我们会被痛苦的利刺刺中。纵使有恐惧和怜悯之情,我们仍是幸运的生者,不是作为个体,而是众生一体,我们与它的生殖欢乐紧密相连。"①"全能的意志"在这里也被称为"世界意志",它的"如此过分多产"导致了无数生命形态的"如此过剩",如此过剩的生命形态的"竞相生存",又进而导致了不可避免的"斗争、痛苦、现象的毁灭"。这既是悲剧冲突托底的秘密,也是悲剧拯救托底的秘密。直面展现于"短促的瞬间"的悲剧主角的受难,人们既被现象的毁灭刺痛着,同时又为酒神的再生狂喜着。正是在这夹杂着痛感的狂喜中,人们终于超越对个体(现象)的关切而回归"原始生灵本身"("世界意志""权力意志""酒神意志")。我们看到,在尼采这里,"恐惧和怜悯之情"并没有获致它在亚里士多德那里的重要位置,因为"恐惧与怜悯之情"已被回归"原始生灵本身"的狂喜之情冲淡了。

4. 亚里士多德的"净化说"

与尼采不同,亚里士多德关于悲剧的定义中颇为看重悲

---

① 尼采:《悲剧的诞生》,周国平译,生活·读书·新知三联书店,1986年版,第71页。

剧所引起的"恐惧与怜悯"之类的情感净化功能。雅氏就此评说道："按照亚里士多德的看法,悲剧场景可以带来净化效果——一种灵魂的净化。观众对英雄充满了同情,并对自身充满了恐惧。不过,观众在生活中通过体验这些情感又从中解脱出来。他因受到震撼而升腾振举。情感的自由从被纳入秩序的激情中喷涌出来。"[①]尽管雅氏对亚里士多德悲剧观的评说同样仅有篇幅不长的一段话,但我们仍可从中把捉三层重要的消息：

其一,"悲剧场景可以带来净化效果——一种灵魂的净化"。这里首先需要理解"净化"在亚里士多德那里的本然意味。"净化"一词的拉丁文写作"katharsis",英译为"catharsis"。在汉语语境里,"katharsis"主要有两种译法：一种是"净化"(以朱光潜为代表),另一种是"陶冶"(以罗念生为代表)。对亚里士多德来说,"katharsis"("净化"或"陶冶",音译"卡塔西斯")的要义在于"通过音乐或其它艺术,使某种过分强烈的情绪因宣泄而达到平静,因此恢复和保持住心理的健康"[②]。就悲剧而言,它所"净化"的是"恐惧与怜悯"之类的情感,使人在受到强烈的震撼的同时"宣泄"掉这些情感进而达到情感的适中与平静。鉴于此,悲剧场景显然可以带来"一种灵魂的净化",这种净化因而也有助于人的心理健康和美德的形成。

其二,"观众对英雄充满了同情,并对自身充满了恐惧"。

---

① Karl Jaspers, *Tragedy Is Not Enough*, translated by Reiche, Moore and Deutsch, Boston: Beacon Press, 1969, pp.79—80.
② 朱光潜:《西方美学史》(上卷),人民文学出版社,1979年版,第87页。

这里的"同情"意指观众对悲剧英雄的不幸遭际抱以的"怜悯之情"。这种怜悯之情发自人的不忍之心,是人看到英雄落难油然而生的哀怜之情,因而是一种属人的共情能力。"同情使人具有人性——同情并不意味着含糊不清的遗憾,而是自己仿佛介入其中的感同身受:因此,可以在伟大的悲剧中发现人性的氛围。"[1]就此而言,悲剧可以"教导我们真正的人的同情"[2]。至于"恐惧"之情,则是就观众自身的处境而言的。进而言之,观众在观看悲剧的过程中,意识到英雄个体是代人类受难的,他们的不幸遭际同样也会发生在自己身上。尤为重要的是,观众在悲剧英雄的痛苦、抗争与毁灭中看到了属人的"临界处境",他自然会因着领悟到了这一点而感到"恐惧",同时也会因着这种"恐惧"之情而觅寻解救之途。由此可见,无论是怜悯之情,还是恐惧之情,它们都是属人的情感,这些属人的情感非但无害,而且有助于观众认清生命的真相,进而"在生活中通过体验这些情感又从中解脱出来"。

其三,"情感的自由从被纳入秩序的激情中喷涌出来"。这里所谓的"秩序",乃意指"世界秩序"("实存秩序")。在日常生活中,人总是受限于日常处境与世界秩序,因而无从意识到本真的生存及其使命。当人在观看英雄受难之际,他便会受到英雄个体的临界体验的触动,自己也处于升腾振举的情

---

[1] Karl Jaspers, *Tragedy Is Not Enough*, translated by Reiche, Moore and Deutsch, Boston: Beacon Press, 1969, p.75.
[2] 里普斯:《悲剧性》,见《古典文艺理论译丛》(六),人民文学出版社,1963年版,第127页。

感自由状态,并凭靠着情感自由冲破世界秩序的界限,进而为回归本真生存提供了契机。由此可见,雅氏在这里对亚里士多德的"净化说"进行了生存论的解读,认为悲剧可以唤起观众的怜悯与恐惧之情,进而在观众身上实现一种灵魂的净化。这种"净化说",同样肯认了一种真实性的悲剧体验和普遍性的东西,即人所当有的共情能力及其情感自由。

在——阐析上述四种说法的基础上,雅氏最后总结道:"所有这些解释的共同之处是:正如事物在毁灭中碎裂得袒露无遗,我们在悲剧中清楚地体验到根本性的真实存在。在悲剧中,我们超越了痛苦与恐惧,进而趋向本质性的真实存在。"[1]在雅氏看来,悲剧通过展呈毁灭的场景,可以让我们在直面"碎裂得袒露无遗"的绝境("临界处境")之际,"体验到根本性的真实存在"。这里所谓的"根本性的真实存在"(fundamental reality),其实就是个体生存所意识到的"普遍性的东西"。人正是凭借着某种普遍性的东西最终超越了痛苦与恐惧而获得解救。至于这种"普遍性的东西"究竟是什么,前人给出了不同的说法,如黑格尔由其"理念说"所许诺的"绝对理念"("无限的实在"),尼采由其"酒神说"所喻说的"酒神精神"("权力意志"),以及亚里士多德由其"净化说"所推许的"怜悯""恐惧"等属人的共情能力和情感自由,还有生存人学所肯认的"耐力""勇气"等属人的潜能。如果说前两者主要是雅氏关联着生存形而上学的超越之维予以评度的,那么后

---

[1] Karl Jaspers, *Tragedy Is Not Enough*, translated by Reiche, Moore and Deutsch, Boston: Beacon Press, 1969, p.80.

两者则主要是关联着这种形而上学所当有的生存意识（生存意识从一开始就具有超越的维度）进行诠解的。无论是何种"普遍性的东西"，都会带来一种真实性的悲剧体验，我们都可借此获得悲剧中的解救。

（二）"从悲剧中解救"

在德文版中，"从悲剧中解救"写作"Erlösung vom Tragischen"，英译为"deliverance from the tragic"，指的是"悲剧本身已得到救赎，也就是说悲剧已不再存在，它已成为过去"①。在汉语语境中，目前仍存在多种译法，如"从悲剧中解救"（吴裕康）、"摆脱悲剧性"（朱更生）、"源于悲剧的解脱"（梁靓）、"从悲剧超升"（叶颂姿）、"从悲剧解脱"（亦春）、"超越悲剧的解救"（徐信华）等。笔者在这里采用了吴裕康的译法。

关于"从悲剧中解救"，雅斯贝斯首先指出："根本性的真实存在处于更广大的关联之中，当诗人向我们表明可以通过对此有所意识来克服悲剧之际，他就把我们从悲剧中解救出来。悲剧要么与这种真实存在合为一体并与之保持一致，要么就在真实存在面前萎缩成单纯的表象与舞台前景。"②在雅氏的生存形而上学视野里，悲剧发生在"生存"与"世界"、"生存"与"超越存在"（"根本性的真实存在"）所构成的张力场中，

---

① Karl Jaspers, *Tragedy Is Not Enough*, translated by Reiche, Moore and Deutsch, Boston: Beacon Press, 1969, p.76.

② Karl Jaspers, *Tragedy Is Not Enough*, translated by Reiche, Moore and Deutsch, Boston: Beacon Press, 1969, p.80.

这种必要的张力场一旦消失,悲剧就不复存在了,人们也就"从悲剧中解救出来"。雅氏提醒人们注意两种情形:第一种是"与这种真实存在合为一体并与之保持一致"。意思是说,悲剧性的过程已属于过去的事情,人在其中的"世界"已完全被"超越存在"所照亮。在这种情形下,人开始靠着哲学信仰以及与此相伴的虔信之心而生活在一种富有神性或理性的秩序里("与这种真实存在合为一体并与之保持一致"),这种情形多呈示于希腊悲剧三部曲中的最后一部以及哲学悲剧中;另一种是"在真实存在面前萎缩成单纯的表象与舞台前景"。意思是说,"真实存在"已不再作为背景而存在,而是直接出现于戏剧舞台的中央。在这种情形下,人靠着某种实体化的宗教信仰而生活,人在其中的世界则被畸变成一种纯粹内在性的绝望与虚无之地,这种情形多呈示于基督教悲剧之中。基于上述看法,雅氏从"希腊悲剧""基督教悲剧""哲学悲剧"三个方面,对"从悲剧中解救"的意趣进行了详审的诠解。

1. 希腊悲剧

大凡谈及西方悲剧,我们都会津津乐道于古希腊三大悲剧作家——埃斯库罗斯、索福克勒斯、欧里庇得斯——创作的那种迄今仍震撼人的灵府的命运悲剧。雅斯贝斯在阐说"从悲剧中解救"时,也是从希腊悲剧谈起的,值得注意的是,他的谈法却与我们通常的理解有所不同。雅氏首先结合埃斯库罗斯的悲剧《复仇女神》作了阐析:"在《复仇女神》中,埃斯库罗斯把事件的悲剧性过程描述为属于过去的东西。通过表现神鬼与阿雷奥帕古斯的贵族议事会制度、复仇女神崇拜所达成的和解,悲剧冲突已使这个城邦国家产生了人类生存的秩序。

继悲剧英雄时代之后的是法律与秩序的时代,在这个时代里,人怀着虔信之心过着生活:他既对自己的城邦承担着义务,又服务于保护城邦的诸神。暗夜中悲剧性的东西为白日之光中的新生活提供了基础。"①《复仇女神》(*Eumenides*)是埃斯库罗斯创作的《俄瑞斯忒斯》三部曲中的最后一部。前两部分别为《阿伽门农》《奠酒人》,描述的是阿伽门农被其妻子克吕泰墨涅斯特拉谋害以及阿伽门农的儿子俄瑞斯忒斯怒杀其母的故事。克吕泰墨涅斯特拉之所以谋害自己的丈夫阿伽门农,说到底是为他们的女儿伊菲革涅亚复仇(阿伽门农出兵特洛亚时曾杀死女儿祭神);俄瑞斯忒斯之所以怒杀其母,说到底是为自己的父亲复仇。可以说,正是复仇女神导演了剧中人物的悲剧命运。到了第三部《复仇女神》,悲剧性的事件已成为过去,悲剧英雄的时代也随之结束了。俄瑞斯忒斯接受雅典法庭的审判,在智慧女神雅典娜的主张下,法庭最终宣判他无罪。悲剧性的冲突终于达于和解并产生了"人类生存的秩序",人终于迎来一个"法律与秩序的时代"。如果说此前动荡不安的悲剧性事件喻说的是"暗夜中悲剧性的东西",那么此时这个有虔信、有义务、有秩序的生活图景就意味着"白日之光中的新生活",而且前者为后者的出现提供了契机与基础。

我们通常只关注埃斯库罗斯悲剧三部曲中的前两部,因此格外推重其喻说的那种"暗夜中悲剧性的东西",然而这尚不是其悲剧构思的全貌。雅氏就此提醒道:"《复仇女神》是唯

---

① Karl Jaspers, *Tragedy Is Not Enough*, translated by Reiche, Moore and Deutsch, Boston: Beacon Press, 1969, p.80.

——一部完整保存下来的三部曲中的最后一部。埃斯库罗斯尚存的其他所有戏剧都只有中间部分,因此,它们都缺少很可能构成每出三部曲中结尾部分的最终解决方案。《普罗米修斯》也是一出三部曲中的中间部分,这出三部曲的结尾部分很可能包含着这样一种解答——由神性的悲剧转变为神性的秩序。埃斯库罗斯的悲剧仍为古希腊式的虔诚所支配,并在这一点上达到了清澈透明的完美程度。"①在雅氏看来,埃斯库罗斯的悲剧不仅描述人的困厄、抗争与毁灭的场景("暗夜中悲剧性的东西"),而且描述人获得解救之后的新生活("白日之光中的新生活"),只是这类的描述作为悲剧冲突的最终解决方案往往出现在三部曲中的最后一部,可惜它们却多数没有保存下来,这才导致人们对悲剧解救与和解的情况知之甚少。值得庆幸的是,《复仇女神》作为"唯一一部完整保存下来的三部曲中的最后一部",为我们了解埃斯库罗斯解决悲剧冲突的最终方案提供了可靠的线索。雅氏就此推断,埃斯库罗斯的其他悲剧(如《普罗米修斯》②),其结尾很可能也包含"由神性

---

① Karl Jaspers, *Tragedy Is Not Enough*, translated by Reiche, Moore and Deutsch, Boston: Beacon Press, 1969, pp.80—81.

② 《普罗米修斯》三部曲是埃斯库罗斯的代表作之一,包括《被缚的普罗米修斯》《解放了的普罗米修斯》《偷火的普罗米修斯》,可惜后两部已经佚失。长期以来,人们所熟识的第一部《被缚的普罗米修斯》,描述的是提坦神普罗米修斯由于为人类盗来火种而遭到众神之主宙斯惩罚的故事。这个故事固然属于"暗夜中悲剧性的东西",但是此后的两部则描述了宙斯与普罗米修斯的和解以及雅典人祭拜恩神普罗米修斯的场景,这类的场景显然已属于"白日之光中的新生活"。

的悲剧转变为神性的秩序"之类的解决方案。这类的解决方案虽然并不等同于中国式悲剧的那种"大团圆"的结局,但至少透露出一个重要的消息:埃斯库罗斯的悲剧(乃至希腊悲剧)同样会对解救与和解做出某种构想,其中的原委在于,这位悲剧诗人"仍为古希腊式的虔诚所支配"。

可以说,雅氏的上述论断是颇有见地的。在雅氏看来,只要悲剧诗人尚怀有不灭的信仰,他就会对解救与和解做出某种承诺与构想。雅氏就此对索福克勒斯的悲剧进行了诠解:"索福克勒斯也仍然是个有信仰的人。他的《俄狄浦斯在科罗诺斯》以找到新制度的调和行为结束全剧,在风格上可与埃斯库罗斯相媲美。在人与神、人的行为与神的力量之间始终保持着一种意味深长的关系。英雄们莫名其妙地遭到毁灭(这就是悲剧的主题)——像安提戈涅那样犯下无意识的罪行,或者像俄狄浦斯那样被罪愆所碾碎,值此之际,他们只有服从于神的意志。他们并不是出于认知,而是出于信赖才接受了神的真实,并向神献出了自己的意志与实存。一时的谴责虽然是无法遏止的,但最终都在哀怨中平息下去。"[①]索福克勒斯的《俄狄浦斯在科罗诺斯》(*Oedipus at Colonus*)是其悲剧《俄狄浦斯王》的续集。在《俄狄浦斯王》的结尾处,俄狄浦斯以刺瞎双眼、自我放逐的方式为自己无意中所犯下的"杀父娶母"的罪愆承担了责任。至此,他所遭际的那种灵魂无可告慰的撕裂与失败("暗夜中悲剧性的东西")达到了临界点,正是在这

---

① Karl Jaspers, *Tragedy Is Not Enough*, translated by Reiche, Moore and Deutsch, Boston: Beacon Press, 1969, p.81.

个临界点上,他也迎来了悲剧解救的时刻。我们看到,《俄狄浦斯在科罗诺斯》中的俄狄浦斯虽然仍旧有痛苦,不过这颗深深忏悔着的灵魂已不再有撕裂。他在雅典附近的科罗诺斯流浪,开始了自己"白日之光中的新生活"。他坦然地"服从于神的意志",声称自己是一个受神保护的虔诚之人。全剧以这样一句意味深长的话结尾:"你们停止吧,别再哭了,因为一切都是神的安排。"[①]可以说,这样的结尾与埃斯库罗斯提供的那种悲剧解救的最终方案有其异曲同工之妙。从根底处看,如果说埃斯库罗斯笔下的悲剧冲突与解救主要是置于诸神之间的争执与和解下予以运演的,那么悲剧冲突与解救在索福克勒斯这里则主要表现为人与神、人的行为与神的力量之间的冲突与和解。对依然信仰"神的意志"的索福克勒斯来说,他在措置俄狄浦斯乃至安提戈涅的悲剧命运时,其运思枢机便在于此。

希腊悲剧到了欧里庇得斯这里已开始趋于衰落,至于其中的缘由,雅氏从悲剧解救的角度给出了一种解释:"从悲剧中解救在欧里庇得斯那里就终结了。心灵的冲突,机缘运会的偶发事件,神的干预,这一切都使得悲剧无所附丽。个体被抛回自己的本源。绝望赫然耸现,与此相伴的是对生命的意义与目标的探问。此时此刻,不单是哀怨,就连谴责也出现在前台。转瞬之间,安宁似乎正从祈祷与对神的谛听中涌流出

[①] 索福克勒斯:《俄狄浦斯在科罗诺斯》,罗念生译,见《罗念生全集》(第二卷,埃斯库罗斯悲剧三种、索福克勒斯悲剧四种),上海人民出版社,2007年版,第544页。

来,却又再度失落于怀疑之中。不再有什么解救了。机运女神——机会与命运——取代了诸神的位置。人的有限与孤独变得可怕而明显起来。"[1]欧里庇得斯擅长表现心灵的冲突、机缘运会的偶发事件、神的干预,这是其悲剧的三个鲜明的特点。就"心灵的冲突"而言,主人公被抛回现实世界的舞台,不再相信某种神性的东西,其内心充满了绝望与纠结,即便偶有片刻的安宁,但很快又陷入彻骨的怀疑之中。在绝望与怀疑的咀嚼下,主人公"不再有什么解救了",于是把心中蓄积的哀怨与谴责一股脑地向前台宣泄。可以说,正是这种哀怨与谴责形成了欧里庇得斯式悲剧的气氛与基调。再就"机缘运会的偶发事件"而言,悲剧所表现的不再是必然性的事件,而是充满了偶然与无常。这些偶然与无常的事件说到底只是发生于现实世界的某些机缘运会的现象,为机缘运会所戏弄的人的命运也由此失去了真正震撼人心的力量。这一点其实是就欧里庇得斯式悲剧的冲突及其情节而言的。在他的笔下,人与人的冲突占据舞台中心,人与神之间的那种意味深长的张力却消失了,悲剧情节的发展也不再由具体化于个体身上的某种神性的东西及其彼此间的对抗所推动,因而成为一种"机缘运会的偶发事件"。最后来看"神的干预",这一点是就悲剧解救与和解而言的。悲剧的解救与和解往往出现在一出剧的结尾处,从中可以看出悲剧诗人的世界观及其解决悲剧冲突的最终方案。对欧里庇得斯来说,他喜欢在结尾处请出机运

---

[1] Karl Jaspers, *Tragedy Is Not Enough*, translated by Reiche, Moore and Deutsch, Boston: Beacon Press, 1969, p.81.

女神直接干预悲剧的结局,进而对悲剧人物的归宿做出最后的判决。这里的"机运女神"(Tyche,堤喀神)指的是机会(chance)与命运(fate)的耦合体,其含义已与伊壁鸠鲁所说的那种"不可挽回的必然"之意味的"命运"[①]大不相同。"机运女神"多了一层"机会"的含义,她取代诸神的位置而发出的坏笑也使得人的受难与解救成为一种偶发的事件。人在这种偶发事件中的绝望与怀疑、哀怨与谴责,因失去超越之维的烛引而丧失导向解救的可能性,此时此刻,呈示于舞台之上的只是"人的有限与孤独"。

基于上述看法,雅氏认为欧里庇得斯所擅长表现的心灵的冲突、机缘运会的偶发事件以及神的干预,固然使得这位与索福克勒斯竞争了一生的悲剧诗人的剧作呈现出别一种特色来,但颇为遗憾的是,"这一切都使得悲剧无所附丽"。这里姑且不说机械降神式的蹩脚做法使其剧作不再是原初直观的密码语言从而大大降低了悲剧艺术的魅力与效果,仅从他把人的有限与孤独作为戏剧表现的全部内容看,不仅"从悲剧中解救在欧里庇得斯那里就终结了",而且希腊悲剧在他那里也随之终结了。关于其中的原委,人们可以给出各自的解释,若依雅氏的生存形而上学给出的一种解释,那就是,一旦失去"超越存在"这一维,悲剧就消失了。当然,超越之维在悲剧里必须作为背景而存在,否则的话,悲剧也就消失了。后一种情况,已涉及接下来要阐说的"基督教悲剧"。

[①] 北京大学哲学系外国哲学史教研室编译:《古希腊罗马哲学》,生活·读书·新知三联书店,1957年版,第369页。

2. 基督教悲剧

"基督教悲剧"是一种颇为典型地表现人的内在性的悲剧样态,我们在前面已关联着莎士比亚悲剧与"基督教悲剧"的张力,把这种悲剧样态作为"后悲剧知识"的代表进行了诠解。这里,我们将关联着雅斯贝斯就"从悲剧中解救"所作的相关论述,对"基督教悲剧"的意趣及其局限进行更深入的解析。

雅氏首先指出:"虔信的基督教徒不再承认有真正的悲剧。救赎已经发生过了,并且通过天恩而不断地重现。这种非悲剧的态度把人在尘世间的痛苦与不幸转变成一种世界观,这种世界观可能是彻底悲观厌世的,它把世界看成一个纯粹的试验场所,人在这里必须赢得永恒的拯救。世界作为一个为天意所引导的事件之流而存在。这里的一切都不过是途径与过渡;这里没有任何东西是终极的真实存在。"[①]所谓"救赎已经发生过了",乃意指对基督徒而言,只有降临世间的"上帝"才能救赎人类,而且这种救赎已经通过末日审判一次性地完成了,此后的所谓"救赎",无非是"天恩"的再次重现。就此而言,大凡虔信的基督教徒都不会再承认有真正的悲剧。在雅氏看来,这是一种"非悲剧的态度",这种态度把"世界"看成一个人在其中遭受苦难与惩罚的场所,借此把这个"纯粹的试验场所"里所发生的一切凄苦的事件作为证明人必须蒙受天恩才能获得"永恒的拯救"的一种否定的环节。人在这里已失去自作主宰、自由选择、自我超越的主体地位。对只配作为

---

① Karl Jaspers, *Tragedy Is Not Enough*, translated by Reiche, Moore and Deutsch, Boston: Beacon Press, 1969, p.82.

"途径与过渡"(人不再是自身的目的)而在尘世间为自身的原罪不得不一次又一次地赎罪的人而言,他不再相信世界中还会有某种"终极的真实存在"。雅氏就此认为,"基督教悲剧"所持的上述非悲剧的态度显然"把人在尘世间的痛苦与不幸转变成一种世界观"了,这种世界观将人所罹遭的所有不幸的事件都视为充满痛苦与绝望的"事件之流",因此它是一种"彻底悲观厌世"的世界观。

我们知道,雅氏是从其生存形而上学的哲学立场来谈论悲剧(包括"基督教悲剧")及其解救问题的。在对涵淹于基督教悲剧中的那种非悲剧的态度作了评说后,雅氏进一步指出:"确实,如果把捉到的正是悲剧超越的时刻,那么悲剧的每种形式都会是显而易见的。能够岿然屹立,能够死于虚无之中——这就是'解救',不过这是在悲剧之中并通过悲剧自己的功效而实现的解救。如果只有纯粹的内在性,如果我们无从逃避地被拘囿于我们实存的界限之内,那么即使我们绝不退让并在毁灭中苦苦支撑,也终归是毫无意义的。在如此苦苦支撑我们自己的时候,我们并没有通过引入另一个世界来克服内在性。我们只有而且正是凭借着超越的行动、对最外层的那些边界的认识以及在回顾那些边界的过程中所获取的洞察力而这样做的。只有一种信念——坚信在内在的真实性之外还可领悟到另一种真实性——才能够带来挣脱悲剧的解救。"[1]雅氏的生存形而上学颇为看重超越之维,有了这一形而

---

[1] Karl Jaspers, *Tragedy Is Not Enough*, translated by Reiche, Moore and Deutsch, Boston: Beacon Press, 1969, p.82.

上的超越维度,自作主宰的个体生存(悲剧英雄)才能够在"死于虚无"之际把自己的临界遭遇转换成谛听"超越存在"之消息的密码。雅氏所阐说的生存悲剧,就是这样一种原初直观的密码语言。这种密码语言的关键点至少有两个:其一,它肯定了超越之维,正是凭借着"超越存在"的引导,悲剧英雄才最终获得了解救。就此而言,"只有一种信念——坚信在内在的真实性之外还可领悟到另一种真实性——才能够带来挣脱悲剧的解救",这里所说的有别于"内在的真实性"的"另一种真实性",指的就是生存个体不断地向之趋赴的"超越存在"。其二,它肯定了"生存",正是倚重自作决断、自我超越的精神性向,作为"生存"的直观形象的悲剧英雄才"在悲剧之中并通过悲剧自己的功效"而实现自我解救。进言之,自我超越的生存个体自始就怀有不至于绝望的希望,他在世界中超越世界、在悲剧中超越悲剧的行动因而也是他经由自由的自我坎陷运动而走向自我解救的过程。

雅氏在"生存"与"超越存在"的张力间所阐说的这种悲剧论,对于我们理解人自身的悲剧与解救有其重要的启发意义。尤其值得注意的是,二者之间的张力一旦消失,人就会因着失去超越之维而陷入"纯粹的内在性"之中,人也就由自我超越的"生存"蜕变为定在的"实存",与此同时,人在其中的"世界"也就沦为一个毫无希望可言的人间地狱。雅氏所评说的"基督教悲剧",其全部的问题正在这里。说到底,基督教悲剧是一种陷入"纯粹的内在性"之中的悲剧样态,在这种悲剧样态中,人们始终被拘囿于"实存的界限之内"。作为"实存"的人,人们被欲望、嫉妒灼烧着,同时被争斗、忧烦困扰着;人们苦苦支撑乃至走向毁灭,但其忍受的一切不幸与痛苦"终归是毫无意义的",其中的原委在于,人们"并没有通过引入另一个世界来克服内在性"。如果说基督教悲剧最终仍肯定了某种"意义"的话,那就是"上帝"之于"人"的救赎的意义,但这救赎说到底并不是人的自我解救。雅氏就此指出:"这适用于解释但丁与卡尔德隆的情况。在他们那里,悲剧知识、悲剧困境自身与悲剧英雄主义都发生了根本的变化,因为这些诗人都将它们纳入天意的筹划与天恩的运作之中,这种筹划与运作把人从尘世间的一切巨大的虚无与自我毁灭中拯救出来。"[1]雅氏在谈及悲剧的历史范型时,曾结合拉辛、卡尔德隆的戏剧阐说过基督教悲剧,这里又把但丁的作品归入其中。从根底处看,基督教悲剧所喻说的是"天意的筹划与天恩的运作",而不是人自身的自由选择、自我坎陷与自我解救。在这种悲剧里,人于黑魃魃的尘世间所遭遇的一切巨大的虚无与自我毁灭,只是用以呈示人的原罪与上帝救赎的一种隐喻。就此而言,悲剧知识、悲剧困境与悲剧英雄主义在基督教悲剧这里确实"发生了根本的变化"。

3. 哲学悲剧

雅斯贝斯在阐说"从悲剧中解救"的意趣时,论及一种独具魅力的悲剧形态——"哲学悲剧"(philosophische Tragödie/philosophic tragedy),从中最能见出其生存形而上学的神韵。

---

[1] Karl Jaspers, *Tragedy Is Not Enough*, translated by Reiche, Moore and Deutsch, Boston: Beacon Press, 1969, pp.82—83.

雅氏首先对"哲学悲剧"的意趣作了提示:"哲学精神可以使人从悲剧中解救,不过这类解救必须伸展至悲剧之外。人应该在沉默中忍耐,但这是不够的;而且,人仅仅为迎接他者(Other)的到来做准备或者仅仅在白日梦中把它幻想为一种象征,这也是不够的。毋宁说,悲剧应该借着把这个他者转换为一种真实存在——这种真实存在是因悲剧知识而成为可能的,但并不局限于此——而被克服。"①在雅氏看来,人凭借"哲学精神"本身便可克服悲剧,从而把自己从悲剧中彻底解救出来,他把这种意趣上的悲剧称为"哲学悲剧"。值得注意的是,"这一意趣只有一次呈示于一出戏剧——莱辛的《智者纳旦》——中,这出戏剧由此成为独一无二的"②。鉴于此,雅氏结合莱辛的《智者纳旦》(*Nathan the Wise*)一剧,对哲学悲剧的意趣及其解救问题进行了诠解。

雅氏认为,"《智者纳旦》并不是悲剧。当纳旦在剧的开头出场时,他的悲剧已被留在了过去"③。那么,这位过去的悲剧主人公——纳旦——究竟依凭着什么而在悲剧中克服了悲剧?可以说,纳旦克服悲剧的方式显得格外特别:"悲剧已经被克服了——不是像埃斯库罗斯那样借助于由宙斯主神、狄刻神与众神所辖制的世界的神话直观完成的,不是像卡尔德

---

① Karl Jaspers, *Tragedy Is Not Enough*, translated by Reiche, Moore and Deutsch, Boston: Beacon Press, 1969, p.83.
② Karl Jaspers, *Tragedy Is Not Enough*, translated by Reiche, Moore and Deutsch, Boston: Beacon Press, 1969, p.83.
③ Karl Jaspers, *Tragedy Is Not Enough*, translated by Reiche, Moore and Deutsch, Boston: Beacon Press, 1969, p.84.

隆那样借助于特定的基督教信仰解决的,也不是像印度戏剧中那样借助于一种想当然的真实秩序赋予的——而是借助于人的本真的人性观念实现的。这种观念像永远生长着的东西一样显现着,而没有给定的一成不变的形式。人性的观念并不存在于对一个完美的、完成的世界的沉思中,毋宁说,它只寓托于人们的全面奋斗中。这些人认为,它从人们的内在行动中产生,并在人们的生存交往中得到实现。"①由此看来,纳旦乃是依凭"人的本真的人性观念"来克服悲剧的。这种观念并不来自希腊悲剧那样的对"神"的信仰,因为命运化了的"神"说到底所提示给人类的仍是一种对"世界"的信仰,故而并不能使人得以自救;它也不来自基督教悲剧那样的对"上帝"的信仰,因为实体化了的"上帝"说到底乃是一种喻示着他律的自由的"宗教信仰",它依然不能使人得以自救;应该说,"人的本真的人性观念"乃来自雅氏持守的"哲学信仰",它根源于"生存"的"内在行动",并经由"生存交往"得以实现。

说到底,"哲学信仰"是一种对人的自律的自由的信仰,它的一个根本的理念是:"自由引发自由。"②对人的自律的自由的信仰即意味着对"生存"的信仰,自由选择、自我超越的"生存"即是雅氏所期待的"真正的人"。雅氏就此指出:"至于真正的人,他们绝非某种唯一正确的人性观念的千篇一律的摹

---

① Karl Jaspers, *Tragedy Is Not Enough*, translated by Reiche, Moore and Deutsch, Boston: Beacon Press, 1969, p.84.
② Karl Jaspers, *Tragedy Is Not Enough*, translated by Reiche, Moore and Deutsch, Boston: Beacon Press, 1969, p.85.

本。他们是本质上不同的、独一无二的个体,这些个体化的人物之所以能够彼此相遇,并不是因为他们拥有共同的背景与血统(因为他们包括许多不同的范型,如托钵僧、修道士、圣殿骑士、利甲、萨拉丁、纳旦等),而是因为他们追随着通向真理的同一个方向。"①个体生存之间的交往并非源自某种"唯一正确的人性观念",亦非源自所谓"共同的背景与血统",而是源自他们始终追随着的"通向真理的同一个方向"。这些独一无二的个体都带着各自的纠葛与不幸不断地趋向那个"整全的真理",他们也在自由地趋向真理的途中邂逅相遇。一言以蔽之,他们相遇的机缘在于:"他们所有人的生命都深深地扎根于共同的土壤之中:每一个生命都体现着一种潜在的自由与已经实现了的自由的特殊形象。"②正如伊斯兰文化中的托钵僧、印度文化中的僧侣、欧洲十字军东征时期的圣殿骑士、犹太文化中的利甲(Recha)、穆斯林英雄萨拉丁,纳旦也是一位不能被纳入某一类型的"真正的人"。这位"真正的人"说到底是一个独一无二的"生存",他的苦修行动意味着"生存"的孤独,给人类指点某种整体解救之路即是孤独且富有理性精神的纳旦为自己贞认的天职。纳旦与其他那些"真正的人"只在灵魂深处进行生存交往,并深深扎根于某一"共同土壤",这便是不同的生存个体经由"爱的斗争"而祈向的"超越存在"

---

① Karl Jaspers, *Tragedy Is Not Enough*, translated by Reiche, Moore and Deutsch, Boston: Beacon Press, 1969, p.85.

② Karl Jaspers, *Tragedy Is Not Enough*, translated by Reiche, Moore and Deutsch, Boston: Beacon Press, 1969, p.86.

("整全的真理")。正是在它的烛引下,纳旦最终在悲剧中克服了悲剧。①

可以说,《智者纳旦》为雅氏喻说"哲学悲剧"的意趣提供了一个难得的范本;也可以说,正是他那祈向超越之维的生存哲学给这部伟大的戏剧赋予了别一种意趣,并重新发现了莱辛留下的这部独一无二的悲剧的伟大之处。雅氏以激赏的口吻写道:"看起来莱辛已竭尽全力做了一件几乎不可能做成的事,而且几欲成功了。如欲指责他非诗意的抽象与偏好启蒙运动的观念形态,那只是一种泥守于细节与剧情的素材论而已。对我们的灵魂——而非视觉或智力——来说,看上去最容易的事,实际上也是最难的。此乃因为,如果我们要感受哲学的热情、深邃的悲怆与微笑着的沉静,如果我们要意识到莱辛的戏剧中所涵蕴的本真与独特的东西,我们就必须从灵魂

---

① 当然,纳旦是在经历了种种难堪的境遇与极度的痛苦的考验之后才逐渐走向成熟并最终克服了悲剧的,诚如雅斯贝斯所说:"纳旦的灵魂既敏感又机智。它已找到其自身,并在最可怕的痛苦中成熟起来。"(见 Karl Jaspers, *Tragedy Is Not Enough*, translated by Reiche, Moore and Deutsch, Boston: Beacon Press, 1969, p.84.)事实上,纳旦的灵魂之旅也是莱辛生命历程的真实写照,《智者纳旦》一剧正是莱辛在其一生中最绝望的时期撰就的。雅氏就此指出:"莱辛是在他一生中最绝望的时期写下这部被他称为'戏剧诗'的作品的,当时他正深受妻子与儿子相继去世的打击,此外,与臭名昭著的主教格策(Hauptpastor Goetze)的争执也加重了他的痛苦。"见 Karl Jaspers, *Tragedy Is Not Enough*, translated by Reiche, Moore and Deutsch, Boston: Beacon Press, 1969, p.83.

的深处来予以呼应。"①只有生存才能唤醒生存;只有生存才会向生存敞开并与生存相遇。而且,这是一种富有理性精神的生存。纳旦这位自由选择的个体,最终靠着理性对生存的澄明获得了解救与安顿。雅氏就此指出:"在莱辛的戏剧里,理性清晰可见地活跃于人物的性格之中。正是戏剧的理性气氛——既不是个体的行动与用语,也不是情感与真理——向我们传达了整全的精神。"②"理性气氛"是莱辛作品的基调,也是雅氏通过阐说莱辛的悲剧格外推重的一种气氛。这种理性的气氛与生存不可不有的自由一样,成为雅氏用以克服悲剧的"哲学信仰"的精神质素。

"哲学信仰"给纳旦带来了终局解救,不过,这种解救并不是一种虚假的超越。雅氏在阐说哲学悲剧的最后一段中首先称引了歌德的这样一句话:"在公平了结成为可能的情形下,悲剧就荡然无存了。"③应该说,雅氏是肯认歌德的这一论断的,但他同时强调,任何一种"公平了结"都只有在经历彻底绝望之后才能赢得它,而不能"把这种公平了结设想成一种宇宙的、超越的过程,在这种过程中万事万物都自动地趋向于和谐",否则的话,"我们就是在以幻想欺骗自己。因为在那种情

---

① Karl Jaspers, *Tragedy Is Not Enough*, translated by Reiche, Moore and Deutsch, Boston: Beacon Press, 1969, p.86.
② Karl Jaspers, *Tragedy Is Not Enough*, translated by Reiche, Moore and Deutsch, Boston: Beacon Press, 1969, p.86.
③ 参引自 Karl Jaspers, *Tragedy Is Not Enough*, translated by Reiche, Moore and Deutsch, Boston: Beacon Press, 1969, p.86.

形下,悲剧是被忽略了,而不是被克服了"。① 概言之,"哲学信仰"不是以"自动趋向于和谐"的"幻想"来"忽略"悲剧,而是在"生存"与"世界"、"生存"与"超越存在"的张力中,由"生存"在"世界"中的自我超越与"生存"之间的无条件的"交往"——"爱的斗争"——"克服"了悲剧。这时,那沉重的命运感依然存在,不过,那被"超越存在"所穿透了的命运已不再是注定了的他在的命运,而是人的功过自承的自在的命运。基于上述看法,雅氏就"哲学悲剧"对悲剧的克服问题下了这样一个结论:"我们可以通过这种公平了结来意指人与人之间的生存交往,这一交往源自为人类持久互爱而进行的生存深处的斗争,以及由此而建立的相互联系的纽带。与幻想迥然异趣,这种休戚与共是人的生命所须履行的生存任务。借助于它,人克服了悲剧。只有在此基础上,我们才能毫无自欺地领悟人类克服悲剧的形上意义。"② 应该说,雅氏的这个结论是颇为中肯的。

---

① Karl Jaspers, *Tragedy Is Not Enough*, translated by Reiche, Moore and Deutsch, Boston: Beacon Press, 1969, p.86.

② Karl Jaspers, *Tragedy Is Not Enough*, translated by Reiche, Moore and Deutsch, Boston: Beacon Press, 1969, pp.86—87.

第四章　悲剧诠释

　　雅斯贝斯是肯认范本(经典)为悲剧立法的。在篇幅并不长的 *Tragedy Is Not Enough* 一书中,他浓墨评说了索福克勒斯的《俄狄浦斯王》①、莎士比亚的《哈姆雷特》②、莱辛的《智者纳旦》③,仅这些文字就占去全书正文的五分之一④,从中可见他的良苦用心。在雅氏看来,"作为诗人的作品呈现于我们面前的那些悲剧的意义,不可能被化约成一个单一的公式。此类作品表现了人应对悲剧知识的劳心苦役。情境、事件、社会力量、宗教信仰以及各种类型的性格,都是人用来表达悲剧的手段"⑤。悲剧的意义是丰赡而浑全的,因此雅氏对任何一

---

① 参见 Karl Jaspers, *Tragedy Is Not Enough*, translated by Reiche, Moore and Deutsch, Boston: Beacon Press, 1969, pp.57—61.
② 参见 Karl Jaspers, *Tragedy Is Not Enough*, translated by Reiche, Moore and Deutsch, Boston: Beacon Press, 1969, pp.61—71.
③ 参见 Karl Jaspers, *Tragedy Is Not Enough*, translated by Reiche, Moore and Deutsch, Boston: Beacon Press, 1969, pp.83—87.
④ 若再加上雅斯贝斯对其他悲剧作品所作的阐释,这类的文字就占到四分之一强了。
⑤ Karl Jaspers, *Tragedy Is Not Enough*, translated by Reiche, Moore and Deutsch, Boston: Beacon Press, 1969, p.43.

种试图将其化约成某个单一的公式的做法均持审慎的保留态度。他主张直面悲剧经典,以自己的全部生存解读悲剧诗人化入作品之中的悲剧意识。这,不仅是应该的,而且是可能的。他就此指出:"当悲剧事件在诗中获得形式并得到表达时,我们并不试图给悲剧下定义,而是使完全直接的悲剧事件形象化了。我们的诠释必须牢牢抓住诗人原初直观的内容以及在其作品中已得到表达与阐述的东西。诠释增加了原初直观中所蕴涵或可能蕴涵的意味,不管诗人是否已经明确地思索过这层意味。"[1]悲剧以原初直观的方式传达诗人的悲剧意识,悲剧事件中涵淹着的悲剧意识从根底处看属于生存意识。面对这种独特、浑整的生存意识,那种试图给悲剧下定义的方法是无能为力的,因为下定义的方法所诉诸的是"一般意识",这种主客二分的一般意识无法穷尽蕴涵丰赡的悲剧意义。为了谛解与敞开悲剧的"原初直观中所蕴涵或可能蕴涵的意味",雅氏于是给悲剧诠释附加了一条"秘密条款"——以生存直面生存,此即雅氏格外强调的"生存交往"。

雅氏认为,悲剧诗人将主人公置于毁灭的边缘,进而以直观的形象与话语的形式把蕴涵着人类临界体验的悲剧意识传达出来。哲学家经由自身的体验在这些作品中洞悉着悲剧本身的意蕴,并试图以自身的理解结构对其进行间接地传达与系统地阐发。雅氏就此指出:"在毁灭的边缘,悲剧英雄用行动展示了悲剧性实在的性状。诗人的作品将这种性状当下呈

---

[1] Karl Jaspers, *Tragedy Is Not Enough*, translated by Reiche, Moore and Deutsch, Boston: Beacon Press, 1969, pp.44—45.

现出来,英雄们在对整个存在的悲剧作一般性陈述的过程中又用语言把它表达出来。于是,悲剧知识自身便成为描摹悲剧性实在之性状的基本方式。但是对于世界的悲剧性诠释(一种悲剧的形而上学)的系统展开则是一种智性的结构,这种智性的结构只有在对诗作进行沉思——因而是间接的真实性——的过程中才能得以尝试。"①这里所说的"智性的结构",指的就是诠释悲剧的理解结构。由于哲学家的理解结构不同,他们便形成了诸种"悲剧诠释",譬如"神话的诠释""哲学的诠释"等。这些诠释诚然可以强化悲剧诗人的原初直观并提高原初直观的可理解性,不过雅氏仍一再提醒我们,诠释毕竟是有其界限的,其中的原委在于:"每一首伟大的诗篇都具有诠释不尽的意义,它们充其量为诠释提供了所探寻的方向。大凡全然理性的诠释成为可能之处,诗也便成为赘疣了——事实上,这里从一开始就不存在真正的诗歌创作。"②自觉厘定诠释的界限并不意味着否定诠释的意义。毋宁说,雅氏在此所警惕的是那种削足适履的知识化的做法,进而提醒我们以个我的生存直面化入了诗人全部生存的作品。这是一种生存形而上学的诠释态度,它凸显了悲剧作品所赋有的唤醒生存的意趣。

基于上述考虑,雅氏在"悲剧的基本诠释"一章中重点探

---

① Karl Jaspers, *Tragedy Is Not Enough*, translated by Reiche, Moore and Deutsch, Boston: Beacon Press, 1969, p.90.

② Karl Jaspers, *Tragedy Is Not Enough*, translated by Reiche, Moore and Deutsch, Boston: Beacon Press, 1969, p.43.

讨了三个问题：一是神话的诠释，二是哲学的诠释，三是诠释的界限。下面，我们便依循雅氏的运思理路一一予以探讨。

一、神话的诠释

"神话的诠释"在德文版中写作"Mythische Interpretation"，英译为"mythical interpretation"。雅斯贝斯首先对其意味进行了揭示："神话的诠释意味着根据形象——这些形象被当成了真实的东西——所作的思考。这种诠释在理解古希腊悲剧时占据着主导地位。"①内心建构的"形象"虽然并不存在于现实世界，但在神话的诠释中仍把它们当成真实的东西并在其中进行思考。雅氏认为，神话的诠释最宜于理解古希腊悲剧的意蕴，继而进一步指出："古希腊悲剧将关于神与魔的认识表现为决定性的力量，而这只有在信奉此类神灵的地方才具有意义。这就使古希腊悲剧与我们拉开了一定的距离。"②古希腊悲剧取材于神话，神与神、人与神的冲突往往被诗人表现为悲剧情节的推动力量，悲剧人物的命运与解救也是由某种不可抗拒的神力决定的，这在信奉神灵的希腊人那里自然会产生震撼心灵的效果。现代人尽管不再信奉希腊人的神灵，不过，古希腊悲剧探向神灵的终极追问与回答仍能够超越时

---

① Karl Jaspers, *Tragedy Is Not Enough*, translated by Reiche, Moore and Deutsch, Boston: Beacon Press, 1969, pp.90—91.
② Karl Jaspers, *Tragedy Is Not Enough*, translated by Reiche, Moore and Deutsch, Boston: Beacon Press, 1969, p.91.

空而与我们的生存关切息息相通。因此,"我们依然能够理解蕴涵于古代悲剧形式中的那些曾发挥过作用的要旨。那些呈示于古希腊悲剧作品具体形象中的高度严肃的思想、追问与回答,至今仍焕发着一种无与伦比的魅力"①。我们的时代精神处境固然已与希腊人有了明显的不同,然而我们今天遇到的所有根本性的问题,其实希腊的悲剧诗人都已经提出来了,这正是我们迄今仍能够与这些诗人进行生存交往并从他们的作品中感受到一种无与伦比的魅力的原委所在。

与古希腊悲剧相较,莎士比亚的悲剧则直接在世俗舞台上展示人性的广度与深度,因此对我们来说要显得更为亲近,其境遇与我们也更为接近。"多亏有这种接近,莎士比亚才能够站在世俗舞台上讲述,并且可以用象征性的密码,而不是用体现信仰内容的具体形象来传达。"②雅氏认为,在莎士比亚的悲剧里没有复仇女神、阿波罗神和宙斯神,而代之以巫婆、精灵与童话的魔力;没有普罗米修斯,而代之以普罗斯帕罗和爱丽儿。如果说出现于古希腊悲剧中的复仇女神、阿波罗神、宙斯神、普罗米修斯等形象仍然是"体现信仰内容的具体形象",那么莎士比亚塑造的巫婆、精灵、普罗斯帕罗、爱丽儿等形象已然是"象征性的密码"。进言之,莎士比亚所展示的是"人的悲剧",在这种属人的悲剧里"没有发现充作戏剧演出框架的

---

① Karl Jaspers, *Tragedy Is Not Enough*, translated by Reiche, Moore and Deutsch, Boston: Beacon Press, 1969, p.91.

② Karl Jaspers, *Tragedy Is Not Enough*, translated by Reiche, Moore and Deutsch, Boston: Beacon Press, 1969, p.91.

宗教祭礼,而代之以诗人所担负的崇高使命:透过镜像看世界,为真实存在作证,使观众感觉到意义、秩序、律法、真理和神圣的背景。因此,任何一种对于莎士比亚悲剧的神话诠释都是无效的"①。雅氏在这里以莎士比亚的悲剧作比勘,意在限定神话的诠释的范围,认为一旦超出它适用的范围,其阐释效力就值得怀疑了:"神话的诠释本身只是观察悲剧的一种方式,仅限于古希腊悲剧而已。因此,把所有这些直观归结于一个单一的概念之下,并以其作为它们的共性的做法是荒谬可笑的,因为作为直观的形象,它们总是多于或少于概念所能传达的东西。在悲剧知识的个别部分中——如在文学的悲剧性主题中——寻求特殊的含义就会错过看到整体的机会。"②面对悲剧展呈的直观形象及其包含的整体意蕴,任何一种诠释都不是万能的,否则就会陷入概念论、独断论的泥潭,甚至做出某种"荒谬可笑"的推断。这里所谈的"神话的诠释",其适用的范围当然也要有所限定。

就"神话的诠释"所适用的古希腊悲剧而言,雅氏认为最重要的一点是,"神话的诠释与操控万事万物的终极力量有关"③。人在世界之中不断地设想着、筹划着,总会遭遇这样或那样的困厄与失败、忧惧与痛楚。当濒于某种难堪的"临界处境"之际,人就会自觉或不自觉地意识到有某种不可抗拒的力

---

① Karl Jaspers, *Tragedy Is Not Enough*, translated by Reiche, Moore and Deutsch, Boston: Beacon Press, 1969, p.91.
② Karl Jaspers, *Tragedy Is Not Enough*, translated by Reiche, Moore and Deutsch, Boston: Beacon Press, 1969, pp.96—97.
③ Karl Jaspers, *Tragedy Is Not Enough*, translated by Reiche, Moore and Deutsch, Boston: Beacon Press, 1969, p.91.

量在背后操控着这一切,这正是悲剧事件所要表现的主旨。雅氏就此指出:"人是善于设想与筹划的,如果他要自僭为这个操控力的话,他就必定会有这样的体验——尽管始终在做着规划,但是他依然从属于某种别的东西,某种完全不同而又包容更广的东西。他知道得越少,悲剧知识就使他对依然隐匿着的一切越发敏感:悲剧事件是由一种不可抗拒的力量所操控的。"[1]那么悲剧事件所表现的那种不可抗拒的操控力量究竟是什么呢?希腊时期的悲剧诗人对这个根本问题进行了痛切的追问。既然那种终极的力量是人不能完全左右的,那么它就当出自人自身的力量之外,于是悲剧诗人就把目光投向希腊神话中的神灵,认为正是这种神灵作为终极力量的隐喻在背后操控着人并导演了人的悲剧。雅氏进一步指出:"在悲剧知识内,这种操控力被称为'命运'。不过,那被认作命运本性的东西会以截然不同的神话形式呈现出来。"[2]"命运"(destiny)是希腊悲剧的主题词,这种神秘而终极的操控力被悲剧诗人以不同的形式呈现出来。譬如,在埃斯库罗斯与索福克勒斯的悲剧中,主人公在能够选择之前就已有罪。这无可逃脱的罪源于世代相袭的家族仇杀,不过,"它始终不是,或在绝大多数的时候并不意味着人类的罪愆"[3]。正是因着并非

---

[1] Karl Jaspers, *Tragedy Is Not Enough*, translated by Reiche, Moore and Deutsch, Boston: Beacon Press, 1969, pp.91—92.

[2] Karl Jaspers, *Tragedy Is Not Enough*, translated by Reiche, Moore and Deutsch, Boston: Beacon Press, 1969, p.92.

[3] Karl Jaspers, *Tragedy Is Not Enough*, translated by Reiche, Moore and Deutsch, Boston: Beacon Press, 1969, p.92.

自愿而遭受不可避免的厄运，主人公才在灵魂的撕裂中痛感到那他在的命运对人所造成的威压与钳制。在悲剧诗人的笔下，人的出身即是命运，不管一个人是善还是恶，是否行动或如何行动，最终都注定归于毁灭。俄狄浦斯、安提戈涅的悲剧便根源于此。这种非人格的"命运"——埃斯库罗斯谓之"摩伊拉"（Moira），欧里庇得斯谓之"堤喀神"（Tyche，机运女神），到了罗马诗人那里则被称为"福尔图娜"（Fortuna）——作为一种终极的操控力，它的每种操控的行为"都以人类自身的行动为中介而奏效，并带给人类不曾预料也不曾渴盼的后果"①。"命运"以一种摇曳不定的偶然性必然地控制着人在世界之中的有目的的行动，它既可以赐给人以幸运，又随时可能降给人以厄运。"以神话的观点来看，世界是神祇与魔鬼两种力量的竞技场。这些力量关涉着那些出现在人、行动及事件中的后果。如果人想要理解这一切，就必须追溯神祇与魔鬼，它们是导致这一切的根源。"②在这里，神话中的诸神被区分成"神祇"与"魔鬼"两种力量，如果说前者意指赐给人以幸运的力量，那么后者则意指降给人以厄运的力量。其实，无论是幸运，还是厄运，二者都是命运的不同呈现形式。若向更深微处探察，在奥林匹斯的诸神中，就连众神之主的宙斯也无法摆脱命运女神的纠缠。就此而言，正是命运女神的坏笑导致了英雄人物

---

① Karl Jaspers, *Tragedy Is Not Enough*, translated by Reiche, Moore and Deutsch, Boston: Beacon Press, 1969, p.93.
② Karl Jaspers, *Tragedy Is Not Enough*, translated by Reiche, Moore and Deutsch, Boston: Beacon Press, 1969, p.93.

的灾厄、撕裂与毁灭。

我们知道,雅氏的生存形而上学是以运命自承的"生存"为辐辏的,他更为关注上演于世俗舞台的"人的悲剧"。由此出发,他把以"诸神"为背景而演述的希腊悲剧更多地限定在"神话的诠释"范围之内。由这种"神话的诠释"看过去,那展示于希腊悲剧中的人的命运更多充当了体现"诸神"意志的媒介。当然这并不意味着人的价值就此被消解了,毋宁说,"人的伟大正在于成为这一媒介的行动。通过这一行动,人的灵魂被赋予活力,并变得与那些强力等量齐观了"①。可以说,所谓"神话的诠释"以及用这种诠释对希腊悲剧所作的阐发与雅氏对神话的整体理解有关。在《哲学》(第三卷)之"密码论"中,他把神话视为破译"超越存在"之消息的第二种"密码",并进一步将神话区分为"特殊形态的神话""彼岸的启示神话""神话现实"。② 他认为,希腊神话是一种"特殊形态的神话",那些尚力的神依然未完全穿透现实世界,并在导演与控制着人的命运;基督教那里的神话是一种"彼岸的启示神话","上帝"一旦被实体化,它就会以孤峭的姿态贬抑经验世界的价值以及人在世界之中的自由。相较之下,"神话现实"最为雅氏所期许,因为它既是现实的,又是超越的;它既未失去经验世

---

① Karl Jaspers, *Tragedy Is Not Enough*, translated by Reiche, Moore and Deutsch, Boston: Beacon Press, 1969, p.50.

② 参见 Karl Jaspers, *Philosophy* (Vol. 3), translated by E. B. Ashton, Chicago and London: The University of Chicago Press, 1971, pp.115—117.

界的价值,又从中透示出"超越存在"的消息。缘此,"神话现实"就成为一种理想的"密码"形式。[①] 在雅氏看来,就像凡·高的绘画一样,莎士比亚的悲剧也是这种理想"密码"的范例,它能够以更为"亲近"的"人的悲剧"引起人的不安,唤醒个体生存敢于在世界之中自由地仰望"上帝"。应该说,雅氏之所以认为"任何一种对于莎士比亚悲剧的神话诠释都是无效的",这自然有其独出机杼的理论姿态。不过,神话里诸神之间或神魔之间的争斗未尝不可视为人与人冲突的隐喻或悲剧主人公内心冲突的外化。说到底,神话依然在话人。事实上,雅氏在对希腊悲剧的称说中已经隐含了这方面的思想,尤其当他以其生存形而上学为理据,把《俄狄浦斯王》与《哈姆雷特》同时作为悲剧主人公自身探问真理的范例并予以重笔阐发时,我们即可从中明见这一点。

二、哲学的诠释

"哲学的诠释"在德文版中写作"philosophischen Interpretation",英译为"philosophic interpretation",其韵致在于:"思维力求通过概念而不是通过形象来把握悲剧的基本性质,它试图给出种种普遍性的诠释来。"[②]哲学思维诉诸的是"概

[①] 对上述三种神话密码的具体分析,可参见孙秀昌:《生存·密码·超越——祈向超越之维的雅斯贝斯生存美学》,人民出版社,2010年版,第172—177页。

[②] Karl Jaspers, *Tragedy Is Not Enough*, translated by Reiche, Moore and Deutsch, Boston: Beacon Press, 1969, p.93.

念",而不是"形象",这就使得"哲学的诠释"与诉诸形象的"神话的诠释"区分开来。当哲学家运用概念来诠释悲剧的基本性质时,他们往往将悲剧的根源归于"存在本身"(Being as such)或"世界"。无论是归之于"存在本身"还是归之于"世界",他们借助这类概念所作的普遍性的诠释无不带有"泛悲剧主义"(pantragism)的色彩。鉴于此,雅氏首先对两种典型的"泛悲剧主义"观点进行了批判,在此基础上,他从其生存形而上学的视域对"人的悲剧"给出了一种诠释。

(一)对两种"泛悲剧主义"观点的批判

雅斯贝斯对"泛悲剧主义"的观点始终保持着足够的警惕,这里,他关联着"哲学的诠释"问题,重点批判了两种典型的"泛悲剧主义"观点。

有一种诠释将悲剧的根源归于"存在本身"("上帝"或"超越存在"),这是诉诸"存在的辩证法"(the dialectic of Being)的哲学家所持的观点。持此观点的人宣称,一切现存的事物都处于自我否定之中,"存在本身"则通过否定而运动并由此成为悲剧性的。"上帝就其固有的本性而言是悲剧性的;受苦受难的上帝是一切存在之本。这种普遍悲剧的教条——'泛悲剧主义'——是一种视悲剧为普遍现象的形而上学。存在本身是脆弱的,这个世界的悲剧由此而源自根本的悲剧困境。"[①]这种"泛悲剧主义"教条的根本问题在于,人的悲剧困境

---

① Karl Jaspers, *Tragedy Is Not Enough*, translated by Reiche, Moore and Deutsch, Boston: Beacon Press, 1969, p.93.

不仅成为注定了的,而且受苦受难本身竟被赋予了形而上学的意义。雅氏的生存形而上学则诉诸一种有别于"存在的辩证法"的"生存的辩证法",它从本明的"生存"说起,经"生存"在世界之中的自我坎陷,于临界处祈向"超越存在"。在他看来,为一切存在提供了根据的"超越存在"不再赋有悲剧性。"说一切存在之本是悲剧性的,这看起来是荒谬的。这种狭隘的伪见事实上并没有超越我们的世界,而只是将属于世界的某一方面绝对化了。毋宁说,悲剧仅仅存在于这个世界的现象界。穿透悲剧,我们会听到有某种不同的东西在说话,而这种不同的东西则不再是悲剧性的。"[1]由此可见,雅氏于此所批判的其实是一种绝对主义的悲剧观,在击碎实体化了的"上帝"之后,他为我们重新贞认了一种虚灵不滞的超越之维,此即"不再是悲剧性"的"超越存在"("隐蔽的上帝""绝对的大全""整全的真理")。

另一种诠释则把悲剧的根源归于"世界",这是一种世界一元论的悲剧观。"在那种情形下,世界性的悲剧就成为表现普遍否定的可见的形式。这种否定隐含于万物的有限、被分裂的多元性以及一切现存之物为了自我保存与争夺霸权而进行的相互争斗之中,而且这种否定最终隐含于机运之中。从这种意味上来说,世界的进程和一切产生的东西的全面溃败

---

[1] Karl Jaspers, *Tragedy Is Not Enough*, translated by Reiche, Moore and Deutsch, Boston: Beacon Press, 1969, p.94.

都被称为悲剧性的。"①所谓"世界性的悲剧",指的是世界进程中一切现象性的东西都必然归于溃败且其溃败都具有悲剧意义。追根究底,这种世界一元论的悲剧观仍拘囿于"实存"的一般意识、霸权逻辑与自我保存意志,它所看到的只是"实存"之间的斗争与倾轧、毁灭与凄楚,从而将这种绝望的境遇视为人的命定并将人的命运交给某种他在的偶然性("机运")。从生存形而上学的视域看,这种"泛悲剧主义"教条的根本问题在于,它并不诉诸无条件的"生存"交往与"生存"抉择,也不承担在世生存的一切责任。毋宁说,"实存"把世界上的一切东西均视为自我保存的手段,最终将世界变成人与人为了争夺霸权而厮杀的场所与充斥着罪恶、痛苦与受难的地狱。值得注意的是,"这种观点并不满足于将悲剧降低到形形色色的罪恶、痛苦、受难的水准。所有这些,至少还要以一种活生生的代理者去体验它们为其先决条件。事实上,这种观点会把悲剧的含义引申到包括一切普遍的否定性的地步"②。也就是说,这个地狱般的世界毫无意义可言,人在世界中的挣扎与痛苦也带不来任何解救的希望,弥漫于其中的虚无主义气息最终只会导向一种悲观厌世的世界观。由这种世界观所诠释的悲剧的含义,对人而言也只会把人引向"普遍的否定性"的深渊。

---

① Karl Jaspers, *Tragedy Is Not Enough*, translated by Reiche, Moore and Deutsch, Boston: Beacon Press, 1969, p.94.
② Karl Jaspers, *Tragedy Is Not Enough*, translated by Reiche, Moore and Deutsch, Boston: Beacon Press, 1969, p.94.

上述两种哲学的诠释之所以会陷入"泛悲剧主义"的泥潭,乃在于它们都拘囿于生存不在场的概念思维。进言之,它们要么把悲剧的根源归于"存在本身",要么将其归于"世界",当它们从诸如此类的总体化概念出发推导出某类普遍性的悲剧理论时,其推导出来的理论也因其一般意识对生存意识的褫夺而将蕴含丰富的悲剧知识抽绎成封闭的"泛悲剧主义"观念体系。这样的观念体系看似是自我圆足的,但从生存意识来看,它们却是独断的,因为它们在根底处恰恰遗忘了"人自身"("生存")。

(二)生存形而上学对"人的悲剧"的诠释

在雅斯贝斯看来,真正的悲剧意识源自生存意识,它既不把悲剧的根源归于"存在本身",也不会将其归于"世界"。"只有与人息息相关,我们才会谈及真正的悲剧。"[1]这里的"人"特指自由选择、自我超越的"生存"。雅氏之所以要把悲剧的根源最终贞定为"生存",其实仍旨在强调:人要在自我超越、自我生成的过程中运命自承地担当起对属己的自由的责任。鉴于此,他以生存形而上学为底据,对"人的悲剧"进行了诠释。雅氏认为,"人的悲剧"——生存论意义上的悲剧——可从以下两个相互关联的层面上予以理解:

其一,"生存"经由无条件的行动濒于"世界实存"的边界,其实这种临界意识本身就已是悲剧意识。对作为"实存"的人

---

[1] Karl Jaspers, *Tragedy Is Not Enough*, translated by Reiche, Moore and Deutsch, Boston: Beacon Press, 1969, p.94.

来说,他在世间的一切行动与成功,连同肉体生命,最终都注定归于毁灭。雅氏就此指出:"所有人的生命、活动、成就以及胜利最终都注定要毁于一旦。人可能会因受到蒙蔽而没有洞察到死亡、受难、疾病以及必死的命运,但它们终将吞没一切。"①死亡与痛苦、疾厄与短暂吞噬着"实存","实存"只能在一定程度上克服它们,但它们本身是不能被克服的,或者说,反省到"实存"的有限恰恰是生存意识与悲剧意识得以自觉的契机。"作为此时此地而存在的实存的生命是有限的,它具有多元相斥相克的特性。生命趋于毁灭,意识到这一点本身就已是悲剧:每一次特定的毁灭与每一种受难的方式,最终都导源于一个基本的、无所不包的实在。"②这里所谓"无所不包的实在",即意指"绝对的大全"("超越存在""整全的真理"),它在"世界实存"的哑默中隐现于挣扎着的灵魂的深处之际,也正意味着"生存"的自我运动由"可能的生存"回归"本真的生存"之时。也正是以此为契机,那更为深刻而真实的悲剧才会产生:"更深刻、更真确的悲剧只能产生在这样的地方:悲剧知识了解到,正是在真与善的本性中发现了毁灭性的冲突,冲突的各方都必须不屈不挠地要求各自应得的承认。"③真正的悲

---

① Karl Jaspers, *Tragedy Is Not Enough*, translated by Reiche, Moore and Deutsch, Boston: Beacon Press, 1969, p.94.
② Karl Jaspers, *Tragedy Is Not Enough*, translated by Reiche, Moore and Deutsch, Boston: Beacon Press, 1969, pp.94—95.
③ Karl Jaspers, *Tragedy Is Not Enough*, translated by Reiche, Moore and Deutsch, Boston: Beacon Press, 1969, p.95.

剧冲突是在生存交往的意义上发生的,亦即生存与生存之间基于"真与善的本性"而展开的"爱的斗争"。这已涉及下面所要阐说的第二个层面。

其二,穿透了"世界实存"的界限,人依然在世界上生存着,不过,此时人的实存意识已被转换为生存意识。"生存"与"生存"之间进行着无条件的交往,这种交往不再是相斥相克的"实存"之间的厮斗,而是相克相生的"爱的斗争"。"实存"之间的厮斗旨在保存自己、消灭对方,而"生存"之间的交往则在于回到生存、相互成全。"实存"为了各自的利益常有暂时的妥协与联合,而"生存"则只为着那个虚灵不滞的"整全的真理"而斗争。因着在世界之中自我生成的人总是不完满的,那完满的"整全的真理"于是分裂为多重真理。"真理反对真理,为了捍卫自身的正当主张,它不仅必须反对非正义,而且反对其他真理的正义主张。悲剧是真实的,此乃因为势不两立的对立是真实的。"[①]可以说,真理与真理的相互对抗与相互克服所标示出的乃是经验世界之中的真理的限度,而那"整全的真理"正是在这相互对抗与相互克服的过程中不断地凸显出来的。相形于无限完满的"整全的真理",一切世界之中的真理总是不完满的,它们之间的斗争以及实存的毁灭也便在所难免。因此,悲剧所喻示给我们的,并不是某种偶然的斗争与毁

---

① Karl Jaspers, *Tragedy Is Not Enough*, translated by Reiche, Moore and Deutsch, Boston: Beacon Press, 1969, p.95.

灭,而是由真理的分裂导致的必然的冲突与失败。[①] 对自由选择、自我超越的生存来说,这必然的冲突与失败也成为其在自我坎陷的本源运动中默识那虚灵不滞的"整全的真理"的临界境遇。从根底处看,这是一种赋有希望的冲突与失败,由此所呈现出来的某些鲜明的特征可以使我们领悟到悲剧的真韵。"毫无例外,普遍性的毁灭是每一个实存的基本特征,这涵括意外的不幸、暂时可以逃避的罪过以及白白遭受的痛苦。然而,只有在那种并不过早地中断发展与成功,而是产生于成功本身的失败中,我们才能发现真正的悲剧。仅仅关于生命听任命运摆布的知识尚不是悲剧知识,真正的悲剧知识洞察得更加深刻。它晓得即便人拥有表面上的成功与安全,但在他的内心深处,人最终仍被遗弃、被抛掷到无底的深渊。"[②]真正

[①] 雅斯贝斯由真理的分裂来喻说悲剧冲突与失败的奥谛,其致思形式与前述的神话诠释以及黑格尔式的哲学诠释有异曲同工之妙,进言之,他对这些诠释方式进行了生存论的改造与重释。雅氏就此指出:"从神话的角度来说,这种分裂或许反映在人为许多神服务的义务中,在此,服务于某个神势必会削弱或排除对其他神的义务。或者,不采用此类神话式的表述方式,我们也可以在每个生存者反对其他一切生存者的斗争中直观到这种对立的状态。从根底处看,上述所有观点都持一致的看法:人的性格、心灵与生存不仅由于共同的纽带而联结在一起,而且由于其彼此间的不相兼容而被推入斗争之中。每个道德律令都被罪眚所玷污,因为它必须摧毁其他具有同等正当性的道德与律令。"见 Karl Jaspers, *Tragedy Is Not Enough*, translated by Reiche, Moore and Deutsch, Boston: Beacon Press, 1969, p.95.

[②] Karl Jaspers, *Tragedy Is Not Enough*, translated by Reiche, Moore and Deutsch, Boston: Beacon Press, 1969, pp.95—96.

的悲剧只呈示于"成功本身的失败"之中,这是悲剧意识所展示的"生存"的"深渊",而不是那种为死亡而死亡的死亡意志。毋宁说,它是一种敢于对抗命运并勇于承担死亡之危险与责任的意志。悲剧主人公并不意愿死亡,而终究归于毁灭;他并非因为自身的罪眚而毁灭,还是毅然地承担起自己本可以推诿于外的责任。生存悲剧的魅力便在于此。雅氏由此指出:"在纯粹想要体验毁灭与痛苦的渴望里,寻不见悲剧知识的踪迹。只有当人真正地承担危险,并在现实世界之中采取真正的行动与实现时承担无可逃避的罪愆与毁灭,这种悲剧知识才会产生。"[1]其实,这里所隐贯的依然是雅氏的生存形而上学所启示于我们的那种向死而生、向无而有的智慧。受启于这种临界超越的智慧,我们不再从拘囿于一般意识的"实存"的层面来认知成功或失败,而是把"成功本身的失败"作为生存个体明证"整全的真理"("超越存在")的"临界处境"来领悟。雅氏就此指出:"我们并不会通过在'成功或失败'两者之中选择其一的思维方式理解悲剧。只有通过更深入的探索,通过看清我们取得空前的最大成功之时恰恰是我们真正遭遇最大的失败之刻,我们才能够把握住悲剧。除此之外,还有一种对悲剧来说虚假不实的失败,在此仅仅出现了某种偶然的过失、意外的不幸,或者乖张地求取失败却不为有效的结果而奋斗,

---

[1] Karl Jaspers, *Tragedy Is Not Enough*, translated by Reiche, Moore and Deutsch, Boston: Beacon Press, 1969, p.96.

这种奋斗所渴求的灾难恰恰是没有必要的。"①偶然的过失、意外的不幸或者出自单纯的死亡意志的失败都是"虚假不实的失败",我们从这种失败中显然无法把握悲剧的真韵。至于从世俗世界中的"成功或失败"来理解悲剧,这种悲剧观实乃出自"实存"的一般意识,因而依然与真正的悲剧无缘。真正的悲剧所表现的是"成功本身的失败",亦即我们在取得最大的成功之时所遭遇的最大失败。正是这种富有悲剧意味的失败把生存个体逼到"世界实存"的边界,进而使其在灵魂无可告慰的临界体验中,把"成功本身的失败"转化为生存个体破译"超越存在"之消息的"密码"。

我们发现,雅氏的生存悲剧论固然对"哲学的诠释"进行了批判,但对其惯用的致思形式——"思辨的语言"——也多有吸纳。进言之,他把"思辨的语言"改造成了一种"密码"语言。可以说,这与雅氏对"哲学"的整体理解有关。早在1932年出版的《哲学》(第三卷)之"密码论"中,雅氏就把"思辨的语言"视为解读"超越存在"之消息的第三种"密码"语言②(另两种分别为"超越存在的直接语言""在传达中变得普遍的语言")。在雅氏看来,任何一种诉诸语言的哲学都需要某种必要的致思形式,但这种致思形式对生存形而上学来说并不是

---

① Karl Jaspers, *Tragedy Is Not Enough*, translated by Reiche, Moore and Deutsch, Boston: Beacon Press, 1969, p.96.
② 参见 Karl Jaspers, *Philosophy* (Vol.3), translated by E. B. Ashton, Chicago and London: The University of Chicago Press, 1971, pp.117—119.

最终的归趣所在。作为必要的准备,哲学致思的形式在于唤醒"生存"之源与"超越存在"之据。由此,哲学的"思辨语言"便成为解读"超越存在"之消息的第三种"密码"。[①] 雅氏就此指出:"当我们的致思归根到底指向那种只是直观的语言,并且通过这种语言而渗进它的起源,那么这致思就紧紧地把握着形而上学思辨的形式,这形式虽是不可认知的,却在深思熟虑的致思中成为哲学传达的第三种语言。"[②]如果说解读"超越存在的直接语言"需要诉诸当下选择的"生存",破译"在传达中变得普遍的语言"需要诉诸形象的直观,那么,解读"思辨的语言"则需要诉诸不同于知性的理性形式。理性的形式力量穿透一切对象性的范畴、体系,以便为"生存"荡开一个充满无限可能性的空间;自由选择的个体即是以此为契机而回忆起自我贞定的"生存"本源,并通过"生存"来倾听"超越存在"的声音。"当对超越存在的诸种理解在那里说话时,这些诉说就会成为形而上学传达的媒介。至于他们是否是形而上学传达的媒介无须由知性做出最后的判定,因为只有对那本身超越着的生存来说此传达才是可听闻的。"[③]这样一来,为"理性"所穿透并为"生存"所充盈的一切对象性的范畴便被转化为传达

---

① 对"思辨的语言"作为解读"超越存在"之消息的第三种"密码"的具体分析,可参见孙秀昌:《生存·密码·超越——祈向超越之维的雅斯贝斯生存美学》,人民出版社,2010年版,第177—179页。

② Karl Jaspers, *Philosophy* (Vol.3), translated by E.B.Ashton, Chicago and London: The University of Chicago Press, 1971, p.114.

③ Karl Jaspers, *Philosophy* (Vol.3), translated by E.B.Ashton, Chicago and London: The University of Chicago Press, 1971, p.118.

"超越存在"消息的"密码";那在范畴的思想图景中完形的形而上学体系,"也不过是思维符号而已,并非对超越存在的认知。它本身就是一种密码,乃意味着解读存在的可能性"①。我们通过解读"密码"破译"超越存在",而这些对"密码"的解读又变成一种新的"密码"。"当一位思想者为自身阐释密码语言时,他显然既不能将超越存在作为他者来认知,也不能在实存中将世界定位作为关于实存的知识而加以扩大。然而,他在遵从自己的形式规则的同时,也必然在对象性中进行思考。他解读着原初的密码语言,以此写下一种新的密码语言。"②可以说,雅氏在此对"人的悲剧"所作的诠释,就是为了解读原初直观的悲剧这一密码语言而写下的一种"新的密码语言",这种密码语言具有一个鲜明的特点——它始终在"生存"与"超越存在"的张力间向原初直观的悲剧意象保持着开放。

三、诠释的界限

雅斯贝斯的可贵之处在于,他在诠释悲剧的过程中能够自觉地意识到这些诠释的界限,此乃为了提醒人们,任何一种诠释都要向原初直观的悲剧意象保持开放,以便使含蕴着生

---

① Karl Jaspers, *Philosophy* (Vol.3), translated by E.B. Ashton, Chicago and London: The University of Chicago Press, 1971, p.118.
② Karl Jaspers, *Philosophy* (Vol.3), translated by E.B. Ashton, Chicago and London: The University of Chicago Press, 1971, p.117.

存意识的悲剧知识能够洞察到"整全的真理"("超越存在")的消息。一旦拘囿于封闭、独断的一般意识,悲剧哲学就会歪曲悲剧知识,甚至会把悲剧知识曲解成悲剧世界观。鉴于此,雅氏主要从两个方面探讨了"诠释的界限"问题:其一,"所有的悲剧诠释都是不充分的";其二,"把悲剧知识曲解成悲剧世界观"。

(一)"所有的悲剧诠释都是不充分的"

雅斯贝斯首先指出:"以悲剧知识的名义所完成的乃是对实在的原初直观。与这些直观相比,所有的悲剧诠释都是不充分的。……那些声称是对悲剧的唯一诠释的诸种诠释,在以下两种情形中必居其一:要么使悲剧变得狭隘,要么完全没有把握住它。"[①]这里所说的"实在",即意指"整全的真理"。这种悲剧性的实在是虚灵不滞的,它只以原初直观的形象展呈于生存个体临界超越的密码语言里。悲剧知识的任务,就是诉诸生存意识来洞察蕴含于原初直观的密码语言里的"整全的真理"的消息。面对这种直观而浑全的密码语言,任何一种悲剧诠释都是有其限度的;一旦某种诠释自称是对悲剧的唯一诠释,此类的诠释便会因其普遍化、独断化而无从谛解悲剧的真韵。

为了谛解悲剧的真韵,雅氏认为有必要对以下三点予以区分:"第一,悲剧性实在本身;第二,作为自觉体察这种真实

---

① Karl Jaspers, *Tragedy Is Not Enough*, translated by Reiche, Moore and Deutsch, Boston: Beacon Press, 1969, pp.96—97.

存在的悲剧知识;第三,悲剧的哲学。悲剧性实在只有通过悲剧知识才能在改变人类的人格方面发挥作用,而悲剧的哲学——即悲剧诠释——只能在以下两条路径中选择其一:要么完全歪曲悲剧知识,要么向那些源自独立的原初直观的广阔意识保持开放。"[1]这里所说的"悲剧性实在本身",即意指悲剧诉诸原初直观所喻说的"整全的真理"("超越存在"),它是"超越存在"的直接语言(第一种"密码"语言),这种密码语言只会渊默地涌动于生存的自我坎陷运动中,人们在日常生活中既听不见、看不着,也无从认知;只有经过悲剧诗人的直接体验,并把这种天籁之音("整全的真理")在作品中直观地呈现出来,那蕴含着生存意识的"悲剧知识"才能唤起人的内在态度的转变并使其承担起自我生成的责任。可以说,这正是"作为自觉体察这种真实存在的悲剧知识"的韵致所在,在雅氏所喻说的三种"密码"语言里,它是"在传达中变得普遍的语言"(第二种"密码"语言);至于"悲剧的哲学",即意指"悲剧诠释",它是对蕴涵于悲剧作品之中的悲剧知识所作的诠释。作为解读"超越存在"之消息的第三种"密码"语言,悲剧的哲学虽然在思维形式上属于一种"思辨的语言",但在根底处仍不能脱离原初直观,否则的话它就会通过封闭、独断的一般意识"完全歪曲悲剧知识"。基于上述看法,雅氏对悲剧哲学"把悲剧知识曲解成悲剧世界观"的问题进行了剖判。

---

[1] Karl Jaspers, *Tragedy Is Not Enough*, translated by Reiche, Moore and Deutsch, Boston: Beacon Press, 1969, p.97.

(二)"把悲剧知识曲解成悲剧世界观"

在德文版中,雅斯贝斯首先从遮诠的角度对歪曲悲剧知识的诠释——"把悲剧知识曲解成悲剧世界观"——进行了剖判[①],其目的在于厘定诠释的界限;接着从表诠的角度喻说了"悲剧知识"的本质[②],其要旨就是"向那些源自独立的原初直观的广阔意识保持开放"。英译者将这部分表诠性的文字单列出来[③],置于第六章"悲剧知识的不足"之中。应该说,英译者所作的调整是符合雅氏悲剧论的内在理路的。下面,笔者就重点解读"把悲剧知识曲解成悲剧世界观"这部分内容。至于"悲剧知识"的本质,待余论部分再作探讨。

1. 悲剧哲学把悲剧知识曲解成悲剧世界观的根本原因

在雅斯贝斯看来,悲剧哲学之所以会把悲剧知识曲解成悲剧世界观,一个根本的原因就是它所惯用的演绎方法。雅氏就此指出:"任何仅仅把悲剧推演为占支配地位的真实规律的努力都是毫无哲学根据的。我们反对这种做法,一如我们反对每一种以演绎的方法接近存在与实在的形而上学,这种形而上学会就存在或上帝的性质做出描述性的陈述——我们

---

① 参见 Karl Jaspers, *Von der Wahrheit: Philosophische Logik (Erster Band)*, München: R. Piper & Co. Verlag, 1947, S.957—959.
② 参见 Karl Jaspers, *Von der Wahrheit: Philosophische Logik (Erster Band)*, München: R. Piper & Co. Verlag, 1947, S.959—960.
③ Karl Jaspers, *Tragedy Is Not Enough*, translated by Reiche, Moore and Deutsch, Boston: Beacon Press, 1969, pp.102—104.

之所以反对这种做法,乃是因为它试图使存在、实在、上帝成为既绝对又有限的东西。即便那些深刻的二元论(人们假定它们存在于实在的基础之中,并设想它们可以用来说明悲剧的起源,例如,上帝的某一方面并不就是上帝本身),它们也仅仅是哲学思想中相对有效的密码符号,从它们那里并不能够得到任何演绎性的知识。"[1]演绎的方法往往从某个预设的概念出发,通过生存不在场的思辨方式推演出一套关于"存在"(Being)、"实在"(Reality)或"上帝"(God)的形而上学。这种思辨的形而上学在"试图使存在、实在、上帝成为既绝对又有限的东西"的同时,也试图以此类绝对、有限的实体的二元化来说明悲剧的起源。然而,这种"思辨的语言"只是"相对有效的密码符号"(第三种"密码"语言),其有效性仅在于为唤醒"生存"之源与"超越存在"之据做一种准备,而不能从中得出任何普遍化的"演绎性的知识",更不能将其独断化为"占支配地位的真实规律",因为这类的努力在生存形而上学看来"毫无哲学根据"。雅氏进一步指出:"悲剧知识是开放的知识,它充分意识到了自身的无知。无论把它僵化为哪一种泛悲剧主义,都是对它的曲解。"[2]所谓"悲剧知识是开放的知识",乃意指悲剧知识所含蕴的生存意识既向"生存"开放着,也向"超越存在"开放着。由生存的自我坎陷运动所喻说的悲剧知

---

[1] Karl Jaspers, *Tragedy Is Not Enough*, translated by Reiche, Moore and Deutsch, Boston: Beacon Press, 1969, pp.97—98.

[2] Karl Jaspers, *Tragedy Is Not Enough*, translated by Reiche, Moore and Deutsch, Boston: Beacon Press, 1969, p.98.

识,只在"临界处境"下向自感其无知的生存透露"超越存在"的消息。为开放的悲剧知识赋予了神髓的生存意识一旦被降格为封闭、独断的一般意识,惯于诉诸一般意识进行概念推演与逻辑思辨的悲剧哲学就会把悲剧知识僵化成泛悲剧主义。无论哪一种泛悲剧主义,在雅氏看来都是对悲剧知识的曲解。

2. 悲剧哲学把悲剧知识曲解成悲剧世界观的典型例示

为了说明悲剧哲学是如何变得狭隘浅陋、曲解滥用的,雅斯贝斯以黑贝尔(Hebbel)①、巴恩森(Bahnsen)②、乌纳穆诺(Unamuno)③的悲剧观为例对此作了提示。就黑贝尔的悲剧观而言,"他的系统诠释蜕变到了荒谬、怪异与狂热的地步,其结果就是:诗凭借思辨来营构,从而丧失了全部真正的精神深度——一方面将诗简化为单纯的心理学,另一方面则通过苦思冥想使诗变得格外富丽堂皇。与此同时,黑贝尔在闪电般的瞬间也获得了某些惊人的洞察与看法,但是他的悲剧意识只不过是在哲学外衣掩饰下的痛苦意识而已"④。黑贝尔的悲剧善于凭借思辨来营构冲突与情节,尤其善于表现人的痛

---

① 黑贝尔(Hebbel,1813—1863):德国剧作家,著有《玛丽亚·玛格达莱娜》《尼伯龙根三部曲》等。
② 巴恩森(Bahnsen,1830—1881):德国哲学家,深受叔本华影响,著有《作为世界法则的悲剧性与作为形而上学审美形态的幽默》等。
③ 乌纳穆诺(Unamuno,1864—1936):西班牙哲学家、作家,著有《生命的悲剧意识》等。
④ Karl Jaspers, *Tragedy Is Not Enough*, translated by Reiche, Moore and Deutsch, Boston: Beacon Press, 1969, p.98.

苦意识,甚至"蜕变到了荒谬、怪异与狂热的地步"。这样的营构方式固然能够使其剧作显得富丽堂皇,但从悲剧意识的角度看,他的剧作却没有真正的精神深度。再就巴恩森、乌纳穆诺的悲剧观而言,"当巴恩森谈及悲剧的普遍法则时,或者乌纳穆诺谈及悲剧性的生命感时,作为一个美学概念,悲剧也获得了与这种令人误解的悲剧哲学相一致的色彩"[1]。无论是乌纳穆诺所谈的"悲剧性的生命感",还是巴恩森所论的"悲剧的普遍法则",抑或是黑贝尔凭借思辨的哲学外衣所掩饰的"痛苦意识",其实都把悲剧知识曲解成了"泛悲剧主义"的世界观。此类的曲解会带来一个令人忧思的问题,即以"审美"的名义把悲剧萎缩成生存不在场的"审美冷淡"。

笔者注意到,雅氏在《悲剧的超越》第四章"悲剧的主体性"设专节探讨"悲剧萎缩为审美冷淡"[2]时,就对黑贝尔等人进行过批评:"在如黑贝尔、格里尔帕策(Grillparzer)这样的著名诗人身上,得之于教育与文化的端庄持重取代了直接产生于人类生存的严肃性。最终,他们的剧中人物都是空洞不实的——如果叩问其真实性的话。"[3]雅氏在这里是从审美教育的角度进行批评的。他认为黑贝尔之流的悲剧"空洞不实",它们固然有其"端庄持重"的外观,但却失去了当有的"生存"

---

[1] Karl Jaspers, *Tragedy Is Not Enough*, translated by Reiche, Moore and Deutsch, Boston: Beacon Press, 1969, p.98.

[2] 参见 Karl Jaspers, *Tragedy Is Not Enough*, translated by Reiche, Moore and Deutsch, Boston: Beacon Press, 1969, pp.87—89.

[3] Karl Jaspers, *Tragedy Is Not Enough*, translated by Reiche, Moore and Deutsch, Boston: Beacon Press, 1969, p.89.

之根,从而使严肃的悲剧知识畸变为"审美冷淡"的风雅之事,根本无法促成人的生存意识的转化。那么,悲剧知识的这种畸变是如何发生的呢?针对这个问题,雅氏对其历史踪迹进行了剖析:"从前,悲剧知识曾一度转变为审美风雅之事。早在古典主义后期这种情形就出现了,当时古老的戏剧得以复兴;这种情形在近代又再次发生过。不仅是观众,就连诗人自己也丧失了先前严肃的目标。19世纪新出现的悲剧大都是充斥着慷慨激昂、技艺高超、矫揉造作的藻饰的展览品。从前,在悲剧中的解救曾一度通过让人如透过玻璃观察世界一样,透过悲剧看到没有说出与无法说出的生命深处而使人得到解放。19世纪,这种解救则降格成对戏剧形象装扮下的悲剧哲学理论的理解。在此,我们所拥有的乃是涂抹上审美表演之斑斓色彩的非真实之物。在这种派生的文化里,艺术家与其作品之间存在着不一致之处,他的大多数作品都缺乏生命与血性。没有强烈的感情,没有戏剧性的事件序列,没有舞台效果的娴熟处理,这类作品根本无法替代希腊悲剧与莎士比亚悲剧的无限深度。"[1]在雅氏看来,悲剧知识畸变为审美风雅之事始于19世纪,这个时期的悲剧因其"缺乏生命与血性"而日趋藻饰化,它们充斥着空洞不实的思想、矫揉造作的表演、顺役于命运的感伤,因此无法与能够唤起人的生存意识的希腊悲剧和莎士比亚悲剧相媲美。

---

[1] Karl Jaspers, *Tragedy Is Not Enough*, translated by Reiche, Moore and Deutsch, Boston: Beacon Press, 1969, pp.88—89.

3. 悲剧知识畸变成悲剧世界观的极端形式及其症结所在

在揭示悲剧知识畸变成悲剧世界观的根本原因并爬梳其畸变的典型例示的基础上,雅斯贝斯对这种畸变的极端形式及其根本症结进行了剖析。在雅氏看来,绝对悲剧论是悲剧世界观最极端的畸变形式,其根本症结在于取消了悲剧知识的极性特质。

(1)绝对悲剧论是悲剧世界观最极端的畸变形式。雅斯贝斯就此指出:"当真正的悲剧被转变成绝对的东西,并且被表现为仿佛它构成了人的本质与价值时,悲剧世界观最为极端的畸变也就出现了。"[①]在雅氏看来,悲剧哲学往往把人的悲剧命运视为某种绝对的东西,这是悲剧世界观最为极端的畸变形式。相形之下,"真正的悲剧"(生存论意义上的悲剧)所喻说的生存的自我坎陷运动并不必然导向人的自我消解,而是自始就赋有"超越存在"这一虚灵不滞的矢向。直面令人战栗与眩晕的"临界处境",自我超越的生存便把充满悲剧色彩的临界境遇转变为解读"超越存在"之消息的"密码"与赢得自我解救的契机。就此而言,悲剧并不是某种"绝对的东西",毁灭与痛苦更不是人的本质与价值所在。鉴于此,雅氏反对那种把悲剧完全等同于毁灭与痛苦的绝对化了的悲剧观。在他看来,悲剧固然会表现不幸、受苦与毁灭,但表现不幸、受苦与毁灭的作品并不就是悲剧。"悲剧既不同于不幸、受苦与毁灭,也不同于疾病或死亡,更不同于罪恶。悲剧之所以如此与

---

① Karl Jaspers, *Tragedy Is Not Enough*, translated by Reiche, Moore and Deutsch, Boston: Beacon Press, 1969, p.98.

众不同,乃取决于悲剧知识的本性;这种知识是普遍的,而不是特殊的;是质问,而不是接受——是控诉,而不是哀怨。悲剧知识由于真理与灾难之间的密切联系而有了更为明显的独特之处:当彼此冲突的力量按比例增长时,随着它们冲突的必然性的不断加深,悲剧也就变得越来越强烈。所有的不幸只有通过它所发生于其中的或者我们使之产生联系的语境,通过那些遭受痛苦与付出爱心的人的意识与知识,通过根据悲剧知识对不幸做出富于意义的诠释才能够成为悲剧。不过就其自身而言,不幸并不是悲剧,而只意味着所有的人都必须背负的重担。悲剧知识侵入并突破了实在,但并未统御实在——还有太多东西未被触及、未被记起或者没有得到诠释。它诱导我们进入一个激动人心的富丽堂皇之域;然后,它不顾清澈诚实的目光而遮蔽了真理。"[1]雅氏认为,悲剧知识有两个独特的本性:第一,它"是普遍的,而不是特殊的";第二,它"是质问,而不是接受——是控诉,而不是哀怨"。

就悲剧知识的第一个特性而言,所谓它"是普遍的,而不是特殊的",意思是说,悲剧是全体人类的特征,而不是极少数显赫人物的专利。悲剧英雄的毁灭,说到底是代人类受难的,因而他所遭受的痛苦,理应唤起我们的"爱心"("同情心");他所经历的不幸,也"只意味着所有的人都必须背负的重担",理应使我们意识到自我超越、自我生成、自我解救的责任,从而敢于直面命运、反抗命运并勇毅地承担起由此带来的一切后

---

[1] Karl Jaspers, *Tragedy Is Not Enough*, translated by Reiche, Moore and Deutsch, Boston: Beacon Press, 1969, pp.98—99.

果（哪怕自己最终归于毁灭）。因此，悲剧所喻说的生存的自我坎陷并不是从灾难中获取快感的个人英雄崇拜，也不是心无大痛而有意表演给人看的美丽装潢，而是自由的个体在自我超越的过程中自然而然地透显出来的一种沉重感。正是基于这种看法，雅氏坚决反对那种把悲剧畸变为极少数显赫人物的专利的悲剧世界观，认为这种悲剧世界观通过把不幸与痛苦绝对化、表演化，使其成为人的本质与价值所在，甚至通过廉价的激情迎合人们虚假的自尊，从而诱骗人们陷入个人英雄崇拜的狂热之中，这显然已是悲剧知识所发生的最为极端的畸变。雅氏就此厘定了这种悲剧世界观的界限："它并没有完成对世界的全面完整的诠释。它无法把握普遍的痛苦；它无法理解人的生存中全部的恐惧以及不可解决的问题。这从下述事实中清楚地显现出来：尽管日常的现实——诸如疾病、死亡、偶然、苦难以及恶意——很可能成为悲剧得以表现自身的媒介，但是它们从一开始就不怎么被看重，无非因为它们本身并不是悲剧。悲剧哲学栖居在庄严伟丽的氛围之中；作为恰切而成功地表现灾难所带来的幸运的后果，它向我们展示了个体的完善，进而把我们擢升到高于现实的境界。但是在这样做的时候，这种哲学也限制了我们的意识。此乃因为，就人们从这样一种体验中寻求解脱而言，只有以向他们自己隐匿现实的可怖深渊为代价，他们才能借此获得解救。苦难——绝望、虚无、伤心、贫困以及无助的不幸——让人大声吁求着救助。但是所有这类谈不上伟大的痛苦的现实，都被盲目得意的心灵当作不值得注意的东西抛到一边去了。与此同时，人始终急切地期待着从缺少悲剧魅力的可怕现实中得到拯救。"①对雅氏所期待的生存意识来说,人身处其中的"世界"并不注定是充满"绝望、虚无、伤心、贫困以及无助的不幸"的"地狱"。人在其中选择着、超越着、呼告着,进而把这个苦难的世界转换为解读"超越存在"之消息的"密码"。生存个体在其中所经历的痛苦,并不仅仅是他个人的痛苦,而是每一个人都可能遭受的痛苦(这是一种"普遍的痛苦");他在濒于苦、斗、死、罪所带来的"临界处境"而深感无知、眩晕、恐惧之际,恰恰是其本明的良知得以自醒之时。然而,悲剧哲学诉诸一般意识所形成的泛悲剧主义世界观却无法理解上述精义,它"栖居在庄严伟丽的氛围之中",把个体的苦难当成一种绝对的东西来表现,从而使"盲目得意的心灵"得到虚假的完善与擢升。可以说,这是一种典型的"缺乏爱心的盲目性"。

就悲剧知识的第二个特性而言,所谓它"是质问,而不是接受——是控诉,而不是哀怨",意思是说,悲剧的韵致在于正视命运、质疑命运、反抗命运、控诉命运,而不应怀着凄美的哀怨接受命运、顺役于命运,更不应以幸灾乐祸的态度欣赏伟大人物的毁灭。雅氏就此指出:"与这种缺乏爱心的盲目性相应,我们还在目前有关悲剧的习语中发现一种打了折扣的美学隐语——一种在传达悲剧本质的同时却又歪曲了它的意义的隐语。这种隐语缺乏诚意,它既使得实在显得遥远难即,又总是太轻易地就把我们从不得不正视的苦难——世界真实存在的苦难——中解救出来。于是人们便油嘴滑舌地谈到,悲

---

① Karl Jaspers, *Tragedy Is Not Enough*, translated by Reiche, Moore and Deutsch, Boston: Beacon Press, 1969, pp.99—100.

剧揭示出生命本身的无价值以及所有个体的有限人生的无价值，伟大人物的毁灭恰恰是它的一个特性，世界建立起来就是为了撕碎与毁灭这种杰出的个体。借着诸如此类繁冗的普遍性原则及其似是而非的含糊其词，人们用连篇累牍的谎言掩盖了现实中存在的真实病症。"①人在世界中生存着，总会遭遇这样那样的苦难，只有正视"世界真实存在的苦难"，人才有可能在探察世间苦难之根源的同时，通过自由的选择与自我的超越不断地赢得属己的命运与未来。人的价值与尊严，其实正是在这个过程中体现出来的。然而，这里所论及的油嘴滑舌的"美学隐喻"，却是一种诱使人们遗忘现实苦难的悲剧世界观，更是一种以虚无主义为底色的悲剧世界观，它以"揭示出生命本身的无价值以及所有个体的有限人生的无价值"为能事，以表现伟大人物的毁灭为乐事，并将这种毁灭解释为历史发展的必然与人生无意义的佐证。事实上，这种"美学隐语"是"连篇累牍的谎言"，它因其"掩盖了现实中存在的真实病症"而使人丧失了探问人生真相的冲动与勇气。与此同时，沦为"世界实存"的"大众"也乐于生活在瞒与骗所编织的谎言里，他们把伟大人物的毁灭作为一种谈资，或仅仅作为一种泛化的审美对象，有意识地不作决断、不承担责任，以便通过与大众秩序的合模而圆滑地躲避自我毁灭的危险。他们在意义的废墟上赏玩着生命的无意义，而不再思考这个世界真实存在着的痛苦、痛苦的根源以及挣脱痛苦的根本出路。

---

① Karl Jaspers, *Tragedy Is Not Enough*, translated by Reiche, Moore and Deutsch, Boston: Beacon Press, 1969, p.100.

雅氏认为,悲剧当然要表现"伟大人物"("杰出的个体")的毁灭。因着伟大的人物总是自我贞定的,他们不甘心,也不会与"世界实存"秩序完全合模。在匿名的"世界实存"秩序的挤压下,他们往往于剧烈的历史运动的过渡地带成为悲剧性的人物。但问题在于:他们究竟应不应该毁灭?他们的毁灭究竟意味着什么?我们究竟应该对他们的毁灭抱以怎样的人文态度?正是在这一大端处,雅氏的生存悲剧论与形形色色思辨化了的泛悲剧论(唯悲剧论)有了泾渭之判。在雅氏看来,伟大人物是作为"存在的镜子"而在世界之中突破世界的,他们就像是"美丽的完美之光",其"悲剧性的失败"可以映衬出"整体存在"来。"由于其蓬勃向上的生命活力的原因而被看作是谜一般的静寂,这一生命成为超越一切概念的语言。"[1]可以说,伟大人物的"悲剧性的失败"是作为携带"整体存在"之消息的"密码"而进入雅氏的视野的。他们当然并不想归于毁灭,但为了捍卫某种更为重要的东西,自己最后不得不选择了死亡。他们是以生存选择所能达到的高度而代人类赴死的,他们的死也表征着我的死,你的死,我们的死,由此足可唤起每一个良知自在的生存的"同情"。

(2)悲剧知识畸变成悲剧世界观根本症结在于取消了悲剧知识的极性特质。雅斯贝斯就此指出:"在所有的悲剧哲学中,悲剧知识的极性特质丧失了。在原初直观中,悲剧与悲剧解救是绾系在一起的。但是假如我们取消了悲剧的反极,进

---

[1] 卡尔·雅斯贝尔斯:《大哲学家》,李雪涛主译,社会科学文献出版社,2005年版,第1页。

而把它孤立成'唯悲剧',我们就会落入无底的深渊,在那里从未产生过伟大的悲剧作品。"①所谓"悲剧知识的极性特质",指的是"悲剧"与"解救"之间的张力,就雅氏所期许的"生存悲剧"("伟大的悲剧")而言,二者间的张力是须臾不可消弭的。进言之,生存悲剧把英雄人物(杰出的个体)在世界之中超越世界的过程以原初直观的形式展呈出来,直至其濒于世界的边缘而罹遭不幸、痛苦与毁灭,那令人战栗与眩晕的临界处境遂被转化为解读"超越存在"("整全的真理")之消息的"密码"。在这种原初直观的密码语言里,"超越存在"诚然不会以某种实体化信仰的形式直接伸出援助之手,不过由其唤醒的生存意识特别是生存本有的超越祈向足可让悲剧英雄获得自我解救。正是在这个意义上,"悲剧与悲剧解救是绾系在一起的"。然而,一旦取消了悲剧不可不有的超越之维("悲剧的反极"),呈现在人们面前的就只是充斥不幸、痛苦与毁灭的颓境了,雅氏把这类陷人于无底深渊的悲剧称作"唯悲剧"(nothing-but-tragedy)。

可以说,用弥漫着虚无主义气息的"唯悲剧"来消解作为"杰出的个体"的悲剧人物所标示的人的价值,这恰恰是一个因着本真生存的沉睡与真正信仰的缺失而滋生了虚假的严肃与审美泛化的时代的真正病症所在。伟大的悲剧当然赋有审美价值,但绝不止于审美,更不能将其泛美化与藻饰化。雅氏就此指出:"无论在何处,只要一个完全缺乏信仰的灵魂欲寻

---

① Karl Jaspers, *Tragedy Is Not Enough*, translated by Reiche, Moore and Deutsch, Boston: Beacon Press, 1969, pp.100—101.

求形式化的炫耀,他就会发现唯悲剧的哲学恰好适合于作为掩饰虚无的幌子。悲剧的壮观能够使自高自大的虚无主义者将其自我拔高到感觉自己已是一个英雄的哀婉情境之中。在真正的严肃消失之处,他通过悲剧的强烈刺激产生了一种虚假严肃的体验。种族记忆、萨迦神话与古希腊悲剧统统成为他利用的手段。然而,那曾经是真实的信仰的东西,如今却变成蓄意掩饰虚无的、毫无诚实可言的替代品。那些古老的信仰作为名言警句,或者被用来给那种恰恰非英雄的自我实存的堕落涂上一层英雄的色彩,或者是为了给沉溺于舒适安逸的生活的生命罩上一层廉价的英雄主义的光圈。"[1]在一个真正的信仰、真正的严肃与真正的英雄缺席的时代,那实体化了的信仰却在"虚假严肃"的掩饰下为"非英雄的自我实存的堕落"提供着理由化的辩护。于是,那些在自由选择中本无意做英雄而做了英雄的"杰出的个体"却让位于以"廉价的英雄主义"为荣耀而有意表演的"自高自大的虚无主义者";与此同时,那种生存不在场的"唯悲剧"竟取替了伟大的生存悲剧。

上述悲剧哲学的滥用带来了一个严重的后果,它把潜藏于人的非理性深处的混乱、阴暗的冲动释放了出来:"对无意义的行动的乐趣,对折磨他人和受折磨的乐趣,对为破坏而破坏的乐趣,对世界和人类的憎恨的乐趣,以及对自己受鄙视的

---

[1] Karl Jaspers, *Tragedy Is Not Enough*, translated by Reiche, Moore and Deutsch, Boston: Beacon Press, 1969, p.101.

实存的憎恨的乐趣。"[①]这是一种带有施虐与受虐色彩的"乐趣",这种毫无意义、毫无人性可言的乐趣充斥着破坏欲与憎恨感,可以说已把人降格为残忍的兽类。对此类堪忧的倾向,雅氏以其祈向超越之维的生存哲学为底据进行了深刻的批判。

生存,自由的生存,赋有"同情感"的生存,自始至终涵贯于雅斯贝斯对生存悲剧的诠释之中。可以说,他那祈向超越之维的生存哲学本身即因着生存在历史之中的自由抉择而自然透出一种沉重的悲剧感,但他并未就此建立某种悲剧本体论或绝对悲剧论。在他那里,悲剧既向"生存"开放着,也向"超越存在"敞开着。对人而言,伟大的悲剧的底色并不是虚无,因为在"赋有希望"的失败中,"密码"带来了"超越存在"的消息。正如在世界之中突破着世界,在历史之中穿透着历史,"生存"也在悲剧之中超越着悲剧。就此而言,英译者 Reiche、Moore、Deutsch 将选自雅斯贝斯《论真理》一书中的"悲剧知识"一章转译为 *Tragedy Is Not Enough*,继而中译者根据英译本将之转译为《悲剧之超越》(叶颂姿译)、《悲剧的超越》(亦春译)、《悲剧与超越》(徐信华译),尽管从字面上看这些译名与原著的距离较大,不过倒也点出了雅斯贝斯生存悲剧论的慧眼。

[①] Karl Jaspers, *Tragedy Is Not Enough*, translated by Reiche, Moore and Deutsch, Boston: Beacon Press, 1969, p.101.

余论　仅有悲剧是不够的

我们看到,英译者将德文单行本《论悲剧》(*Über das Tragische*)第四章第三部分"诠释的界限"最后几段论述"悲剧知识"的本质的文字单列出来,置于第六章"悲剧知识的不足"(The Insufficiency of Tragic Knowledge)之中。值得注意的是,英译者另将《论真理》第三卷第三章第四节"哲学思考中的真理之基础与完成"之"导言"中的几段文字[1]并入第六章。这一章相当于雅斯贝斯悲剧论的余论,他重点探讨了两个问题:其一,"悲剧知识"的本质;其二,真理之路与哲学探索。

一、"悲剧知识"的本质

在前一章"悲剧的基本诠释"中,雅斯贝斯曾结合"诠释的界限"问题,对悲剧知识畸变成悲剧世界观的极端形式及其根本症结进行了剖判。在剖判的基础上,雅氏就"悲剧知识的本质"问题提出了自己的看法:"我们既不应通过思辨的推演获得系统化的悲剧知识,也不应取消悲剧知识的极性而把它变

---

[1] 参见 Karl Jaspers, *Von der Wahrheit: Philosophische Logik* (*Erster Band*), München: R. Piper & Co. Verlag, 1947, S.960—961.

成一种哲学上的绝对知识,而是应当把悲剧知识作为一种原初的体验保存起来。"①无论是"通过思辨的推演获得系统化的悲剧知识",还是"取消悲剧知识的极性而把它变成一种哲学上的绝对知识",形形色色生存不在场的哲学诠释都会把悲剧知识畸变成某种绝对悲剧论。在雅氏看来,只有"把悲剧知识作为一种原初的体验保存起来",我们才有可能谛解悲剧知识的本质。

对雅氏来说,谛解悲剧知识之本质的关键在于,诠释者要始终保存"原初的体验",亦即以生存在场的态度,同悲剧人物一起感受含蕴着生存意识的临界处境。进言之,诠释者要诉诸"原初的悲剧直观",始终把悲剧作为一种"密码"来解读,进而通过不断质疑与憧憬,伴随悲剧主人公的临界体验追问与谛听"整全的真理"("超越存在")的消息。雅氏就此指出:"原初的悲剧直观存在于从具体形象所体认到的思想与质疑中。此外,这种形式的悲剧知识总是包含着最终摆脱悲剧的解救——不是通过说教与启示,而是通过对秩序与公正的憧憬以及同胞之爱,通过信任,通过坦率的心灵以及对答案阙如的问题本身的认可来实现的。"②在"原初的悲剧直观"中,我们是通过具体的形象来体认悲剧的韵致的。这些浑全、灵动的具体形象因其保有"原初的体验"而向生存意识开放着。生存

---

① Karl Jaspers, *Tragedy Is Not Enough*, translated by Reiche, Moore and Deutsch, Boston: Beacon Press, 1969, p.102.

② Karl Jaspers, *Tragedy Is Not Enough*, translated by Reiche, Moore and Deutsch, Boston: Beacon Press, 1969, p.102.

意识不同于一般意识,它一方面使人敢于直面困境、质疑命运,同时也使人敢于超越世界、展望未来,进而带着不至于绝望的希望赢得自我解救的可能性。在雅氏看来,由原初的悲剧直观所喻说的悲剧知识具有如下几种性征:

其一,"悲剧知识通过矛盾增加着内在的紧张,它并未解决这些矛盾,不过也没有认定它们的必不可解性"①。这是就悲剧矛盾而言的。在雅氏看来,悲剧的魅力很大程度上取决于其展呈的矛盾如何,矛盾越内在、越紧张,矛盾双方的冲突就越必然、越剧烈、越深刻,由此创制的悲剧作品就越能震撼我们的心灵进而引起我们生存意识的转变。就此而言,悲剧的要义既不在于解决这些矛盾(否则的话就会过早地终结悲剧),也不在于认定它们的必不可解性(否则的话就会导致泛悲剧主义与虚无主义),而在于增加"内在的紧张"并保持其向生存意识的开放。"因此,它并不是一种全然完成的知识;只有在体验本身中,在对问题的持续不断的探询中才能偶遇那种完善的境地。"②那种诉诸一般意识的悲剧哲学总是试图给出某种"全然完成的知识",它在一劳永逸地解决了矛盾或将矛盾视为注定不可解决的某种规律的同时,也彻底取消了生存个体自由选择、自我超越的可能性。与诸如此类封闭、独断的知识体系不同,雅氏诉诸生存意识所喻说的悲剧知识则强

---

① Karl Jaspers, *Tragedy Is Not Enough*, translated by Reiche, Moore and Deutsch, Boston: Beacon Press, 1969, p.102.

② Karl Jaspers, *Tragedy Is Not Enough*, translated by Reiche, Moore and Deutsch, Boston: Beacon Press, 1969, p.102.

调永无止歇的问题意识、自由意识和超越意识,以便使生存个体通过持续不断的探寻和痛彻心扉的临界体验,于整个世界归于阒寂无声之际偶遇"整全的真理"("超越存在")照亮世界的那一灵境("完善的境地")。

其二,"我们应当对悲剧体验保持这种原初的直观"①。这是就悲剧体验而言的。在雅氏看来,生存在场的悲剧体验是悲剧的神髓所在,悲剧知识的指归就在于洞悉与保持对悲剧体验的原初直观。若要做到这一点,我们须得以历史性的眼光来把握悲剧知识的幽微之趣。雅氏就此指出:"我们应当对基本的历史脉络保持一览无余的视野,正是在历史的脉络中悲剧直观才首次出现并得以完善。我们不必吵嚷着要解释何物已然存在、将要存在、永远存在,而是应当倾听什么东西正试图显示给我们。"②所谓"基本的历史脉络",乃意指由"生存的历史性"所呈现的"现实性"。雅氏认为,"现实性之显于我们面前就是历史性"③。这里的"现实性"与"历史性"均是从本真意趣上来贞定现实与历史的;换言之,它们分别意指使现实成其为现实的"现实本身"("真正的现实")与使历史成其为本真历史的"历史性"("真正的历史")。对雅氏而言,"现实本身"并不显现给"经验实存",它只对作为"我自身"而自主决

---

① Karl Jaspers, *Tragedy Is Not Enough*, translated by Reiche, Moore and Deutsch, Boston: Beacon Press, 1969, p.102.
② Karl Jaspers, *Tragedy Is Not Enough*, translated by Reiche, Moore and Deutsch, Boston: Beacon Press, 1969, pp.102—103.
③ 卡尔·雅斯贝斯:《生存哲学》,王玖兴译,上海译文出版社,2005年版,第63页。

断、自我超越的"生存"发言。[①]"现实本身"在历史中向"生存"显现自身或"生存"在历史中契接"现实本身"的过程,此即所谓"生存的历史性"。生存论意义上的悲剧,正是雅氏用来喻说生存的历史性的绝佳范例。作为生存个体的悲剧英雄在濒于临界处境之际所倾听到的东西,便是"现实本身"在他当下即是的决断中向他显示的东西,意识到这一点,悲剧知识也就在此时此刻实现了对"真正的现实"的原初直观。正是在这个意义上,雅氏正告人们:"无论如何,将要发生之事取决于人。没有什么必定被看作应遵循的确定的途径。我们人类的全部活动,特别是我们的精神活动,在于在无限的可能性中寻求我们的道路。什么东西将产生取决于我们每个个人,尽管没有一个人能决定历史的进程。"[②]这种运命自承的责任意识使得雅氏主张"从历史传统中我们自己的根源处来把握真理",此乃因为,"一切都取决于在自己的根源处来面对思想……我自己的存在能够藉着我将历史渊源化为己有时所到达的深度而

---

① 雅斯贝斯精辟地指出:"只有当我成为我自己时,我才取得这种关于现实的经验。超越存在,当我作为可经验的世界事物时,它的发言是我听不见的,只有当我是一个生存时,它的发言我才能听得到。我自己的现实,取决于我如何认识现实和我把什么当作现实来认识的方式。我们如何去接触那无可能性的现实,我们如何在我们的历史性里并且通过这历史性亦即统一性而掌握现实,其方式决定着我们对现实的接近。"见卡尔·雅斯贝斯:《生存哲学》,王玖兴译,上海译文出版社,2005年版,第70页。
② 卡尔·雅斯贝斯:《历史的起源与目标》,魏楚雄、俞新天译,华夏出版社,1989年版,第176页。

加以断定"。① 与此同时,这化为己有的历史也自然地成为生存决断的内容。"人只有对他的道路和行为有所决断时,他才成为他自身。"②也如这脚下的路,在没有走路之前,这地上并没有路。只有在走的过程中,路才在走路者的脚下延伸。人类的历史也只在每一个个体的当下践履中向我们显示出它的图景与意义。这是一种真正的"现在"态度。雅氏就此指出:"过去并不能成为一个自我圆足的整体,它继续保持着对现在的开放,即便那些已凝固的东西,仍有可能改变其意义;而将来继续保持着可能性,它并不能变成不可逃避的必然。"③"人的伟大及其本质取决于其每一瞬间的条件。现实只在过渡中展开自己——而且现实在其中展开自己的这种过渡不是指随便一个什么史实的简单出现的瞬间,而是指这样的一种实践了的瞬间,它一去不复返,不能代替,它即是现实自身在消逝中的当下现在,它对于在其中生存着的人来说是有决定意义的。"④以这种"现在"态度观之,过去并不是死掉的"过去",而是生存曾经选择的"现在"。我们只有真正地对"过去"的"现在"有所汲取,才能真正地对"当下"的"现在"负责。将来也不

---

① 雅斯培:《关于我的哲学》,见考夫曼编著:《存在主义》,陈鼓应、孟祥森、刘崎译,商务印书馆,1987年版,第134—135页。
② 卡尔·雅斯贝尔斯:《智慧之路——哲学导论》,柯锦华、范进译,中国国际广播出版社,1988年版,第41页。
③ Karl Jaspers, *Philosophy* (Vol.2), translated by E. B. Ashton, Chicago and London: The University of Chicago Press, 1970, p.122.
④ 卡尔·雅斯贝斯:《生存哲学》,王玖兴译,上海译文出版社,2005年版,第64页。

是自动到来的"将来",而是生存即将选择的"现在"。"我们只有接受对现存的责任,才能对未来负责。"①这样一来,以"现在"为辐辏,所谓流淌于物理时间之中的"过去"、"现在"与"将来",就被生存选择转化为由"过去"的"现在"、"当下"的"现在"、"即将"的"现在"所构成的连续、动态、开放的整体。在人类历史上,悲剧英雄实现的每一次运命自承的突破,都把当下即是的"现在"转化成了倾听"现实本身"之消息的"密码"。鉴于此,"哲学的任务并不是通过类推的方法把悲剧范畴从对世界的有限认识转变成对一切实在的全面认识,而是从我们听到的密码符号中发现一种语言。这就是具有悲剧性启示的神话、图像、故事颇能包蕴真理却又不失其悬而未决之特性的原委所在"②。在"密码符号"这种独特的语言中,"现实本身"以其"悬而未决"的状态向生存个体透露着消息,这就要求诠释者切忌诉诸一般意识把悲剧知识畸变成某种封闭、独断的悲剧世界观,而应该诉诸生存意识保持其对悲剧的原初直观。

其三,"如果悲剧的原初直观保持其纯粹性的话,它就已包含了哲学的精髓:运动、质疑、开放、激情、惊讶、诚实、无妄"③。这是就哲学与悲剧的关系而言的。这里所说的"哲学",乃意指雅氏所致力的祈向超越之维的生存哲学。在《哲

---

① 卡尔·雅斯贝斯:《历史的起源与目标》,魏楚雄、俞新天译,华夏出版社,1989年版,第173页。
② Karl Jaspers, *Tragedy Is Not Enough*, translated by Reiche, Moore and Deutsch, Boston: Beacon Press, 1969, p.103.
③ Karl Jaspers, *Tragedy Is Not Enough*, translated by Reiche, Moore and Deutsch, Boston: Beacon Press, 1969, p.103.

学》第二卷中,雅氏通过演述由"实存"向"生存"回归的本源运动——"无知"→"眩晕与战栗"→"焦虑"→"良知",为我们喻说了尚未实现的"绝对意识"。① 这种祈向"超越存在"("整全的真理")之境的绝对意识在悲剧英雄的临界体验中得到了直观的呈现。他满怀着内在的激情,不断地超越着实存秩序,直至濒于世界的边缘;他直面着临界处境的考验,那由一般意识所建构的一切知识体系都失效了,他彻底陷入"无知"之中,痛切地感受到一种灵魂无可告慰的眩晕与战栗、焦虑与惊悚;他傲对命运女神的坏笑,在经历困厄与痛苦、失败与毁灭的过程中意识到死、罪、苦、斗乃是在世生存的个体无可逃避的境遇,进而诚实、无妄地追问着人生的根本问题;他质疑着世间的一切现象和一切封闭的观念,但并未陷入虚无的深渊,而是带着不至于绝望的希望,于良知自醒的瞬间倾听着"超越存在"("整全的真理")的消息。就此而言,悲剧的原初直观中委实已包含了"运动、质疑、开放、激情、惊讶、诚实、无妄"之类哲学的精髓。也正是在这个意义上,雅氏进一步强调了哲学与悲剧之间的内在关联:"哲学把悲剧知识看成从原初直观与体验中取之不尽的东西。虽然无法使用相同的语言,但哲学却可以感受到自身的内容与悲剧直观——譬如说莎士比亚的悲剧直观——的一致性。不过,哲学拒绝把这种对照物铸造成固

---

① 雅斯贝斯另通过演述由"生存"向"超越存在"跳跃的本源运动——"爱"→"信仰"→"想象",为我们喻说了"实现了的绝对意识"(fulfilled absolute consciousness)。无论是尚未实现的绝对意识,还是实现了的绝对意识,二者均因其"绝对"而成为有别于一般意识的生存意识。

定不变的理性术语'悲剧性的生命哲学'。"①在生存形而上学的视野里,哲学与悲剧均根源于"生存",二者的不同之处乃在于"无法使用相同的语言"——悲剧使用直观的语言,哲学则使用思辨的语言。这只是形式上的不同,若从内容上看,二者所喻说的东西其实都是生存的自我坎陷运动。我们甚至可以说,伟大的悲剧(譬如莎士比亚的悲剧)就是一种直观的生存哲学。就此而言,雅氏的生存哲学从原初的悲剧直观与体验中吸纳了足够多的智慧。

值得注意的是,雅氏最后还从"大全"的视野对悲剧知识的韵致进行了揭示:"我们已对大全(Encompassing)的多个方面、大全各部分的多样性以及大全整体的观念给出了阐释——所有这些都限定了悲剧知识应当被置于其中进行诠释的框架。世上凡是存在不一致以及不一致的后果变得显而易见的地方,那里就会出现悲剧。可以说,这并不需要推论,只消阐明眼前的东西就成了。统一体的无法达成这一点就凸显了我们周遭所见的一切事物的瓦解。由于统一体在我们临时实存中的缺席,它便以悲剧的姿态呈现在我们面前。"②我们知道,《论真理》是雅氏理性哲学—世界哲学时期出版的首部重要著作,其副标题"哲学的逻辑"所提示的运思重心,就是循着他在生存哲学时期开出的"生存澄明"的理路,将"生存"置于

---

① Karl Jaspers, *Tragedy Is Not Enough*, translated by Reiche, Moore and Deutsch, Boston: Beacon Press, 1969, p.103.
② Karl Jaspers, *Tragedy Is Not Enough*, translated by Reiche, Moore and Deutsch, Boston: Beacon Press, 1969, pp.103—104.

"理性"与"大全"的视野下作更彻底的澄明,进而运用其致力的"哲学的逻辑"(一种有别于"思辨辩证法"的"生存辩证法")来阐明生存论意义上的哲学真理。在《论真理》一书的前两卷"大全之存在""认识之大全"中,雅氏阐释了"大全"的多样性及其整体观念,这些关于"大全"的论说已为他在第三卷"真理"中诠解"悲剧知识"的问题限定了运思框架。从大全论的运思框架看,"世上凡是存在不一致以及不一致的后果变得显而易见的地方,那里就会出现悲剧"。雅氏将"不一致"视为导致悲剧的根源,他认为这是无须推论的,此乃因为,对囿于"世界""一般意识"与封闭的"精神"的"临时实存"而言,作为无所不包的"统一体"的"大全"是"缺席"的,意识到这一点("统一体的无法达成这一点"),我们所见的一切世界现象与所认知的一切封闭化的观念体系就轰然"瓦解"了,此时此刻,"统一体"("整全的真理")便以原初的悲剧直观这种密码语言向生存意识已经觉醒的个体透露着它的消息。"生存"诚然不能完全抵达那个虚灵不滞的"统一体",不过蕴含于生存内部的超越祈向使其永远勇毅地走在奔赴"整全的真理"的途中。就此而言,由"生存"的自我超越与自我坎陷运动所演述的悲剧固然是必然的,"然而这并不等于说悲剧是绝对的,说到底,它只适合在前台上演。悲剧既不属于超越存在领域,也非在于一切存在的基源,而是隶归于感觉与时间的世界"[①]。也就是说,"生存"是在世界之中不断地超越世界、在历史之中不断地超

---

① Karl Jaspers, *Tragedy Is Not Enough*, translated by Reiche, Moore and Deutsch, Boston: Beacon Press, 1969, p.104.

越历史的,这不能脱离世界与历史的超越也使得生存的超越从一开始就与世界、历史保持着内在的张力,这种不可消弭的张力也使得生存永远无法与趋向中的"整全的真理"("超越存在")合为一体,生存悲剧正是在这个隶归于感觉与时间的世界中上演的——其实,生存悲剧的全部魅力也正体现在这里。至于悲剧又不是绝对的,其中的原委在于:对作为一切大全样式之生命与基源的"生存"来说,他从未停止过奔赴"整全的真理"("超越存在")的运动;此外,对作为"生存"之依据的"超越存在"来说,它意味着无限完满的"绝对的大全"。正如光源本身不再有碎影,在"超越存在"本身那里,不再有悲剧。

二、真理之路与哲学探索

雅斯贝斯的悲剧论是其真理论的有机组成部分,真理问题又是他哲学探索的基本问题之一。[①] 因此,只有将雅氏的悲剧论置于其真理论乃至其哲学探索的整体框架内予以考察,我们才能洞悉他所谈论的悲剧知识的全部意趣。英译者特意将"哲学思考中的真理之基础与完成"一节[②]中的几段文字译

[①] 雅斯贝斯在《关于我的哲学》中谈及自己毕生关切的五个基本问题:"科学问题、人与人间交通问题、真理问题、人的问题以及超越性问题。"见雅斯培:《关于我的哲学》,收入考夫曼编著:《存在主义》,陈鼓应、孟祥森、刘崎译,商务印书馆,1987年版,第144页。

[②] "哲学思考中的真理之基础与完成"是雅斯贝斯《论真理》一书的第三卷第三章第四节,此前的第三节是"原初直观中的真理之完成(以悲剧知识为例)",德文单行本《论悲剧》(*Über das Tragische*)即出自这一部分。

入《悲剧的超越》(Tragedy Is Not Enough)一书,可谓用心良苦,亦颇有见地。这几段关涉真理之路与哲学探索的文字出自该节的"导论"部分,主要探讨了两个问题:一是"真理植根并实现于哲学探索的过程中",二是"道路与运动"。

(一)"真理植根并实现于哲学探索的过程中"

在雅斯贝斯看来,真理并不是某种封闭的观念,更不是某种独断的设定。说到彻底处,"真理植根并实现于哲学探索的过程中"①。这里所说的"哲学探索",其精髓便在于前面所论的"运动、质疑、开放、激情、惊讶、诚实、无妄"等富有不竭生机的哲学精神。只有秉具这类的哲学精神进行不懈的探寻,我们才有可能接近生存论意义上的真理。

为了解决探寻真理的过程中所遇到的难题,雅氏结合"悲剧知识自身的开放性"这一独特品性对此作了深入的阐说:"我们知道,真理使人对真理的探寻面临一种两难选择:要么去生活并犯下过错,要么去把握真理并为真理而死。但是陷入这种死板的非此即彼的选择只是后来理性阐释的结果,而不是出于悲剧知识自身的开放性。"②若拘囿于非此即彼的一般意识,人们就会取消人与"世界"、人与"整全的真理"("超越存在")之间的内在张力,要么仅从"世界"一维来看待真理问

---

① Karl Jaspers, *Tragedy Is Not Enough*, translated by Reiche, Moore and Deutsch, Boston: Beacon Press, 1969, p.104.
② Karl Jaspers, *Tragedy Is Not Enough*, translated by Reiche, Moore and Deutsch, Boston: Beacon Press, 1969, p.104.

题,要么仅从"超越存在"一维来看待问题,进而使人对真理的探寻陷入两难境地:前者使人封限于"世界"之中,人的在世生活成了动辄犯错、处处遭厄的单纯受罪;后者则使人试图与"超越存在"合为一体,从而使人遗忘"世界"甚至以"为真理而死"的名义把"世界"中的相对真理看成是"整全的真理"。雅氏认为,上述非此即彼的两难困境是诉诸一般意识的理性阐释的结果,而没有看到"悲剧知识自身的开放性"给我们带来的启迪。生存论意义上的"悲剧知识"所呈现的是在世超越的生存意识,这种开放性的生存意识既没有遗忘"世界",也没有遗忘"超越存在",而是向"生存"与"超越存在"同时敞开着,这样一来,人就无须在二者之间进行两难选择了。鉴于此,雅氏进一步强调:"针对这种可怕而庄严的选择,我们还应当补充以下一点:对我们来说,无论是作为死亡还是作为安宁的源泉,整全的真理在生命与时间之流里都是不可得到的。真理在时间之流里永远处于运动之中,变动不居,即便在它不可思议地变得具体明朗起来时,也无从加以固定。绝不脱离这一基本处境——这是哲学思想能够保持真实的唯一条件。"[①]在世超越是悲剧意识乃至生存意识的核心意蕴,也是人探寻真理的基本处境。意识到这一基本处境,我们才不会把生命与时间之流里展现的相对真理看作"整全的真理";始终不脱离这一基本处境,我们才会真正明白"真理在时间之流里永远处于运动之中"。正是在这种意义上,雅氏把这一基本处境视为

---

① Karl Jaspers, *Tragedy Is Not Enough*, translated by Reiche, Moore and Deutsch, Boston: Beacon Press, 1969, p.104.

"哲学思想能够保持真实的唯一条件"。

值得注意的是,人们或许会在上述阐说中感到一丝"赫拉克利特之河"的凉意。诚然,雅氏曾从这位"原创性形而上学家"那里汲取过智慧①,不过,如果人们就此断言他做了赫拉克利特的后昆,那么,这类的断言毋宁说是对雅氏的一种误读。对雅氏来说,自我超越、自我生成的"生存"并不是漂弋于变动不居的"赫拉克利特之河"上的一叶浮萍,"生存"最终所趣向的"整全的真理"("超越存在")也不是那从根底处透出命运气息的"逻各斯"。毋宁说,他借着变动不居的赫拉克利特之河所欲吐露的隐衷是,通过把那些经验世界中自封的"绝对真理"——将某一相对的真理绝对化而形成的绝对主义的"真理"——再次相对化,以便在绝对主义与相对主义所构成的张力间探寻那虚灵不滞的"整全的真理"。可以说,富有生存意识且保持其开放性的"悲剧知识"正是喻说上述真理问题的绝佳范例。雅氏就此指出:"悲剧知识在其开放性中尚未放弃这条路径。更确切地说,把相对真理当成绝对真理本身就是悲剧的堕落——它为悲剧知识提供了一个合适的对象。在毁灭的时刻,我们可以想到的每个完结的真理都将证明自身尚不就是真理。"②悲剧知识所喻说的"毁灭的时刻",恰恰厘定了"实存"的界限,而且表明人在世界与历史之中只能把握相对

---

① 参见卡尔·雅斯贝尔斯著:《大哲学家》,李雪涛主译,社会科学文献出版社,2005年版,第564—573、584—588页。
② Karl Jaspers, *Tragedy Is Not Enough*, translated by Reiche, Moore and Deutsch, Boston: Beacon Press, 1969, p.104.

的真理,若"把相对真理当成绝对真理本身",就会因其陷入一般意识所带来的封闭、独断的观念而导致悲剧的堕落。"绝对真理本身"作为"虚灵的真实",它只以"密码"这种特殊的语言向自我超越、自我坎陷、自主决断的生存个体透露消息。正是在这个意义上,开放性的悲剧知识为我们提供了一条通向真理的道路。

真理是在世生存的个体不断向之趋赴的方向,而不是某种可实体化的东西,这是雅氏的哲学探索自始至终持守的立场。早在1932年出版的《哲学》(第一卷)中,他就结合"哲学吸纳"(adoption in philosophy)问题谈论过这方面的看法:"哲学研究是我在让自己的生命摆脱虚假生活的过程中所进行的思考。我希望这种思维活动能让我从盲视升达洞见、从自我分裂升达自我统一、从实存升达存在。哲学研究让我升达的境地固然无法遂愿,不过这种境地依然是我内心所祈望的,它使我在外寻中遭遇种种失败后,让我将这些失败再逆转过来。在这种思维活动中,真理是我的方向,而不是我的所有物;它是从自我放逐到自我回归的运动。它依然在我必须赢取的东西与我可能获得的东西之间的临界处,不完满是其作为中间存在而罹遭的命运。"①"哲学研究"(philosophizing)不是那种生存不在场的哲学思辨,而是吸纳了生存意识的思维活动。这种思维活动的指归,并不在于建构某种自我圆足的观念体系,而在于"让自己的生命摆脱虚假生活"(亦即不再受实存秩

---

① Karl Jaspers, *Philosophy* (Vol.1), translated by E. B. Ashton, Chicago and London: The University of Chicago Press, 1969, p.327.

序与世界现象的障蔽),进而"让我从盲视升达洞见、从自我分裂升达自我统一、从实存升达存在"。作为生存意识已经觉醒的个体,"我"("生存")希望升达的这种境地在隶归于感觉与时间的世界里固然无法完全实现,但是我依然向着祈望中的完满境地不断地趋赴。我在外在的世界中实现的每一次突破都使我赢取了属己的生存样态,我也因为受到世界的限制而遭遇种种困厄与失败。直至在临界处归于毁灭之际,我意识到"不完满"乃是我作为"中间存在"(intermediate being)而必然罹遭的命运,同时意识到那无限完满的"整全的真理"也在此刻向我透露着消息。雅氏认为,哲学研究喻说的是一种"从自我放逐到自我回归的运动",正是通过这种思维活动,我真正洞察到"真理是我的方向,而不是我的所有物"。

(二)"道路与运动"

对雅斯贝斯来说,哲学与悲剧都根源于"生存",而"生存"向着"整全的真理"的自我超越是一个永不息止的过程。就此而言,"真理是指达到向我们显现的存在的道路"[①]。为了不把某一路标(相对的真理)误认为终极目标("整全的真理"),那诉诸当下践履的"生存"便永远运命自承地走在趋向"整全的真理"的途中。雅氏就此指出:"由于并不存在完结的真理,我们趋向真理的运动自身就是真理能够在此时此地的生存中臻于完善的唯一形式。正是在这个过程中,我们对真理的永无

---

① 卡尔·雅斯贝斯:《生存哲学》,王玖兴译,上海译文出版社,2005年版,"导言"第13页。

底止的寻求让我们体验到那种完善的境地乃是一个永远不会达至的目标。贯穿整个哲学逻辑一直在引导着我们的唯一观念,就是思想家提供的那种坚定不移地走自己的路的观念。"[①]真理一旦完结,此类封闭、独断的真理就会阻断生存个体趋向"整全的真理"的道路。只有敞开真理之路,生存个体才会在每一次当下即是的决断中赢得属己的真理,这是"真理能够在此时此地的生存中臻于完善的唯一形式"。至于"整全的真理"则是虚灵不滞的,宛如那趋之弥远的地平线,它总是在遥远的远处召唤着生存个体"坚定不移地走自己的路"。雅氏颇为看重这种"在途中"的观念,认为它是"贯穿整个哲学逻辑一直在引导着我们的唯一观念"。

这种"在途中"的观念源于自我反省、自我超越、自主决断的生存意识。生存意识达于自觉的个体具有如下一种独特的品性:"他意识到自己对什么有所知以及对什么有所不知。他并未成为完结而整全的真理这一谎言的牺牲品。他以全部真实无妄的方式践行着真理的意义。他参与到不断深化着的交往之中。"[②]生存个体通过自我反省意识到,自己所能知悉的只是有限的世界秩序与封闭的思想观念,至于那虚灵不滞的"整全的真理",则是不能诉诸一般意识予以知悉的。在厘定了一般意识的界限后,生存个体看透了所谓"完结而整全的真理"

[①] Karl Jaspers, *Tragedy Is Not Enough*, translated by Reiche, Moore and Deutsch, Boston: Beacon Press, 1969, pp.104—105.

[②] Karl Jaspers, *Tragedy Is Not Enough*, translated by Reiche, Moore and Deutsch, Boston: Beacon Press, 1969, p.105.

之类谎言的欺骗性，进而"以全部真实无妄的方式践行着真理的意义"。也就是说，生存个体以"运动、质疑、开放、激情、惊讶、诚实、无妄"的精神探问着真理问题，并以当下即是的自由抉择，在世界与历史之中不断地赢取着属己的真理。不仅如此，他还与同样行进在真理之路上的其他个体进行真诚无妄的生存交往，并通过这种充满"爱的斗争"的生存交往共同趋向那眺望中的"整全的真理"。

至为重要的是，生存个体意识到趋向"整全的真理"的运动自始至终都是在世界与历史之中进行的，除此而外，别无他途。这就使得这类杰出个体的真理之路带有了一种富有悲剧色调的处境感、沉重感与挣扎感，不过他也从未忘记为自己留住一份不至于绝望的希望："这就是对伟大而高贵的生命的直观：在趋向真理的运动中承受着境遇摇曳不定的痛苦并使之被真理所照亮；面对不确定性而屹立不动；证明自己能够拥有无限的爱与希望。"[1]这是《悲剧的超越》一书的最后一段话，这段意味深长的话至今仍在启迪着我们：直面摇曳不定的现实境遇，每一个胸怀无限的爱与希望的伟大而高贵的生命，向着祈望中的"整全的真理"，只管走就是了——哪怕在这个过程中，我们要承受现实世界带来的困厄、痛苦、失败乃至毁灭。

---

[1] Karl Jaspers, *Tragedy Is Not Enough*, translated by Reiche, Moore and Deutsch, Boston: Beacon Press, 1969, p.105.